En defensa de la democracia

Crisis política, populismo y nacionalismo de Barcelona a Washington

Coords:

FERNANDO SÁNCHEZ COSTA
MIRIAM TEY
MARTÍN GURRÍA

ALMUZARA

Primera edición en Almuzara: junio de 2019

Editorial Almuzara • Pensamiento político. Feminismo

Director editorial: Antonio E. Cuesta López
Editora: Ángeles López
Coordinadores: Fernando Sánchez Costa, Miriam Tey y Martín Gurría
Diseño y maquetación: Joaquín Treviño
www.editorialalmuzara.com
pedidos@almuzaralibros.com - info@almuzaralibros.com

Imprime: Black Print

ISBN: 978-84-17797-56-0
Depósito Legal: CO-471-2019
Hecho e impreso en España - *Made and printed in Spain*

Índice

Prólogo

Un terremoto sacude el panorama político internacional. Es un movimiento sísmico de alta envergadura que afecta a los fundamentos del orden liberal, hegemónico desde la caída del Muro de Berlín. De hecho, es un corrimiento que tiene su epicentro en los países que antaño habían sido los estandartes de la democracia liberal. Lejos quedan los días en que prestigiosos intelectuales recogían los ecos de Hegel y afirmaban que, con el desmoronamiento de las dictaduras soviéticas, el mundo había entrado en la fase final de la historia, en aquella plenitud de los tiempos que Kant había imaginado como un reino de paz y libertad universal.

Las guerras yugoslavas supusieron ya un aviso sobre la vigencia automática de los valores del humanismo liberal cosmopolita. Pocos años más tarde, los ataques terroristas a las Torres Gemelas expresaron dramáticamente la impugnación frontal que algunos sectores radicales del mundo islámico hacían del paradigma liberal-democrático. Pero lo que quizá era más difícil de imaginar era que, como última réplica de la dura crisis económica iniciada en 2008, una ola política populista de corte iliberal se extendiera en el seno del mundo occidental y llegara hasta la orilla de la Casa Blanca.

El populismo ha avanzado como una falla imparable por los cimientos del orden político internacional. Se encuentra todavía en plena expansión. No es un fenómeno nuevo. Otros momentos históricos se han visto atrapados por el fulgor mortal de la demagogia y de la utopía política. A lo largo de las últimas décadas, el populismo de izquierdas ha logrado en Hispanoamérica algunos gobiernos destacados, implementando el socialismo del siglo XXI. También en Europa han emergido partidos populistas a la izquierda y a la derecha, enarbolando un discurso nacionalista y antiinmigración.

Sin embargo, tanto en Europa como en Estados Unidos el populismo había sido un movimiento minoritario, poco decisivo en la configuración de gobiernos. Las cosas han cambiado. De Londres a Ankara, de Sao Paulo a Barcelona, el viento populista determina ahora el debate público internacional. Los editores de este libro estamos convencidos de que el Procés independentista catalán que hemos vivido con tanta intensidad en nuestro país, es también una manifestación peculiar de este fenómeno global poliforme. Nos encontramos, en este caso, con un movimiento de matriz nacionalista que ha adoptado la gramática política del populismo en la estructura de su discurso y en la forma de su comunicación.

Se ha hablado mucho del populismo. Pero no basta con lamentarlo o desprestigiarlo. Antes que nada hay que comprender el fenómeno y conocer sus múltiples rostros. Eso es lo que intenta la primera parte de este libro, de la mano de especialistas de primer nivel. Parafraseando a Aristóteles podríamos decir que «el populismo se llama de muchas maneras». Por ejemplo, podemos hablar de populismo como corpus ideológico o de populismo como estilo de comunicación. El juicio sobre el populismo puede variar un poco dependiendo de la acepción a la que uno se refiera. En algunos casos, estas caras diversas del fenómeno pueden darse unidas, pero en otros solo se dará un factor.

Decían los clásicos que una herejía es una verdad desorbitada, expuesta de forma desproporcionada y distorsionada. Es una mirada interesante. Si queremos salvar una democracia constitucional y liberal basada en un humanismo abierto, debemos abordar también las razones y causas del populismo, así como la parte de verdad que hay en su denuncia maniquea. Debemos combatirlo denunciando y señalando sus embustes al mismo tiempo que llevamos a cabo una tarea de renovación crítica de nuestro modelo político, económico y social, para hacerlo más fiel a sus fundamentos y para desarrollar todas sus posibilidades.

En algún momento, el globalismo liberal creyó que se podía construir un orden internacional casi completamente desnacionalizado. Olvidó, probablemente, que el ser humano no es solo una razón instrumental, sino también un animal simbólico y cultural, con raíces en comunidades nacionales, sociales, religiosas, culturales, etcétera. Por eso en este libro abordamos concretamente la posibilidad de crear una identidad nacional abierta, que no sea nacionalista y excluyente, sino constitucional e integradora. En el bloque sobre el patriotismo constitucional nos planteamos hasta qué punto y de qué manera puede darse un patriotismo cívico inclusivo.

El medio es el mensaje, nos enseñó McLuhan. Por eso, a la hora de abordar la emergencia del populismo, este volumen trata también una cuestión que nos parece crucial: la relación entre la expansión internacional del populismo y las nuevas formas y estilos de comunicación. Las redes sociales, que en principio parecieron el instrumento de una mayor democratización en el debate público, han acabado siendo herramienta de la radicalización masiva. Su formato ha acabado formateando el discurso político. Y sus algoritmos han terminado enclaustrando también la deliberación pública en nichos ideológicos cada vez más cerrados.

Debemos ser conscientes del enorme atractivo que ejerce el estilo y el mensaje del populismo, capaz de activar resortes muy anclados en las profundidades del ser humano. Por eso el realismo del análisis es una obligación. Pero también debemos ser conscientes del valor superior que tiene el modelo de democracia constitucional, que ha sido la base del mayor período de prosperidad económica y paz social en la historia. Por eso el pesimismo no es una opción.

Este libro quiere contribuir a hacer pedagogía del momento que vivimos y reivindicar con sentido reformista nuestro modelo político, social y económico. Un modelo basado en las libertades y los derechos cívicos, en la dignidad irrevocable de toda persona y en su igualdad radical, en la participación democrática, en la libertad económica y la justicia social, en el pluralismo ideológico, en la separación y equilibrio de poderes, así como en el marco constitucional y el Estado de derecho como guardarraíl de la convivencia.

Los textos que aquí se recogen son fruto de la escuela de verano que organizó Societat Civil Catalana en julio de 2018 con participación de intelectuales, políticos y periodistas procedentes de Cataluña, del conjunto de España, de diversos países europeos y de distintas partes de las Américas. Nuestra entidad, normalmente centrada en las dinámicas políticas catalanas, quiso abrir el foco para comprender la situación que vivimos con panorámica global. Por eso, invitamos a los mejores especialistas a abordar el auge del nacionalismo y del populismo en distintas partes del mundo, así como a pensar vías de reforma que permitieran mejorar nuestro sistema sociopolítico, tanto a nivel español como a nivel europeo y global.

Las jornadas, con participación de más de cincuenta intervinientes y cerradas por el ministro de Exteriores, Josep Borrell, fueron un éxito de público y tuvieron amplia repercusión en los medios de comunicación. Permitieron, además, un diálogo sincero entre personas de distinta procedencia geográfica y adscripción ideológica. En Societat Civil Catalana siempre hemos practicado un pluralismo sincero y una de nuestras señas de identidad fundamentales es la transversalidad. En la entidad caben todos aquellos demócratas que trabajan por la convivencia y quieren canalizar sus planteamientos políticos dentro del marco constitucional.

Ese pluralismo interno determinó también el título de las jornadas: La democracia constitucional en el siglo XXI: crisis, riesgos y oportunidades. ¿Por qué elegimos la palabra constitucional? ¿No estábamos refiriéndonos, al fin y al cabo, a la democracia liberal? Este fue un debate interesante. Finalmente optamos por el término «democracia constitucional» por un doble motivo. En primer lugar, evitaba las connotaciones partidistas que el término liberal a veces adquiere. El concepto de «democracia constitucional», tal como lo entendemos, asume todas las condiciones y presupuestos fundamentales de una verdadera democracia liberal. Sobre este trazo claro, ofrece una resonancia amplia para que socialdemócratas, ecosocialistas, democristianos, liberales y conservadores puedan colorearlo con sus matices propios.

La utilización del término «democracia constitucional» tiene también otra segunda intención. Es una forma de reivindicar, frente a propuestas de democracia directa, inmediata y sostenida por los movimientos de masas, una democracia deliberativa articulada sobre la constitución y el Estado de derecho. En realidad, lo que ha hecho de nuestro modelo sociopolítico un motor de progreso y prosperidad sin precedentes no es solo la participación democrática de todos los actores sociales —fundamental sin duda— sino también la arquitectura institucional y política que ha garantizado la igualdad ante la ley, la división y los contrapesos de poderes, el pluralismo en el espacio público, la seguridad jurídica y la necesidad de amplias mayorías para reformar los fundamentos de nuestra convivencia.

Una constitución refrendada en libertad no es un muro. Una constitución así es la concreción y la posibilidad de la libertad y de la igualdad. Sin este fundamento político, jurídico e institucional, las democracias pueden deslizarse fácilmente hacia la demagogia, hacia el humor del momento, hacia la tiranía de la masa o de la mayoría sobre las minorías. Los procedimientos y las condiciones moderadoras que imponen los sistemas institucionales liberales pueden parecer en alguna ocasión un freno a nuestra voluntad y a nuestra concepción social y nacional. Pero quizá pocos años más tarde serán precisamente nuestra salvaguarda, cuando sean otros los que quieran imponernos unilateralmente su visión del mundo. La democracia constitucional que defendemos no es solo un juego de mayorías, es también un procedimiento para garantizar las libertades ciudadanas, los derechos humanos, el progreso social y la convivencia cívica.

Todas estas cuestiones son abordadas a lo largo y ancho de estas páginas, que reúnen a académicos, políticos y periodistas de distintas partes del mundo y de diversas sensibilidades ideológicas. El libro está estructurado en siete grandes bloques, que procuran ir desplegando una cierta lógica interna. Primero se analiza el fenómeno del auge del populismo en el mundo. Segundo, se aborda la cuestión específica del movimiento independentista catalán, entendido en parte como una expresión nacional-populista. En el tercer bloque el lector encontrará algunas perspectivas sobre la relación entre economía y populismo. En el cuarto apartado, se trata la noción de patriotismo constitucional como alternativa a los nacionalismos populistas y al estatismo frío. En el quinto bloque, se abordan los cambios en la comunicación política estos últimos años y su responsabilidad en la degradación del debate democrático. En el sexto apartado, se trata específicamente la problemática de la autodeterminación desde la mirada de la izquierda. Finalmente, tres textos cierran el libro en forma de epílogo.

El lector podrá corroborar que este es un libro coral escrito por personas muy variadas. Eso se nota también en el estilo. En cualquier caso, hemos procurado que predomine un lenguaje culto pero no tecnicista, de modo que muchas personas puedan disfrutar y aprender con estas páginas. La mayoría de capítulos van acompañados de una bibliografía para ampliar el estudio. La obra puede leerse de forma continuada, o pueden irse espigando capítulos de modo salteado según intereses y momentos. Los textos son, en general, fruto de las intervenciones de los participantes en la Escuela de Verano de Societat Civil Catalana. Hay dos textos que tienen forma de diálogo o entrevista. Algunos capítulos tienen un tono más teórico y de planteamiento general. Otros son más vivenciales y concretos. Alguno tiene incluso un tono irónico y polemista. Los autores han escrito con libertad y son responsables de sus interpretaciones.

Abre la obra Marco TARCHI, prestigioso profesor de la Universidad de Florencia, quien ha dedicado su investigación desde hace décadas al fenómeno populista, especialmente en Italia. En su capítulo LA MENTALIDAD POPULISTA, se propone abordar la cuestión «sin prejuicios», tomando el movimiento en serio y «aplicar a sus análisis el mismo método y el mismo planteamiento que se emplea con otros objetos de investigación». De este modo, y en diálogo con diversos académicos, TARCHI propone una definición y una caracterización del populismo, entendido como una «mentalidad característica» con unos discursos y estilos recurrentes.

José A. OLMEDA, catedrático de Ciencia Política en la UNED, se marca un objetivo similar: procurar entender lo que es el populismo, sus diversos niveles y manifestaciones. Pero en el capítulo El populismo como fenómeno global, se detiene primero en analizar los parámetros que nos permiten hablar de un cambio de época sociopolítica y económica. Este cambio de rasante histórica viene también marcado por la crisis de las democracias liberales. En este contexto emerge el populismo. También Olmeda quiere huir de una interpretación simplista del término, y lleva a cabo una taxonomía acerada de los distintos tipos, acepciones y registros del populismo. Tarchi y Olmeda delinean perfectamente el marco conceptual y el debate académico que nos permitirá avanzar en la reflexión que ofrecen los demás autores.

Rocío Guijarro firma el tercer capítulo. Es una pensadora liberal venezolana, que dirige desde Caracas un *think tank*. La autora desarrolla una defensa nítida de la democracia liberal, en el sentido ortodoxo y clásico del término: «El liberalismo ve en la constitución una salvaguarda para las libertades individuales y la limitación al poder del Estado». Guijarro desarrolla las condiciones que debe tener una constitución para lograr estos objetivos. El capítulo es una síntesis magnífica del liberalismo clásico de Locke, Montesquieu y Tocqueville. Desde su dramática experiencia, aborda también los riesgos que el populismo supone para la democracia y se plantea qué hacer cuando este toma el control de la constitución. Finalmente, sitúa la economía de mercado como una garantía frente a las tiranías.

El objetivo de esta obra no solo es plantear modelos teóricos, sino abordar también los retos concretos a los que se enfrentan las democracias. Eso es lo que hace Asdrúbal Aguiar, secretario general del Foro Idea —que reúne a más de treinta expresidentes Hispanoamericanos—. En el capítulo La calidad de la democracia constitucional en el siglo XXI, Aguiar sintetiza el contenido de su conversación pública con Laura Chinchilla y Jorge Quiroga, expresidentes de Costa Rica y Bolivia respectivamente. Esa mesa redonda analizó de forma crítica y exigente el estado de las democracias occidentales y sus principales retos. Aguiar aborda el «desencanto democrático», la llegada de Trump, el multilateralismo, la exigencia ciudadana de mayor calidad democrática, la situación en Venezuela y Nicaragua, la importancia de los derechos humanos, el contenido social de la democracia, la fragmentación de las sociedades, el pluralismo político, la participación cívica, el drama migratorio y la necesidad de que las democracias sean cauce verdadero de «derechos y responsabilidades» para los ciudadanos.

El primer bloque del libro lo cierra Susana BELTRÁN, profesora de Derecho Internacional en la UAB y diputada de Ciudadanos, quien reivindica el proyecto de integración europeo. Un proyecto que es esencialmente de suma y que implica una constante orfebrería de la diferencia. El nacionalismo, en cambio, «es un proceso de desintegración» del ideal europeo.

Una vez planteado el debate general sobre el populismo, el nacionalismo y la pervivencia y reforma de las democracias constitucionales liberales, nos adentramos en el segundo bloque del libro, destinado a tratar el movimiento político-social independentista. En este caso es la politóloga Astrid BARRIO (Universitat de València) quien analiza hasta qué punto puede hablarse de populismo en España. En este sentido, describe como el contexto político español ha diluido la primera vocación populista de Podemos. En cambio, «el secesionismo ha experimentado en los últimos tiempos una clara deriva populista», de acuerdo con la definición de Mudde. La autora desgrana estos rasgos y los concreta con ejemplos claros.

En coordenadas similares se mueve Alfons LÓPEZ TENA. El autor lleva a cabo una anatomía del discurso y de la praxis del soberanismo catalán, en el que descubre importantes analogías con otros relatos de corte populista y autoritario. Para LÓPEZ TENA, el sistema político nacionalista ha acabado convirtiendo a Cataluña en un recinto cerrado y clientelar, opuesto a los principios liberales que hacen próspera a una sociedad abierta. Con sus proclamas y sus decisiones, los líderes nacionalistas han llevado a que «el populismo autoritario reine en Cataluña». Durante años, un pequeño grupo —autoconstituido en genuino representante de la nación— se ha repartido el poder y la influencia, ha olvidado las bases del Estado de derecho y ha expulsado toda disidencia. El antiguo líder independentista denuncia que se ha fomentado un comunitarismo sofocante, que ha derivado en narcisismo colectivo, en complejo de superioridad y en una potente disonancia cognitiva. López Tena nos plantea, así, un demoledor y desgarrado análisis crítico de la mentalidad y de la psicología social del independentismo.

Para comprender mejor lo que ha sucedido en Cataluña estos últimos tiempos, son necesarios también los datos estadísticos y demoscópicos. Tras varios años coordinando el Observatorio Electoral de Cataluña, Felipe Moreno expone las claves para comprender la evolución de la opinión pública y los resultados electorales en la última década. El capítulo Un análisis demoscópico y sociológico del Procés es muy relevador y señala cómo la principal clave ha sido el corrimiento de la población catalano-hablante hacia posiciones independentistas. Este segmento de la población —con mayor renta que los castellano-hablantes y habitualmente informada por determinados medios de comunicación— abandonó su doble sentimiento de identidad catalano-español y abrazó masivamente el independentismo a partir del 2012, coincidiendo con el giro estratégico de Convergència. Los castellano-hablantes, en cambio, prácticamente no se han movido de su opinión política en una década.

Del análisis estructural pasamos a la historia en primera persona. El cauce del texto continúa con una entrevista muy reveladora. En concreto, reproducimos el diálogo que mantuvieron el periodista Albert Castillón y el exdelegado del Gobierno Enric Millo en el marco de la Escuela de Verano. Millo, que acababa de cesar en su función por el ascenso al gobierno de Pedro Sánchez, repasa el año y medio que estuvo al frente de la Delegación del Gobierno y revela la intrahistoria del dramático año 2017. Acusado de beligerante y autoritario desde el independentismo y cuestionado por «blando» desde algunos sectores constitucionalistas, el veterano político explica las circunstancias que vivió y las decisiones que tomó, así como las repercusiones personales de todo ello. La entrevista suscitará en el lector el recuerdo vivo de esos momentos tan difíciles, que Millo va evocando con cadencia cinematográfica.

Este bloque termina con dos artículos escritos en un registro distinto. Pau GUIX y Salvador LÓPEZ ARNAL radiografían el movimiento independentista desde un polemismo acerado e irónico. El escritor y dramaturo Pau GUIX parte de LA HISTORIA INTERMINABLE de Michael Ende para describir la «cansina murga separatista» en que ha resultado Cataluña, «esa sociedad de laboratorio» donde todo ritmo individual ha sido sometido al compás de la multitud «amarilla». Frente al «excluyente régimen nacionalseparatista», GUIX reivindica la organización y la resistencia cívica.

Por su parte, LÓPEZ ARNAL lleva a cabo un ejercicio en el que mezcla la ironía y la caricatura de actitudes reiteradas en el independentismo con la impugnación lógica de sus principales tesis. ARNAL, profesor de Matemáticas y miembro de la Asamblea Social de la Izquierda de Cataluña, denuncia el mundo mágico en el que se ha encerrado el independentismo. «No dejes nunca, en toda circunstancia y lugar, que la realidad te arruine tus explicaciones nacional-separatistas». El autor desmonta con especial minuciosidad tres *leitmotivs* separatistas: la idea de nación oprimida, la defensa de la inmersión lingüística y la cuestión de la autodeterminación.

Nuestra obra entra así en el tercer bloque, dedicado a la relación entre economía y auge del populismo y del nacionalismo. Jaime MALET, presidente de la Cámara de Comercio de Estados Unidos en España, propone una sugerente interpretación global. Así como el 2001 quebró la seguridad física de Occidente, la crisis del 2008 rompió la seguridad económica y social. Pero hay causas más profundas, ligadas a las inseguridades que provocan los efectos de la globalización, el desarrollo tecnológico en el comercio, las migraciones, las tácticas de polarización política y las nuevas formas de comunicación. MALET pone el foco en la irrupción de China en el comercio internacional, produciéndose «una presión bajista para los salarios de la manufactura en todo Occidente y una fuerte percepción de miedo por comunidades enteras de votantes de haber perdido el tren del futuro».

¿Qué hacer frente a este escenario global? Aquí el lector encontrará dos visiones distintas, quizá complementarias. Por un lado, Stan VEUGER defiende claramente el modelo de amplia libertad económica como el mejor camino para lograr el crecimiento y el progreso global. El investigador del American Enterprise Institute argumenta, concretamente, en favor de los tratados de libre comercio y concluye que «el populismo económico nos lleva siempre al fracaso», lo sostenga el nuevo socialismo latinoamericano o lo defienda Donald Trump. Eso se debe, según VEUGER, a que una de las bases del populismo económico es despreciar toda consideración de racionalidad económica, sometiendo la realidad de la economía a los propios deseos ideales.

Por su parte, Armando FERNÁNDEZ STEINKO presenta una mirada distinta. Para el profesor de Sociología en la Universidad Complutense, el neoliberalismo hegemónico es causante principal del auge nacional-populista. El consenso económico de posguerra posibilitaba una libertad económica encauzada políticamente, a fin de que «también las clases populares pudieran beneficiarse de los dividendos de la modernización y el crecimiento». Esta dinámica fue sustituida por una lógica de competitividad absoluta, dejando a capas de población muy desprotegidas y precarizadas, que han acabado abrazando discursos populistas. STEINKO sostiene que el separatismo se ha forjado también en el seno de una arquitectura institucional española que ha primado la competición entre territorios sobre su cooperación y ha engordado con el desencanto producido por las políticas de austeridad. Por ello, defiende la necesidad de diseñar un nuevo modelo económico basado en la idea de la cooperación, humanismo y solidaridad.

Suele decirse que al nacionalismo no se le puede ni se le debe combatir con más nacionalismo, pero es evidente que tampoco se le desarbola con un discurso meramente pragmático y racionalista. Por eso, el cuarto bloque del libro da voz a cuatro autores que reflexionan sobre el significado y el alcance que puede tener en nuestro país la idea del patriotismo constitucional. Con lucidez apasionada, JUAN CLAUDIO DE RAMÓN sostiene una idea ilustrada y liberal de nación e invita a preferir «una ciudadanía basada en la capacidad para compartir ciertos valores cívicos a la ciudadanía basada en los lazos de sangre, lengua o costumbre». Desde esta perspectiva, «la patria es la libertad en común» y «la historia de la nación se confunde con la historia de la libertad». Pero el patriotismo constitucional no puede ser tampoco «patriotismo administrativo». Por eso está vinculado también a unos símbolos. Y tiene el blindaje de la constitución, «el gran invento que nos hemos dado los seres humanos para proteger la libertad».

Rafael ARENAS, catedrático de Derecho Privado Internacional y expresidente de Societat Civil Catalana, aborda la cuestión desde una perspectiva más personal. Evoca cómo ha visto encarnarse este patriotismo cívico a lo largo de su vida. Recuerda el ejemplo democrático de un profesor de instituto en el tardofranquismo. Y subraya cómo la Transición en su conjunto se movió en las coordenadas del patriotismo constitucional. El Procés, en cambio, ha sido el reverso de todo ello, ya que «los nacionalistas han antepuesto la consecución de sus objetivos políticos al respeto de los principios democráticos y de los derechos fundamentales».

Volvemos a encontrar después la voz de Armando FERNÁNDEZ STEINKO, intelectual progresista que solicita desde hace años a la izquierda mayoritaria una verdadera alternativa económica al modelo vigente y que, al mismo tiempo, exhorta a la nueva izquierda emergente a un mayor compromiso con la realidad de España. Evidentemente, ni su idea de España ni su concepto del «patriotismo constitucional» son idénticos a los que propugna Juan CLAUDIO DE RAMÓN, liberal neto. El autor sostiene que, en su desarrollo, el proceso independentista se ha mostrado «incompatible con la propuesta republicana del patriotismo constitucional». La solución a la crisis política que atravesamos pasa por «la construcción política de una nueva identidad compartida por todos», una comunidad renovada sobre categorías progresistas.

Cierra este bloque sobre patriotismo constitucional un texto de José María MARCO, quien propone un patriotismo sincero a la vez que realista e inclusivo. Frente a un nacionalismo esencialista, MARCO abre el horizonte de un patriotismo acogedor. El autor se plantea por qué en España, al contrario que la mayor parte de Europa, se construyó una democracia liberal sin consolidar al mismo tiempo una idea clara de nación. El texto aborda la tensión entre patriotismo constitucional y cosmopolitismo, así como la relación dinámica entre patriotismo, tradición y progreso. Igual que hacen los otros autores de este bloque, profundiza en el valor y la utilidad de los símbolos nacionales, que entiende como «plasmación del bien común» y «símbolo de lo que nos une a los demás».

Los cuatro textos que hemos espigado ofrecen un utillaje conceptual muy valioso para reconstruir estos próximos años la idea de España sobre una arquitectura intelectual y emocional sólida al mismo tiempo que pluralista. El cauce de este libro llega entonces a un nuevo territorio, de rabiosa actualidad. La política no es fundamentalmente una ciencia teórica, sino un arte práctico. En el siglo XXI, la práctica política tiene como infraestructura básica la comunicación y los formatos que la vehiculan. A esto se dedica la quinta parte de la obra. ¿Qué papel tienen los nuevos estilos y medios de comunicación en la crisis de las democracias liberales? ¿Es posible lograr una deliberación política serena y efectiva en el ágora digital? ¿Hasta qué punto las *fake news* son relevantes y configuran la opinión pública?

El marco del debate nos lo plantea Francisco JURADO, politólogo y comunicador. En el horizonte no puede faltar el ideal habermasiano de una opinión pública libre, racional y equilibrada que sea la base del proceso deliberativo de la democracia. Pero JURADO le da, en cierto modo, la vuelta al problema, que no es solo de la estructura de la comunicación, sino previo, antropológico y cívico. ¿Hasta qué punto estamos dispuestos los ciudadanos a asumir un debate crítico, más allá de nuestros sesgos ideológicos y preferencias emocionales? Los estudios demuestran que la «racionalidad baja en información» se encuentra especialmente presente entre aquellos que siguen con más intensidad el debate público. El nuevo marco de comunicación social y política ha agravado esa tendencia al sesgo cognitivo, reforzada ahora por la primacía del relato político (*storytelling*), la emergencia del discurso populista, las burbujas mediáticas y los algoritmos. Por todo ello JURADO aboga por reforzar la educación crítica, que nos permita compensar el influjo emocional en nuestro razonamiento, también el político.

Juan Milián, politólogo, exdiputado del PP y especialista en comunicación política, aborda la cuestión desde una perspectiva un poco distinta. Para entender el contexto sociopolítico que vivimos, debemos analizar el estilo comunicativo dominante. De algún modo, la forma es ya el contenido. Cada época tiene sus recursos retóricos predominantes. Ahora «estamos sumergidos en la era de la hipérbole», en el tiempo de la exageración. En esta forma del discurso «no hay matices». El progreso, el reformismo y el entendimiento quedan así «imposibilitados». El problema es que la exageración es tan destructiva como «adictiva». Genera un éxito de impacto inmediato, pero exige cada vez subir la apuesta, hasta que el político se convierte «en un charlatán sin credibilidad». El recurso a la hipérbole se ve constantemente incentivado por la dinámica en la que han entrado los medios de comunicación y las redes sociales. Todo ello no puede tomarse a la ligera, porque «la democracia es frágil y puede degenerar con facilidad».

Si Juan Milián ofrece una reflexión de carácter general, David Alandete, que firma el siguiente texto, pone el foco en la distorsión de la opinión pública que se ha producido en Cataluña. Como director adjunto de *El País*, Alandete dedicó una atención muy especial al fenómeno de las *fake news* a nivel global y a la injerencia rusa en diversos contextos políticos europeos y americanos, de la mano de soportes como *Russia Today* o *Sputnik* y con el altavoz de las redes sociales. El autor expone los motivos estratégicos y los mecanismos comunicativos de la influencia rusa en Cataluña, y a partir de allí reflexiona críticamente sobre la situación del periodismo, en un entorno donde «los algoritmos son una nueva selección natural».

El último capítulo de este bloque del libro tiene un carácter más práctico. Fernando Carrera, profesor de Retórica, ofrece algunas estrategias comunicativas para debatir sobre el independentismo. El autor recuerda que «el independentismo no se ha mantenido por sus aciertos políticos, sino por sus aciertos retóricos», y propone algunas vías concretas para darle la vuelta. Carrera remarca el fuerte componente emocional que tiene la argumentación independentista. Por ello, «más que entrar en confrontación argumental, es más inteligente cuestionar los puntos débiles de la argumentación contraria, no por contraposición, sino estableciendo dudas».

La sexta sección del libro, breve, aborda la relación entre la izquierda, los nacionalismos periféricos en España y el derecho de autodeterminación. Estos dos textos son la decantación del panel que organizó la Asamblea Social de la Izquierda de Cataluña en el marco de la Escuela de Verano de SCC. Miguel CANDEL, profesor emérito de Filosofía en la UB, subraya la pluralidad de opiniones sobre la cuestión de la autodeterminación dentro de la tradición marxista. Repasa las tesis al respecto de Marx, Luxemburgo y Lenin, matizando algunas aseveraciones habituales. En cualquier caso, reivindica el fundamento internacionalista del socialismo frente al nacionalismo burgués y exige que «no se tomen en vano los clásicos del marxismo».

A su vez, el escritor Martín ALONSO, que lleva años estudiando sistemáticamente los nacionalismos vasco y catalán, aborda las transferencias entre ambos imaginarios. Un ejemplo paradigmático es la reivindicación del «derecho a decidir». Otro de los paralelismos principales es «la apropiación de la memoria antifranquista». Los nacionalistas arrebataron a la izquierda tanto el padecimiento de la represión como la lucha democrática, primordialmente sufrida y protagonizada por la izquierda durante buena parte franquismo. Para ALONSO, tanto en el País Vasco como en Cataluña se ha cumplido el teorema de Hoffner, según el cual la reivindicación de carácter identitario acaba neutralizando la lucha social. Las viejas reivindicaciones obreristas han sido sustituidas por un «chovinismo de ricos» y un «populismo del bienestar».

Entramos así en la séptima parte del libro, que a modo de epílogo recoge tres textos que no son fáciles de encajar en los demás apartados y presentan un valor muy particular. En primer lugar reproducimos el diálogo que mantuvieron en la Escuela de Verano Anna BALLETBÓ y Facundo GUARDADO. La primera, veterana periodista y exdiputada socialista, entrevista a quien fuera líder del Frente Farabundo Martí de Liberación Nacional en El Salvador. GUARDADO tuvo un papel activo en la guerrilla hasta que se convirtió en una persona clave en el proceso de paz y reconciliación. Candidato presidencial del FMLN en la década de los noventa y alejado ahora de sus antiguos compañeros, Guardado repasa su trayectoria vital, que tiene espesura de novela.

De la confrontación irracional a la convivencia respetuosa es un texto de una profundidad política y de una sensibilidad humana difícil de encontrar. Lo que allí se explica es, también, una síntesis encarnada de la historia social y política de América Latina durante los últimos decenios, a caballo siempre entre la tragedia y la esperanza. Guardado aborda el nacimiento de la guerrilla salvadoreña y su convulsa intrahistoria, pero sobre todo lleva a cabo un sobrio y emocionante alegato en favor del respeto mutuo, de la convivencia, de la honestidad política, del servicio al bien común, del realismo y de la reconciliación.

El segundo capítulo del epílogo lo firma Eddie Barnes, diputado conservador escocés, jefe de estrategia y comunicación de los *tories* escoceses. El Partido Conservador Escocés ha logrado pasar de ser un partido residual a disputarle la primera posición al Partido Nacionalista Escocés. Además de relatar la estrategia unionista ante el referéndum, Barnes desarrolla tres lecciones para superar la hegemonía del nacionalismo. Lo hace tras haber dedicado mucho tiempo a indagar cuál fue la fuerza motora del independentismo escocés. La respuesta no es la que había imaginado al inicio: no era la identidad, «era una cuestión de esperanza; el deseo de cambio». A partir de allí el estratega conservador hilvana sus propuestas para que el Reino Unido recobre su vitalidad, también en Escocia. A pesar de las diferencias, su interpretación no es en absoluto extraña para entender y superar el fenómeno independentista en Cataluña.

Precisamente nuestro libro acaba con un texto sobre el futuro, con una anatomía del mañana. Con su inigualable perspectiva como exministro de Exteriores, empresario e intelectual, Josep Piqué analiza las principales tendencias políticas y económicas de la realidad actual y del «mundo que nos viene», que es un escenario multipolar de mestizajes en el que los valores de matriz occidental deben pugnar por mantener un papel decisivo. «Estamos asistiendo a un retorno de la historia», que conlleva también el resurgir de viejos imperios orientales.

No podemos concluir este libro sin un agradecimiento sincero a todos aquellos que se implicaron e hicieron posible la I Escuela de Verano de Societat Civil Catalana. Merece un agradecimiento especial José Rosiñol, que desde la presidencia de SCC apostó por este proyecto tan ambicioso. También queremos resaltar el trabajo generoso y desinteresado de los colaboradores de SCC en el extranjero, que nos facilitaron el contacto con muchos de los ponentes. Sixto Cadenas coordinó eficazmente, como responsable de actos en la Junta, la realización del evento. Lluís Llaquet gestionó con eficiencia el puzle logístico que conlleva un evento de este tipo. Todo el equipo técnico de SCC dio lo mejor de sí mismo para que las jornadas fueran históricas.

El capítulo más importante de este libro es el que queda por escribir: el futuro. Ciertamente, ni la civilización ni el progreso están nunca plenamente garantizados. No lo están, porque la semilla de la destrucción no se encuentra solamente en determinados contextos históricos, sino que, junto a tantas posibilidades de grandeza, se halla también en todo corazón humano. Así que cada día, cada etapa, cada generación tiene en sus manos el futuro de la civilización.

Ofrecemos este libro como una herramienta de análisis y orientación en los tiempos sísmicos que vivimos. Pero sobre todo, tenemos la ilusión de que sirva como una invitación al compromiso. La democracia constitucional es el orden político de la libertad y la expresión del humanismo cívico. Es verdad que en la historia de la humanidad, la libertad siempre ha sido una llama vacilante. Nuestro deber es protegerla frente a los vientos que quieren apagarla. Nuestra obligación es avivar cada día nuestra democracia constitucional reivindicando sus principios, renovando su práctica y desarrollando su potencial de crecimiento económico y humano.

Solo nos queda desear que disfruten y dialoguen con cada página de este libro.

Fernando Sánchez Costa
Miriam Tey
Martín Gurría

EL AUGE DEL POPULISMO Y LOS RETOS DE LA DEMOCRACIA LIBERAL

La mentalidad populista

Marco Tarchi[1]

El debate sobre la esencia del populismo y sus manifestaciones en el ámbito político ya tiene una historia muy larga. En 2017 se celebraron los cincuenta años del simposio de la London School of Economics and Social Sciences, organizado por la revista *Government and Opposition*, que se considera como el inicio de la discusión científica internacional sobre este tema, aunque ya existían algunos análisis del fenómeno, desarrollados a partir de los casos prototípicos del movimiento de los *narodniki* en la Rusia del siglo XIX, del People's Party estadounidense y de algunas experiencias políticas latinoamericanas (los gobiernos de Perón en Argentina, de Vargas en Brasil, de Haya de la Torre en Perú, de Paz Estenssoro en Bolivia, de Rojas Pinilla en Colombia y de Velasco Ibarra en Ecuador).

El fin del encuentro en Londres, donde confluyeron decenas de especialistas de todo el mundo (politólogos, sociólogos, historiadores, filósofos, economistas) era llegar a una detección más precisa de los elementos constitutivos de este fenómeno (*To define populism* era el lema escogido en esa ocasión), para establecer la amplitud y los límites de una aplicación científica del concepto. Sin embargo, medio siglo después, a pesar de la enorme multiplicación de los estudios sobre el tema, todavía no se encuentra ningún acuerdo en la comunidad científica internacional que permita a los especialistas de este asunto uti-

[1] Marco Tarchi es profesor de Ciencia y Teoría Política en la Universidad de Florencia. Desde hace décadas estudia el fenómeno del populismo, especialmente en Italia, sobre el que ha publicado diversas obras.

lizar una definición común. El «complejo de Cenicienta» enunciado por el filósofo inglés Isaiah Berlin al final de la conferencia londinense sigue, por lo tanto, desarrollando sus efectos negativos.

A través de esta fórmula, Isaiah Berlin quería decir que la palabra populismo, y la noción teórica asociada a ella, se asemejan al zapato del cuento: ningún pie se adapta a su forma y a su dimensión; hay muchos pies que casi se adaptan, pero no se encuentra ni uno que sea perfectamente apropiado. Como resultado el príncipe está obligado a proseguir su búsqueda indefinidamente (Allcock 1971: 385). El significado de esta metáfora es claro: ningún esfuerzo de definición teórica de un concepto puede tener un éxito positivo si no concuerda con los resultados de la observación empírica. Y Berlin daba a entender que en el caso específico del estudio del populismo este equilibrio resulta imposible, así que el investigador, debido a la frustración provocada por esta búsqueda sin fin, cae víctima de dicho complejo y puede llegar al punto de negar la existencia misma del fenómeno que se proponía de estudiar.

La intuición de Berlin es perspicaz y su advertencia sobre los riesgos del perfeccionismo intelectual debe ser tenida en cuenta. Pero, como nos enseña el psicoanálisis, los complejos se pueden curar y, al final, superar. En el caso específico, para deshacerse de este límite y obstáculo psicológico, en primer lugar hay que emanciparse de un prejuicio hoy en día muy extendido en el ámbito de las ciencias políticas y sociales, que consiste en negarse a considerar el populismo como un objeto normal de análisis, tanto en el plano teórico como al nivel de la fenomenología política. Muchas veces, tanto en los ensayos científicos como en la discusión política y mediática, se atribuye al populismo un carácter de excepcionalidad que no le corresponde, como la observación cotidiana de la realidad nos enseña. No se le incluye en la lista de las corrientes políticas significativas de nuestra época, reprochándole la ausencia de una formulación explícita, orgánica y coherente, de sus fundamentos.

Muchas veces se consideran las manifestaciones del populismo en el interior de los sistemas políticos —tanto democráticos como autoritarios— como otros tantos paréntesis destinados a ser rápidamente cerrados, sin dejar rastros importantes. Se le aplica un vocabulario médico —hablando de sus éxitos como consecuencia de una infección, de un contagio, de la propagación de un virus, etc.—, equiparándolo a una enfermedad de la cual hay que detectar los síntomas para poder tratar, con el auxilio de medicamentos apropiados, comprendiendo así a los ciudadanos que votan a fuerzas populistas como a pacientes que sufren un desorden psíquico y conductual. Y a veces —cada vez más a menudo— se llega al punto de denegar su existencia y de sugerir la supresión del nombre que se le atribuyó en el diccionario ideal de la política, sustituyéndolo con otras palabras y conceptos: antipolítica, demagogia, radicalismo democrático, etc. Otras veces se lo reduce a una máscara, una solución cosmética ideada para ocultar la verdadera naturaleza del fenómeno (en general, en estos casos la referencia es a la extrema derecha, sospechosa de utilizar el vocabulario y el estilo comunicativo populista para atenuar el recelo y la deslegitimación que afectan su acción después de 1945).

Sin embargo, si se quiere sobrepasar el complejo de Cenicienta, hay que deshacerse de estos prejuicios. Sin cuestionar las opiniones y las preferencias políticas de cada investigador, hay que tomar el populismo en serio y aplicar a sus análisis el mismo método, el mismo planteamiento, que se emplea con todos los otros objetos de investigación. Es decir que, antes que juzgar sus manifestaciones, hay que observarlas de manera objetiva, conocerlas en su integralidad, analizarlas a fondo.

Si se respeta esta regla, a pesar del carácter polisémico de la noción y de la amplitud geográfica y cronológica de sus manifestaciones, la esencia del fenómeno populista puede ser identificada, lo que permite entender y estudiar más en profundidad sus manifestaciones empíricas. Sin duda, este trabajo seguirá siendo complicado, porque estas manifestaciones son muy variadas y heterogéneas —incluyendo movimientos, regímenes, estilos de comunicación, estrategias retóricas, estados emocionales, actitudes psicológicas, etc.— y, como escribió uno de los más conocidos especialistas en esta materia, Paul TAGGART (2000: 4), el populismo posee la propiedad del camaleón de adaptarse a una amplia gama de contextos, traspasando la línea de demarcación habitual entre la derecha y la izquierda y tomando formas específicas distintas según las circunstancias y las oportunidades que la situación ofrece a sus intérpretes.

Por otro lado, no se puede identificar históricamente un tipo único y homogéneo de régimen político populista, no se encuentra el mismo contenido programático en cada uno de los movimientos que pertenecen a esta categoría, ni se puede conectarlo a una visión del mundo coherente según los cánones de una *Weltanschauung* clásica, ni tampoco a una plataforma política o ideológica plenamente compartida por la totalidad de sus partidarios. Sin embargo, todos estos obstáculos no impiden que se encuentre una definición unitaria —un mínimo común denominador— del fenómeno que aquí nos interesa.

Con razón escribió Francisco Panizza (2009: 9-10):

> Se ha vuelto casi un cliché comenzar a escribir sobre el populismo lamentando la falta de claridad acerca del concepto, y poniendo en duda su utilidad para el análisis político. El populismo constituye un concepto controvertido, y los acuerdos respecto de qué significa y quién califica como populista resultan difíciles ya que, a diferencia de otros conceptos también controvertidos —como el de democracia—, se ha vuelto una atribución analítica más que un término con el cual la mayoría de los actores políticos se identificaría con gusto. Pero a no ser que realicemos un gesto brechtiano y suprimamos el pueblo, el populismo forma parte del paisaje político moderno, y va a seguir siendo así en el futuro. Sin embargo, aunque no hay acuerdo académico respecto del significado del populismo, es posible identificar un núcleo analítico en torno al cual existe un grado significativo de consenso.

Para llegar a este resultado, desde el principio los académicos propusieron unas distintas pistas de investigación. Después del simposio de Londres, los editores de los actos del encuentro se preguntaron si, debido al carácter «elusivo y proteiforme» del fenómeno que a través de esta palabra se quería identificar, el populismo podía considerarse como una ideología, más que como un movimiento, una mentalidad resultante de una situación social particular o una predisposición psicológica (Ionescu y Gellner 1969: 1-3). Las respuestas de los participantes al debate destacaron profundas divergencias. Si, según Donald MacRae (1969: 166-179), justificaba hablar de una ideología populista, Peter Wiles (1969: 166-179), refutaba esta interpretación, argumentando que solamente se trataba de un síndrome que nada tenía que ver con una doctrina; Kenneth Minogue (1969: 197-211) destacó su dimensión de movimiento político y Angus Stewart (1969: 180-196) enfatizó la singularidad de los aspectos sociales que formaban su específica identidad. En el transcurso de los cincuenta años siguientes, dos principales orientaciones interpretativas se han disputado el favor de los estudiosos: las que interpretan al populismo, respectivamente, como una ideología o como un estilo político.

Situándose en la primera de estas perspectivas, Edward Shils (1956), autor de un estudio pionero, y aún actual, publicado once años antes del simposio de Londres, ve el populismo como la expresión de «una ideología que proclama la supremacía de la voluntad del pueblo sobre toda clase de normas e identifica esta voluntad con la justicia y la moralidad». Según otro de los especialistas más reconocidos en el ámbito, Cas Mudde (2004: 543), esta ideología «postula que, en última instancia, la sociedad está separada en dos grupos homogéneos y antagonistas, el «pueblo puro» contra la «elite corrupta», y de ello deduce que la política debe ser la expresión de la voluntad general del pueblo». Muchos otros académicos, ya en la ocasión de la conferencia de 1967 y a lo largo de las décadas sucesivas, se han dedicado a detectar y enumerar los contenidos de esta supuesta ideología, más allá del «llamamiento al pueblo» y a sus virtudes aclarado per Margaret Canovan (1981) en su obra fundamental *Populism.*

Ninguno de estos autores, trabajando sobre casos empíricos en perspectiva comparada, encontró algo parecido a un sistema orgánico de creencias, ni identificó la traducción en el ámbito político de una visión autónoma del mundo y de la sociedad, y —por decirlo a través de las palabras de Paul Taggart (2000: 6)— la opinión predominante en la comunidad científica es que el populismo «exhibe algunas de las características de la ideología, pero no todas». Ello invita a la mayoría de los defensores de este punto de vista a hablar de una ideología «débil» o «tenue» (*thin-centered ideology*), en referencia a la obra de Michael FREEDEN, o, como escriben Yves MÉNY e Yves SUREL (2000: 170), inspirados por los estudios del antropólogo Clifford GEERTZ, de un «esquema» de interpretación de algunos aspectos específicos de la realidad basado en un «sistema cognitivo culturalmente e históricamente determinado mediante el cual pueden expresarse los intereses y solucionarse las tensiones sociales», que no tiene ninguna formulación orgánica o articulada, ni padres fundadores, ni textos sagrados. Cabe destacar que, contrariamente a todas las doctrinas políticas pertenecientes al estricto ámbito ideológico, no existe ninguna formulación teórica del populismo por parte de los numerosos representantes de esta categoría, con la única excepción de la conferencia de Juan Domingo Perón al Congreso argentino de filosofía de 1949 sobre el tema «La comunidad organizada».

Los que, con un enfoque distinto y alternativo, optan por una reducción del fenómeno a la mera dimensión del estilo comunicativo, y de facto lo ven como la manifestación contemporánea del concepto aristotélico de *demagogia*, argumentan, con Pierre-André TAGUIEFF (1997: 8), que «el populismo no se encarna en un tipo definido de régimen político [...] ni en contenidos políticos determinados». Es simplemente «un estilo político susceptible de dar forma a distintos materiales simbólicos y de establecerse en múltiples lugares ideológicos, adoptando la coloración política del lugar que lo acoge. Se presenta a sí mismo, e inseparablemente, como un conjunto de operaciones retóricas realizadas a través de la explotación simbólica de determinadas representaciones de la sociedad».

Para los que comparten esta interpretación, los argumentos populistas son una constante del discurso político, utilizada especialmente por los *outsiders*, pero presente también en el lenguaje de actores institucionales que intentan orientar la opinión pública hacia específicos blancos polémicos según un patrón que opone el sentido común y la generosidad del hombre de la calle a los sofismas y a los privilegios de la casta de los políticos profesionales.

Esta lectura del fenómeno tiene sus razones, y no se puede negar que, como escribe Flavia FREIDENBERG (2007: 25), el estilo populista tiene características propias: «Es un modo directo y personalista de relación entre el líder y sus seguidores que tiende a carecer de mecanismos de intermediación, se basa en un discurso que interpreta al individuo como parte da una colectividad en oposición a un enemigo, exalta el discurso antipartidista». Pero el populismo no se reduce a la dimensión de una herramienta estilística a disposición de los objetivos tácticos o estratégicos de cualquier actor político. Es también un estilo, un discurso y una estrategia, como argumentan Carlos de la TORRE y Enrique PERUZZOTTI (2008: 12), pero no es solo eso.

Para entender la esencia del populismo, hay que ir más allá de los estudios que interpretan este fenómeno come una ideología o como un estilo. Y para alcanzar este resultado nos ayuda la noción de «mentalidad característica», ideada por el sociólogo alemán Theodor GEIGER en los años treinta del siglo XX y magistralmente desarrollada y aplicada por Juan LINZ. Dibujando el contorno de este concepto en sus estudios sobre el autoritarismo, LINZ (1974, 1975) afirma que «las mentalidades son maneras de pensar y de sentir emocionales más que racionales» y que dentro de ellas «las modalidades de reacción a las distintas situaciones no son codificadas». Además, la mentalidad es «una actitud intelectual, mientras que la ideología es un contenido intelectual, una predisposición psíquica, mientras que la ideología es reflexión, autointerpretación»; la mentalidad «precede los acontecimientos, mientras que la ideología los sigue [...] carece de forma, es fluctuante, mientras que la ideología es sólidamente formada». Y si «la ideología contiene un fuerte elemento utópico, las mentalidades están más cerca del presente o del pasado se refieren a valores imprecisos y recurren a una discreta y pragmática incorporación de elementos» resultantes de los estados de ánimo dominantes en la opinión pública en aquel momento.

Estas características se aplican perfectamente al fenómeno que aquí nos interesa: muchas encuestas demuestran que las opiniones de los electores de los partidos populistas se basan en reflejos emocionales más que en argumentos racionales, que ellas hacen referencia a valores vagos y que, aunque se anclen en una visión bastante idílica del pasado, están relacionadas a preocupaciones asociadas a la actualidad. Y a través de estas opiniones, y de las conductas que de ellas derivan, se manifiesta una predisposición psíquica que provoca reacciones no codificadas, muchas veces en la forma de una protesta y de un rechazo.

Ya hace medio siglo, en su introducción al volumen que recogía una parte de los papeles presentados a la conferencia de la London School of Economics, Ghita Ionescu y Ernest Gellner (1969: 3) definieron el objeto de esos trabajos como «una mentalidad recurrente». Algunos años después, Margaret Canovan (1982: 552; 1984: 322-324), en una perspectiva análoga, detectó en el populismo «un *pathos* del hombre común» basado en el reconocimiento de las ejemplares virtudes cívicas de los ciudadanos, en contraste con los vicios exhibidos por sus gobernantes. Hoy nosotros podemos desarrollar esas intuiciones y definir el populismo como:

> La mentalidad que identifica al pueblo como una totalidad orgánica artificialmente dividida por fuerzas hostiles, le atribuye cualidades éticas naturales, contrapone su realismo, su laboriosidad y su integridad a la hipocresía, a la ineficiencia y a la corrupción de las oligarquías políticas, económicas, sociales y culturales y reclama su primacía, como fuente de legitimación del poder, por encima de todas las formas de representación y de mediación (Tarchi 2015: 77).

A la luz de esta nostalgia de un pueblo puro y cohesionado y de la afirmación de su derecho a ejercer directamente el poder (tal vez eligiendo como su ventrílocuo un líder agitador más o menos carismático), los populistas identifican una gama de enemigos que hay que combatir sin tregua porque usurpan las prerrogativas del pueblo y minan su soberanía. La variedad de estos enemigos del pueblo es distinta y más o menos amplia según los casos, pero conserva unas figuras permanentes: el burócrata, el político profesional, el financiero, el intelectual, el extranjero depredador, las instituciones supranacionales. Todos parásitos que el pueblo debe eliminar. Por supuesto, la mentalidad populista puede exprimirse de formas distintas: como esquema analítico e interpretativo de la dinámica social, como estilo de acción política, como conjunto de creencias y principios para fundamentar una cultura política, como registro retórico, como fórmula de legitimación de un régimen. Y su intensidad puede variar según los contextos y las circunstancias que pueden favorecer u obstaculizar su manifestación y su difusión.

La definición que hemos propuesto, y en general la interpretación del populismo como una mentalidad característica, puede constituir un primer paso hacia la superación del complejo de Cenicienta y permitir una mejor comprensión de las causas de su propagación, de la polivalencia ideológica de sus manifestaciones, de su irreductibilidad a la dimensión clásica del antagonismo político simbolizada por la oposición entre derecha e izquierda y de su paradójica y controversial relación con la democracia, explorada por una larga parte de la literatura científica a este respecto. Y, sobre todo, puede prevenir el frecuente y perjudicial error de confundir el populismo con otros fenómenos políticos que, a pesar de algunas convergencias polémicas específicas dictadas por la actualidad, siguen siendo distintos de él. Una confusión que a veces induce sus adversarios a tomar medidas que, en lugar de debilitar su capacidad de atracción, contribuyen a fortalecerla.

Bibliografía

Allcock John B. (1971): «Populism: A Brief Biography», en *Sociology*, V, 3, pp. 371-387.

Canovan Margaret (1981): *Populism*, Junction, London.

Canovan Margaret (1982): «Two Strategies for the Study of Populism», en *Political Studies*, XXX, 4, pp. 544-552.

Canovan Margaret (1984): «People, Politicians and Populism», en *Government and Opposition*, XIX, 3, pp. 312-327.

De la Torre Carlos y Peruzzotti Enrique (2008): «Introducción. El regreso del populismo», en Idem (editores), *El retorno del pueblo. Populismo y nuevas democracias en América Latina*, FLACSO Ecuador, Quito, pp. 11-19.

FREIDENBERG Flavia (2007): *La tentación populista. Una vía al poder en América Latina*, Editorial Síntesis, Madrid.
IONESCU Ghita y GELLNER Ernest (1969, compiladores): *Populism: Its Meanings and National Charcteristics*, Weidenfeld and Nicolson, London.
LINZ Juan J. (1964): «An Authoritarian Regime: the Case of Spain», en Allard Erik y Littunen Yrjö (editores), *Cleavages, Ideologies and Party Systems: Contributions to Comparative Political Sociology*, Academic Bookstore, Helsinki, pp. 291-341.
LINZ Juan J. (1975): «Totalitarian and Authoritarian Regimes», en Polsby Nelson y Greenstein Fred (editores), *Handbook of Political Science. Vol. 3: Macropolitical Theory*, Addison-Wesley, Reading, Mass., pp. 175-411.
MACRAE Donald (1969): «Populism as an Ideology», en Ionescu y Gellner, pp. 153-165.
MINOGUE Kenneth (1969), «Populism as a Political Movement», en Ionescu y Gellner, pp. 197-211.
MÉNY Yves y SUREL Yves (2000): *Par le peuople, pour le peuple. Le populisme et les démocraties*, Fayard, París.
MUDDE Cas (2004): «The Populist Zeitgeist», in *Government and Opposition*, XXXIX, 4, pp. 541-563.
PANIZZA Francisco (2009): «Introducción. El populismo como espejo de la democracia», en Idem (compilador), *El populismo come espejo de la democracia*, Fondo de cultura económica, México D.F.
SHILS Edward (1956): *The Torment of Secrecy. The Background and the Consequences of American Security Policies*, Free Press, Glencoe.
STEWART Angus (1969): «The Social Roots», en Ionescu y Gellner, pp. 197-211.
TAGGART Paul (2000): *Populism*, Open University Press, Philadelphia.
TAGUIEFF Pierre-André (1997): «Le populisme et la science politique. Du mirage conceptuel aux vrais problèmes», en *XXe siècle*, IV, n. 56, pp. 4-33.
TARCHI Marco (2015): *Italia populista. Dal qualunquismo a Beppe Grillo*, il Mulino, Bologna.
WILES Peter (1969): «A Syndrome, Not a Doctrine: Some Elementary Theses on Populism», en Ionescu y Gellner, pp. 166-179.

El populismo como fenómeno global

José A. Olmeda[2]

Un cambio de época

Creo que sobran los ejemplos para atestiguar que estamos asistiendo a un vertiginoso cambio de época con líneas de cambio que atraviesan muy diversos ámbitos de nuestra vida económica, social y política. A continuación señalo brevemente cuatro vectores que han contribuido a configurar nuestra situación actual.

Cuarta Revolución Industrial

Los desarrollos en genética, inteligencia artificial, robótica, nanotecnología, impresión 3D y biotecnología, por nombrar solo algunos, se están construyendo y amplificándose mutuamente y configuran lo que se ha denominado Cuarta Revolución Industrial (World Economic Forum 2017: 5-7). Una cuarta revolución que se basa en la tercera, la revolución digital que se viene produciendo desde mediados del siglo pasado. Esta cuarta fase se caracteriza por una fusión de tecnologías que está difuminando las líneas entre las esferas física, digital y biológica. Hay tres razones por las que las transformaciones de hoy representan no solo una prolongación de la Tercera Revolución Industrial, sino más bien la llegada de una cuarta y distinta: su velocidad, su alcance y su impacto sistémico.

La velocidad de los avances actuales no tiene precedentes históricos. Cuando se compara con las revoluciones indus-

---

[2] José A. Olmeda es catedrático de Ciencia Política en la UNED.

triales anteriores, la cuarta evoluciona a un ritmo exponencial en lugar de lineal. Además, está alterando casi todas las industrias de producción de bienes y servicios en todos los países. Y la amplitud y la profundidad de estos cambios anuncian la transformación de sistemas completos de producción, gestión y gobernación. Todo ello tiene y va a tener todavía más amplias repercusiones en el mundo social y laboral y en nuestros estilos de vida. Necesitamos comenzar a prepararnos para una nueva era de innovación en la que destacan diferentes tecnologías, como la genómica, la ciencia de los materiales y la robótica. Y ello se debe a que asistimos, sin todavía darnos cuenta de ello, al ocaso de la digitalización debido a la paulatina terminación de la ley de Moore —cada dos años se duplica el número de transistores en un microprocesador—, lo que va a dificultar la fabricación de microprocesadores exponencialmente más poderosos, pues para maximizar su rendimiento, se necesita optimizar esta tecnología para una tarea específica, lo que implica desarrollar microprocesadores especializados para unos algoritmos determinados y no para propósitos generales como hasta la fecha (Satell 2018).

Globalización y fragmentación

En la sociedad internacional asistimos desde el final del siglo XX a un intenso proceso de globalización simultáneo con la fragmentación de los espacios nacionales. La globalización se centra no solo en el surgimiento de los actores no estatales *per se*, sino más bien en la reestructuración de las relaciones internacionales —identificadas mejor como «política mundial»— en torno a estructuras más complejas, de múltiples capas superpuestas; instituciones y procesos que desafían y socavan cada vez más la capacidad de los Estados y el sistema interestatal para controlar, gestionar o configurar lo que sucede en el mundo. Estos procesos conducen a menudo a la desagregación del Estado mismo, mientras que no generan formas efectivas de gobierno global. El socavamiento del Estado por el entrecruzamiento de estructuras y procesos complejos y superpuestos, muchos de los cuales no tienen precedentes históricos, sugieren que pensemos nuevamente sobre la profundidad de esta anarquía y las cuestiones conceptuales, constitucionales, políticas y sociales que implica (Cerny, Prichard 2017).

Integración europea y europeización de los sistemas político-administrativos

Estos procesos adquieren un significado específico en el contexto europeo. Se entiende aquí la europeización como un proceso desde arriba hacia abajo de adaptación de los Estados miembros a la Unión Europea, con el fin de distinguirla de la integración europea, como el proceso ascendente desde los mismos para proyectar su influencia sobre la instancia supragubernamental y supranacional. La europeización consiste en un conjunto de fuerzas económicas regionales, institucionales y conceptuales que favorece un proceso de cambio que afecta a las políticas públicas nacionales, las prácticas legislativas, la política en general así como la arquitectura institucional de los diversos sistemas político-administrativos.

De manera más precisa y formal, Radaelli (2003: 30) define la europeización como el conjunto de:

> Procesos de (a) construcción, (b) difusión y (c) institucionalización de reglas formales e informales, procedimientos, paradigmas de políticas públicas, estilos o «formas de hacer las cosas», y de valores y normas compartidas que inicialmente se definen y consolidan en el proceso político de la UE para ser incorporados posteriormente en la lógica del discurso, las estructuras políticas y las políticas públicas internas (estatales y subestatales).

No obstante, cualquier explicación en un sentido estricto del proceso de respuestas de cualquier Estado miembro de la UE exige valorar cómo interactúan ambos procesos, en especial a lo largo del tiempo, no considerar solo una perspectiva ascendente o descendente.

La europeización ha afectado por tanto no solo las formas tradicionales en que los actores estatales formulan e implantan las políticas, reforzando el peso del poder ejecutivo frente a otros poderes del Estado, sino también las rutas tradicionales por las cuales los actores sociales obtienen acceso y ejercen influencia en la formulación de las políticas públicas. La UE ha «pluralizado» efectivamente los procesos de formulación de políticas nacionales al desplazar el centro de atención de las capitales nacionales a Bruselas, lo que implica una centralización acentuada con la implantación de las políticas de ajuste y de austeridad económicas, mientras que ha «juridificado» los procesos de implantación de sus Estados miembros mediante la promoción de procesos de regulación y modos de ejecución más legalistas sobre formas que se basaban en cambio, en la discrecionalidad administrativa, la autorregulación, o incluso, en algunos casos, la regulación conjunta. La UE también puede tener un impacto en las pautas micro de elaboración de políticas en cualquier sector dado (Olmeda 2017).

Crisis económica en Europa

Con la crisis financiera mundial de 2007-2009, el mundo se hizo cada vez más consciente de los profundos problemas que afrontaban las economías periféricas de Europa. Esto planteó el fantasma de los posibles incumplimientos en su deuda soberana, lo que amenazaba la estabilidad financiera de muchos países acreedores. Además, la crisis de la deuda soberana de las economías más débiles de la Unión Económica y Monetaria también cuestionó la viabilidad de estos países dentro del sistema del euro. Para los países de la eurozona, la soberanía sobre la política monetaria se transfirió al Banco Central Europeo, pero sus políticas fiscales solo se coordinaron de manera flexible a través del Tratado de Maastricht. Se suponía que todos los países de la UEM debían cumplir las normas que ayudaban a mantener la deuda pública en un máximo del 60 por ciento del PIB y el déficit presupuestario del Estado por debajo del 3 por ciento del PIB. Estos umbrales fueron violados de manera significativa, ocasionalmente incluso por las economías más grandes que estaban desempeñando los papeles principales en la UEM.

Aunque hubo muchos años de crecimiento en las economías periféricas, en muchos casos resultó ser insostenible. Se basó principalmente en el crecimiento del consumo fundamentado en la entrada de capital extranjero que había impulsado los precios de las propiedades o permitido a los gobiernos ampliar el empleo y elevar los salarios y las pensiones a tasas que poco tenían que ver con el crecimiento de la productividad. Los crecientes déficits presupuestarios y déficits comerciales del Estado se mantuvieron durante mucho tiempo debido al aumento del endeudamiento, lo que hizo que esas economías estuvieran muy expuestas a los caprichos de los mercados mundiales de capital.

El crecimiento de la deuda fue factible debido al comportamiento de «riesgo moral» de prestatarios y prestamistas bajo las instituciones de la UEM, como han destacado Baer y Esfahani (2013), que había dado lugar a la percepción de responsabilidad compartida entre todos los miembros por las deudas de cada uno. Los gobiernos prestatarios encontraron capital fácilmente disponible a tasas de interés bajas y, por lo tanto, estaban en posición de evitar recortes políticamente difíciles en el crecimiento del gasto social. Los prestamistas —bancos privados europeos principalmente— asumieron que dado que todos los países clientes pertenecían a la misma área monetaria, no había peligro de pérdidas por devaluaciones monetarias y, en caso de emergencia, el Banco Central Europeo y los gobiernos de los países líderes, especialmente Alemania, vendrían automáticamente al rescate.

Además de su comportamiento con «riesgo moral», las economías periféricas hicieron poco para mejorar su competitividad. Los salarios aumentaron mucho pero el crecimiento de la productividad no lo hizo, pues en la mayoría de los casos se vio obstaculizado por impedimentos institucionales: un sistema de educación atrasado, un sistema judicial difícil de manejar, una burocracia ineficaz, etc. El estancamiento de la productividad hizo que estos países no fueran competitivos en los mercados internacionales. El crecimiento se basó principalmente en sectores no transmisibles, especialmente construcción, vivienda y servicios locales. El resultado neto fue un creciente déficit comercial, financiado principalmente por la deuda externa. Incluso cuando fluyó la inversión extranjera directa, se destinó principalmente a proyectos de construcción, en lugar de a actividades de mejora de la productividad.

La explosión de la crisis de la deuda en 2009-2013 colocó a la UEM en un dilema. Dado que era imposible resolver parte de los problemas de los países periféricos mediante la devaluación, la única salida parecía ser algún tipo de rescate, condicionado a los ajustes. Estos últimos consistieron en recortes drásticos en los gastos estatales, la reducción de los salarios y las pensiones y, por lo tanto, una reducción del crecimiento. Esto aumentó el desempleo que en algunos países, como España, ya era alto antes de la crisis. Las tasas de crecimiento negativo del PIB resultantes de los programas de austeridad redujeron los ingresos fiscales. Esto requirió aún más ajustes en los gastos. Sin embargo, cualquier impacto positivo de tales ajustes tuvo que sopesarse frente a la inestabilidad política resultante (Baer, Esfahani 2013). La gran depresión (incremento del paro, disminución del crecimiento y aumento de la deuda pública) ha traído consigo la aparición de lo que se ha denominado el precariado y la decadencia de las clases medias en términos sociales.

Causas, síntomas y trayectorias de la crisis de las democracias contemporáneas

Para poner en perspectiva las especificidades de la crisis de nuestro régimen constitucional conviene resaltar que se trata de un fenómeno general pues son numerosas las voces que sugieren que la democracia se encuentra en crisis en el mundo occidental desde los inicios del siglo xxi. Así, por ejemplo, Crouch (2004) argumenta que hubo una suerte de máximo de democracia después de la Segunda Guerra Mundial y que ahora estamos en una decadencia imparable. Esto tiene sentido únicamente si se observan las relaciones industriales y la esfera del poder empresarial en relación con la democracia, la creciente desigualdad que vemos en las sociedades democráticas y la caída del poder sindical. Ciertamente tenemos quizá estos problemas sectoriales de democracia, pero solo si la concebimos en un sentido maximalista y abstraemos los efectos de la robotización y la digitalización sobre la economía y el trabajo, la comunicación, el periodismo y el conocimiento. No obstante, parece ir surgiendo un consenso en torno al peligro de desconsolidación de la democracia debido a la erosión de las normas democráticas y de los valores sociales, la desconfianza en las instituciones gubernamentales y el surgimiento de partidos y movimientos iliberales o antidemocráticos (Foa, Mounk 2016, 2017; Howe 2017; Pappas 2016).

La propuesta analítica de Merkel (2018: 13-14) sobre la crisis de la democracia parece atinada y sugestiva. Los retos deben primero acumularse considerablemente o afectar a todo el sistema nervioso central del régimen democrático: el parlamento, las elecciones, la comunidad política (*Staatsvolk* en expresión de Jellinek) o el monopolio estatal de la fuerza. Sin embargo, la transformación de los retos en crisis del sistema no está predeterminada de ninguna manera. Depende acusadamente de cómo las elites políticas y los ciudadanos gestionan los desafíos que surgen. Si ocurre una crisis, pueden concebirse tres resultados plausibles:

- Colapso: si las élites institucionales no pueden aprovechar los retos como oportunidades específicas para la reforma, mutarán a una crisis aguda, especialmente si los principales grupos y partidos de oposición extraparlamentarios o antisistema, los grandes inversionistas o los militares se movilizan contra el sistema con el apoyo de importantes sectores de la población.
- Si los decisores políticos muestran poca o ninguna disposición para emprender reformas, si la oposición democrática es débil y la población políticamente apática, y si no hay un sistema alternativo a la democracia a la vista, los retos pueden transformarse en una crisis progresiva y latente. Aunque la pérdida de calidad y legitimidad democrática es claramente evidente y se erosiona el sustento normativo de la democracia, esto no conduce a ningún cambio en el núcleo institucional del sistema.
- Si las élites afrontan productivamente los desafíos, esto puede generar una ola de reformas innovadoras que

adapte los procedimientos e instituciones clave al nuevo entorno y gane nuevo apoyo de la ciudadanía. Esta es la hora de la relegitimación del sistema político, que con esa aportación puede recuperar un estado estable de equilibrio. LINZ (1978: 87) llama a tal proceso «reequilibrio».

Por lo tanto, si los desafíos se convierten en crisis o no depende en gran medida de la acción o inacción de las élites políticas y su interacción con los ciudadanos. En la actualidad asistimos a una crisis política multifacética: la gobernación es pobre en general, producto de la corrupción y la parcialidad, asistimos a un debilitamiento del imperio de la ley y hay una falta de efectividad generalizada de los gobiernos. Algunos elementos institucionales resultan afectados:

- Principio de representación: dificultades para la formación de gobiernos y para la función de articulación y agregación de intereses generando políticas públicas eficaces y viables. Debilitamiento o ruptura de los partidos principales e, incluso el colapso de enteros sistemas de partidos. Aumento de la volatilidad electoral. Desconfianza en el parlamento y en el modo de funcionamiento de la democracia.
- Los partidos políticos: «Los partidos están fallando, en otras palabras, como resultado de un proceso de retirada o abandono mutuo, mediante el cual los ciudadanos se retiran a la vida privada o a formas de representación más especializadas y a menudo *ad hoc*, mientras los líderes del partido se retiran a las instituciones, sacando sus términos de referencia cada vez más fácilmente de su papel como gobernantes o titulares de cargos públicos» (MAIR 2013: 6).
- Las organizaciones patronales y los sindicatos: las relaciones industriales y la representación en el lugar de trabajo y las instituciones de la negociación colectiva.
- Los medios de comunicación: digitalización de la esfera pública y proliferación polarizadora de los medios sociales (Twitter, Facebook...), así como pérdida de influencia de la prensa escrita.

La democracia liberal y sus enemigos

> La promesa es que en una democracia podremos tener un grado significativo de control sobre las cuestiones importantes que nos afectan. Pero incluso suponiendo que «nosotros, el pueblo» podamos combinar nuestros diversos intereses y opiniones en una voluntad colectiva coherente, los hechos básicos de la interdependencia política y económica la convierten a menudo en una proposición vacía. Esta ambigüedad afecta a las democracias, independientemente de su escala, y no puede evitarse mediante la democracia participativa en las comunidades cara a cara o por la democracia global ahora proyectada en algunos sectores.
>
> Margaret Canovan (1999)

Aunque hay una tendencia indiscriminada a denominar populismo a todos los partidos y movimientos que desafían la democracia liberal en la actualidad conviene efectuar algunas distinciones para clarificar conceptualmente un complejo panorama. Sigo a Pappas (2016) que distingue entre los enemigos de la democracia representativa (antidemócratas), los contrarios a la integración europea (nativistas) y los opuestos al liberalismo (populistas).

Los antidemócratas de la derecha abogan normalmente por ideologías ultranacionalistas —incluso racistas—, se centran en cuestiones de seguridad, son hostiles a la UE y adoptan una postura rígida contra la inmigración. Los antidemócratas de izquierda se comprometen a promover la dictadura del proletariado, condenan la unificación europea como la creación de un capitalismo nefasto y están ideológicamente comprometidos con el internacionalismo para todos los trabajadores, incluidos los inmigrantes y los refugiados. Todos estos partidos prefieren el control estatal de la economía al capitalismo y los mercados abiertos: los derechistas destacan la autarquía económica nacional mientras que los izquierdistas subrayan el colectivismo. Finalmente, los partidos antidemocráticos tanto de izquierda como de derecha tienen una cierta inclinación por la violencia y el culto al líder.

Una cosa a tener en cuenta es que, a diferencia del populismo, el nativismo no funciona contra el liberalismo político para los nativos. Los principales argumentos del nativismo tienen que ver con la inmigración y el multiculturalismo de la UE. Los nativistas ven como graves amenazas a sociedades bien ordenadas, etnoculturalmente coherentes, a sus valores democrático-liberales establecidos, y, quizás más crucial, a la sostenibilidad de los Estados de bienestar que estas sociedades han heredado de los días previos a la inmigración masiva. En esa línea, los partidos nativistas son vistos por muchos europeos de clase media como los campeones más expresivos de las interpretaciones conservadoras tradicionales de la democracia liberal en sus respectivas sociedades.

A medida que se revela un análisis empírico más cercano de los casos disponibles, los partidos nativistas representan ideas conservadoras de derecha —la defensa de la ley y el orden, así como lo que se ha denominado el «chauvinismo del bienestar»—, estando plenamente comprometidos con la democracia parlamentaria y la legalidad constitucional. La convicción de que las comunidades étnicas y nacionales tienen el derecho a la autodeterminación y el Estado exclusivo —típico entre tales partidos— puede verse en algunos círculos como irremediablemente anticuada, pero es una creencia que no puede decirse que esté fuera de sintonía con el liberalismo en su forma clásica.

Pappas define el populismo de manera mínima como el «iliberalismo democrático» y utiliza el término para describir una clase de partidos políticos cuyos miembros tienen las características específicas de ser a la vez democráticos y antiliberales. Pensar en el populismo como el iliberalismo democrático ofrece varias ventajas. Coloca el objeto de estudio en el lugar al que pertenece —dentro del contexto de la democracia moderna y sus descontentos— y de ese modo cierra la posibilidad de confundirlo con formas premodernas y predemocráticas de populismo. Mantiene el objeto claramente a la vista: el populismo es siempre democrático pero nunca liberal. Finalmente, esta forma de pensar sobre el populismo atribuye límites claros al fenómeno: para ser clasificado como populista, un partido debe mostrar dos características antitéticas. Debe albergar una lealtad a la democracia, y también debe respaldar las tácticas antiliberales. Los partidos que no hacen ambas cosas, sean lo que sean además, no pueden ser populistas. El populismo, que es la otra cara y la negación del liberalismo político, es, con mucho, el desafío más amenazante. Prospera donde las instituciones políticas son débiles y donde la polarización y las tendencias mayoritarias son fuertes.

Los populismos

Uno de los términos más utilizados y de los que se hace un mal uso dentro y fuera de la academia es indudablemente el populismo. A veces parece que casi todos los políticos, al menos los que no nos gustan, son populistas. Es un concepto particularmente confuso. Los académicos han divergido no solo sobre sus atributos específicos, sino también sobre su dominio principal. ¿Debería definirse el populismo en términos políticos, sociales, económicos y/o discursivos? Debido a estos desacuerdos conceptuales, una amplia variedad de gobiernos, partidos, movimientos, líderes y políticas ha sido etiquetada como populista, y los estudiosos han encontrado que el populismo tiene características radicalmente divergentes. Para huir de esta confusión, algunos autores han abogado por abandonar el concepto. Pero la comunidad académica se ha negado a seguir estos llamamientos. En cambio, en las dos últimas décadas, los estudios sobre populismo han prosperado exponencialmente. Es evidente que muchos autores continúan considerando al populismo como útil, e incluso indispensable.

A continuación se describen brevemente las principales acepciones del concepto.

Populismo como ideología

El populismo se define aquí como una ideología débil centrada en que considera a la sociedad como dividida en dos grupos homogéneos y antagónicos, «el pueblo puro» y «la elite corrupta», y que argumenta que la política debería ser una expresión de la *volonté générale* («voluntad general») del pueblo (p. ej., Mudde 2007: 23; 2004: 543). Esto significa que el populismo es en esencia una forma de política moral, ya que la distinción entre «la élite» y «el pueblo» es ante todo moral (es decir, pura contra corrupta), no situacional (por ejemplo, posición de poder), sociocultural (por ejemplo, etnia, religión) o socioeconómica (por ejemplo, clase). Además, ambas categorías son en cierta medida «significantes vacíos» (LACLAU 2005), ya que son los propios populistas quienes construyen los significados exactos de «la élite» y «la gente». En términos más específicos, conciben el populismo como una ideología débil que tiene tres conceptos nucleares (el pueblo, la élite y la voluntad general) y dos opuestos directos (elitismo y pluralismo) (MUDDE y ROVIRA KALTWASSER 2012).

Sin embargo FREEDEN (2017) critica este enfoque ya que sostiene que acuñó el término «ideologías débiles» para denotar un fenómeno diferente. Comprendía aquellas ideologías cuya morfología, cuyos patrones y arreglos conceptuales eran insuficientes para contener las soluciones integrales para el espectro completo de problemas sociopolíticos que las grandes familias ideológicas (liberalismo, socialismo, conservadurismo...) han intentado proporcionar habitualmente. Argumenta que las ideologías débiles se abstenían de ofrecer su propia marca en programas sobre, digamos, justicia social o las condiciones para el desarrollo individual. O bien se restringían a un núcleo estrecho, convirtiéndose en un solo tema o, como máximo, en discursos de defensa política de doble tema, o tomaron prestadas y se agregaron a otras ideologías, para englobarlas.

Populismo como estrategia política

El populismo se define mejor como una estrategia política mediante la cual un líder personalista busca o ejerce el poder del gobierno sobre la base de un apoyo directo, no mediado, no institucionalizado, de un gran número de seguidores, en su mayoría no organizados. Esta relación directa, casi personal, pasa por alto a las organizaciones intermediarias establecidas o las desinstitucionaliza y subordina a la voluntad personal del líder. La mayoría de los seguidores carecen de vínculos institucionalizados con el líder y, por lo tanto, constituyen una masa no organizada en la arena política (por ejemplo, el Estado-nación) en la que el líder los atrae (aunque pueden participar en organizaciones locales). Un líder carismático gana un amplio apoyo, difuso pero intenso, en una masa muy poco organizada al «representar» a personas que se sienten excluidas o marginadas de la vida política nacional y promete rescatarlas de las crisis, las amenazas y los enemigos. El líder hace un llamamiento al pueblo para que lo ayude en su heroico esfuerzo por regenerar la nación, combatir a los grupos privilegiados y sus intereses especiales, y transformar las «corruptas» instituciones establecidas (Weyland 2001).

Populismo como relación sociocultural entre los líderes y su base social

Para Ostiguy (2009), ya sea de izquierda o de derecha, el populismo siempre involucra la expresión y la manifestación de formas populares en la política, un fuerte líder personalista y cierto «relativismo» procesal (dentro de la organización). Específicamente en el frente sociocultural, el populismo es un tipo de apelación política que recurre a formas locales establecidas y concretas de los culturalmente populares (baja política, estilo tabloide, incorrección política), incluyendo también los deseos socialmente diferenciados y expresados en gustos, para propósitos de alcanzar el poder.

El populismo se caracteriza por una forma particular de relación entre los líderes políticos y una base social, establecida y articulada a través de apelaciones «bajas» que resuenan y reciben una recepción positiva dentro de determinados sectores de la sociedad por razones socioculturales históricas. Ostiguy define el populismo, en pocas palabras, como el «alarde de lo «bajo»». Este enfoque no minimiza la importancia de los afectos en el populismo, pero tampoco reduce el fenómeno a la manipulación o la demagogia. Reconoce la importancia de las características del liderazgo, pero no trata el populismo como un fenómeno exclusivamente de arriba hacia abajo. En cambio, lo considera como un fenómeno bidireccional, definido de manera central por las demandas articuladas y la conexión establecida entre el líder y sus partidarios, una relación que muestra un componente tanto sociocultural como político-cultural. Debido a que el populismo es relacional, tanto en términos de la relación entre personas y líderes, como de la relación hostil de esta díada con un *otro* nefasto, tiene que ver más con la creación de identidad y las identidades políticas que sobre las «visiones del mundo» o las «ideologías», especialmente si la ideología tiene algún efecto de desaprobación.

Populismo como estilo político

MOFFIT y TORMEY (2013) definen el concepto de estilo político como los repertorios de actuación que se utilizan para crear relaciones políticas. Hay una amplia gama de estilos políticos dentro del paisaje político contemporáneo, incluidos los estilos populista, tecnocrático, autoritario y posrepresentativo, todos los cuales tienen sus propios repertorios y tropos performativos específicos que crean y afectan a las relaciones políticas.

Apelación al «pueblo»: La evocación de «el pueblo» es el elemento central que diferencia el populismo de otros estilos políticos. «El pueblo» es a la vez la audiencia central de los populistas, así como el tema que los populistas intentan «presentar» a través de su actuación. Además, «la gente» es la verdadera poseedora de la soberanía. Relacionado con la apelación al pueblo está la división dicotómica de la sociedad entre el pueblo y el/los otro/s.

Crisis, ruptura, amenaza: El populismo obtiene su impulso de la percepción de crisis, ruptura o amenaza. Esto a su vez conduce a la demanda de actuar de manera decisiva e inmediata. Las crisis suelen estar relacionadas con la ruptura entre los ciudadanos y sus representantes, pero también pueden estar relacionadas con la inmigración, las dificultades económicas, las injusticias percibidas, las amenazas militares, los cambios sociales u otros problemas. El efecto de la evocación de la emergencia de esta manera sirve para simplificar radicalmente los términos y el terreno del debate político, que se refleja en la tendencia hacia un lenguaje simple y directo.

Malos modales: Una función de la apelación al pueblo como los árbitros del sentido común, el camino a seguir y la urgencia de los asuntos a los que se refieren las figuras populistas es una vulgarización del discurso político. Buena parte del atractivo de los populistas proviene de su desprecio por las formas apropiadas de actuar en el ámbito político.

La disparidad y las conexiones entre estas conceptuaciones muestran con claridad las dificultades de la labor de clarificación de un fenómeno global y multifacético como el populismo contemporáneo.

Bibliografía

Baer, Werner, Esfahani, Hadi Salehi (2013): «The debt crisis of Eurozone's peripheral economies: Moral hazard and its consequences», *The Quarterly Review of Economics and Finance*, 53: 315–316. DOI: http://dx.doi.org/10.1016/j.qref.2013.10.004.

Canovan, Margaret (1999): «Trust the people! Populism and the Two Faces of Democracy», *Political Studies*, 47, 1: 2-16. DOI: https://doi.org/10.1111/1467-9248.00184.

Cerny, Philip G., Prichard, Alex (2017): «The new anarchy: Globalisation and fragmentation in world politics», *Journal of International Political Theory*, 13, 3: 378–394. DOI: https://doi.org/10.1177/1755088217713765.

Crouch, Colin (2004): *Post-democracy.* Cambridge: Polity Press.

Foa, Roberto Stefan, Mounk, Yascha (2016): «The Democratic Disconnect», *Journal of Democracy*, 27, 3, julio: 5-17. DOI: https://doi.org/10.1353/jod.2016.0049.

Foa, Roberto Stefan, Mounk, Yascha (2017): «The Signs of Deconsolidation», *Journal of Democracy*, 28, 1, enero: 5-15. DOI: https://doi.org/10.1353/jod.2017.0000.

Freeden, Michael (2017): «After the Brexit referendum: revisiting populism as an ideology», *Journal of Political Ideologies*, 22:1, 1-11, DOI: https://doi.org/10.1080/13569317.2016.1260813.

Howe, Paul (2017): «Eroding Norms and Democratic Deconsolidation», *Journal of Democracy*, 28, 4, octubre: 15-29. DOI: https://doi.org/10.1353/jod.2017.0061.

Laclau, Ernesto (2005): *La razón populista.* México: Fondo de Cultura Económica.

Linz, Juan J. (1978): *Crisis, Breakdown, and Reequilibration.* Baltimore: Johns Hopkins.

Mair, Peter (2013): *Ruling the Void: the Hollowing of Western Democracy.* Londres: Verso.

Merkel, Wolfgang (2018): «Challenge or Crisis of Democracy». En Wolfgang Merkel, Sascha Kneip (comps.) *Democracy and Crisis Challenges in Turbulent Times.* Cham: Springer: 1-28.

Moffit, Benajmin; Tormey, Simon (2013): «Rethinking Populism: Politics, Mediatisation and Political Style», *Political Studies*, 62, 2: 381-397. DOI: https://doi.org/10.1111/1467-9248.12032.

Mudde, Cas (2004): «The Populist Zeitgeist», *Government and Opposition*, 39, 4: 541–63. DOI: https://doi.org/10.1111/j.1477-7053.2004.00135.x.

Mudde, Cas (2007): *Populist Radical Right Parties in Europe*. Cambridge: Cambridge University Press.

Mudde, Cas, Rovira Kaltwasser, Cristóbal (2012): «Populism and (Liberal) Democracy», en C. Mudde, C. Rovira Kaltwasser (comps.), *Populism in Europe and the Americas: Threat or Corrective for Democracy?*, Cambridge: Cambridge University Press: 1–26.

Olmeda, José A. (2017): «La Unión Europea y las administraciones públicas españolas», en J. A. Olmeda *et al.*: *Las Administraciones Públicas en España*. Valencia: Tirant lo Blanch: 435-478.

Ostiguy, Pierre (2009): «The High-Low Political Divide. Rethinking Populism and Anti-Populism», *Political Concepts*, Committee on Concepts and Methods Working Paper Series, noviembre.

Pappas, Takis S. (2016): «Distinguishing Liberal Democracy's Challengers», *Journal of Democracy*, 27, 4, octubre: 22-36. DOI: https://doi.org/10.1353/jod.2016.0059.

Radaelli, Claudio M. (2003): «The Europeanisation of public policy», en K. Featherstone, C. M. Radaelli (comps.): *The Politics of Europeanisation*. Oxford: Oxford University Press: 27-56.

Satell, Greg (2018): «Why the future isn't digital»: https://www.digitaltonto.com/2018/why-the-future-isnt-digital/

Weyland, Kurt (2001): «Clarifying a Contested Concept: Populism in the Study of Latin American Politics», *Comparative Politics*, 34, 1, octubre: 1-22. DOI: https://doi.org/10.2307/422412.

World Economic Forum (2017): *Impact of the Fourth Industrial Revolution on Supply Chains*. Ginebra: World Economic Forum.

Constitución, libertad, populismo

Rocío Guijarro Saucedo[3]

Los que creemos en la democracia liberal, tenemos grandes expectativas sobre el constitucionalismo. Esperamos que la Constitución haga viable y sostenible un arreglo social que proteja la libertad individual, el Estado de derecho, limitando la acción estatal.

Estas esperanzas sobre el constitucionalismo liberal se colocan en entredicho cuando la alternativa populista se apropia de la Carta Magna o la Asamblea Constituyente. Puede ocurrir que el populismo convierta la Constitución en un instrumento que sojuzga y somete al individuo, destruyendo el orden social liberal.

La reflexión que propongo considera el caso venezolano. En 1998, Hugo Chávez, un presidente elegido democráticamente, emprendió la reescritura de la Constitución, dentro del marco de la ley y, paradójicamente, del texto constitucional de 1961. El resultado fue una carta magna en 1999 que viabilizó el socialismo marxista cubano, restringiendo la propiedad privada y colocando las instituciones al servicio de un caudillo. En 2018, ya fallecido Chávez, nuevamente se ensaya una Asamblea Constituyente en Venezuela, bajo el mismo arreglo económico totalitario y prolongando la esclavitud ciudadana bajo leyes cuya legitimidad es cuestionable en origen. El populismo se ha convertido en una dictadura, con pretensiones populares.

---

[3] Rocío Guijarro es Gerente del *think tank* CEDICE Libertad (Caracas). Presidente de la Red Liberal de América Latina.

Constitucionalismo liberal

El liberalismo ve en la constitución una salvaguarda para las libertades individuales y la limitación al poder del Estado. El texto constitucional habría de proteger de los excesos de la democracia, en concreto, de la tiranía mayoritaria.

Ibsen, en *El enemigo del pueblo*, ofrece una representación teatral del peligro que genera la decisión por regla de mayoría. La democracia, al dar igualdad ante la ley y un voto por ciudadano, genera contingencias. El poder en manos de uno solo promueve la tiranía; ahora bien, las decisiones entre varias personas, y en especial de las masas, pueden ser igualmente erráticas, impredecibles y peligrosas para las minorías. Un demagogo puede mover a los electores a convertirse en una fuerza que persiga a minorías étnicas, religiosas o más acaudaladas. La experiencia de la Alemania nazi seguirá siendo un referente demasiado doloroso sobre este riesgo.

¿Qué esperamos los liberales del constitucionalismo? Una serie de garantías que protejan al individuo:

Reglas y Controles. Predictibilidad en las normas y mecanismos de decisión. Incluso si la Constitución incorpora las reglas para «cambiarse a sí misma», hay unos procesos y facultades contemplados para restarle volatilidad a las decisiones mayoritarias.

Libertades individuales y libertades para la interacción entre los ciudadanos. Los liberales ponemos el acento en las libertades que protegen la vida y la propiedad individual. Adicionalmente, esperamos que la interacción entre los individuos incorpore libertad de asociación, de prensa y seguramente el carácter laico del Estado. Herrera lo resume así: «El propósito central del constitucionalismo liberal es institucionalizar un sistema de mecanismos de defensa para el ciudadano frente al Estado» (Herrera 1999: 16).

Limitaciones al poder del Estado. El liberalismo teme al Estado como poder omnímodo. La democracia hace viable que, con respaldo mayoritario, el Estado someta a los ciudadanos. Conceptualmente, se considera que la libertad individual solo debe sujetarse a las limitaciones de la razón y, en sociedad, se dan al Estado facultades limitadas de intervenir para proteger las libertades en la interacción social. La constitución genera normas que son impersonales y abstractas, un imperio de la ley o *Rule of Law* que habría de contener los desenfrenos despóticos.

Usualmente esperamos la defensa de los derechos de propiedad privada. Esto podría no cumplirse en la práctica. Quienes creemos en la libertad económica esperaríamos que la ley consagre la propiedad. Los activos de cualquier ciudadano, comenzando por su vida, y luego yendo a sus bienes, habrían de estar protegidos, de otros ciudadanos y del Gobierno. Entre estos activos se cuenta el dinero, que habría de estar protegido en valor mediante una política monetaria que contenga la inflación e impida el descontrol del gasto público. Usualmente un banco central independiente cumple este cometido. El problema es que la constitución no siempre está en sintonía con esta visión sobre la propiedad privada. La distribución del ingreso es una preocupación social que puede ser más acentuada en ciertos momentos. El Estado puede ser más favorable a redistribuir que a respetar la propiedad. Precisamente este es el problema que viabiliza el populismo y lo hace tan peligroso.

Finalmente, el liberalismo esperaría rendición de cuentas por el Estado. La constitución habría de consagrar cómo se tributa a los ciudadanos y cómo se usan los fondos públicos. No siempre estos temas están entre las preocupaciones de los legisladores. Temas como la autonomía regional (incluso el federalismo) o cómo se reparten los fondos del Gobierno Central entre las regiones son algo que atrae más la atención. El reparto del presupuesto, más que el control del gasto, es una bandera mucho más atractiva en las discusiones parlamentarias.

Przeworski (1999: 94) capta la constitución como tecnología institucional para hacer sostenible la democracia:

Las soluciones al problema de la democratización consisten en instituciones. Dado que esta afirmación puede parecer inocua, permítaseme subrayar que pretende excluir la posibilidad de que la democracia sea el resultado de un compromiso concerniente exclusivamente a cuestiones sustantivas. La democracia es posible cuando las pertinentes fuerzas políticas pueden encontrar instituciones que den una garantía razonable de que sus intereses no serán afectados de manera sumamente adversa en el curso de la competencia democrática. La democracia no puede ser el resultado de un compromiso sustantivo, pero sí de un compromiso institucional.

Las expectativas liberales tienden a mirar hacia la Constitución de EE. UU. de 1787, pero se olvida otra importante: la de Noruega de 1814 (De Esteban 2012). El constitucionalismo es un heredero del pensamiento ilustrado y también las colonias españolas hicieron esfuerzos, incluso antes que España, para avanzar hacia un régimen constitucional. En Venezuela hay Constitución desde 1811, en la Primera República, un año antes de la primera publicada en España, que fue la Constitución gaditana de 1812 (llamada la Pepa por haberse votado el Día de San José).

Desde 1961 Venezuela tenía una Constitución cuyo error fundamental fue la fragilidad en las garantías económicas. El Ejecutivo se arrogó facultades para suspender la protección al derecho privado, imponer controles de precios y nacionalizar activos desde los albores de nuestra democracia, formalmente iniciada en 1959 (tras un breve experimento previo en 1945-1948). Un pacto de tres fuerzas políticas, los partidos AD, Copei y URD hizo viable la Constitución de 1961. En 1998 este acuerdo, llamado Pacto de Punto Fijo, fue cuestionado por un militar, Hugo Chávez, quien había intentado dar un golpe de Estado militar en 1992. Elegido por votación democrática, Chávez juró, desde su investidura, cambiar la «moribunda» constitución. Con una popularidad alta, estableció una Asamblea Constituyente y sus adeptos tuvieron la mayoría absoluta, también mediante votación, para crearle una constitución a medida. Incluso promoviendo innovaciones como el referendo revocatorio a mitad de mandato, la Constitución daba al Ejecutivo potestades amplias, y no consagraba la propiedad privada de un modo resuelto.

Esta Constitución dio la plataforma para aplicar el modelo cubano de comunismo en Venezuela. Fue la carta de legitimidad para un régimen dispuesto a nacionalizar la propiedad y sacar del juego político a los opositores. Añadiéndose la tontería suprema de que en 2005 los partidos contrarios al régimen se retiraron de las elecciones legislativas, regalando también el Congreso al Gobierno.

El populismo como amenaza constitucional

La alternativa populista surge como un cuestionamiento a las instituciones, legitimado en la preferencia mayoritaria. El populismo solo tiene arraigo donde hay democracia. Por ello, sus raíces están en los Estados Unidos de América, la democracia contemporánea más venerable, como recuerda JUDIS (2018: 24):

> El populismo es una creación estadounidense que, más tarde, se extendió por Latinoamérica y Europa. Aunque los orígenes de este populismo se remontan a la Revolución y a la guerra de Jackson contra el Banco de Estados Unidos, realmente comenzó con el Partido Popular de la década de 1890, que sentó el precedente de movimientos que han ido apareciendo periódicamente. En Estados Unidos, a diferencia de Europa, estas campañas han estallado de forma repentina e inesperada, y aunque, por lo general, fueron efímeras, han tenido un impacto desmesurado: en su momento parecían algo anómalo, pero, en realidad, constituyen una parte muy importante del entramado político estadounidense.

Actualmente pocos discreparán en rotular al gobierno de Donald Trump como populista. El acento populista está en el conflicto y en un líder fuerte. En una reacción irascible hacia el orden existente. En el caso de Trump, su combate es contra el comercio internacional, contra los medios de comunicación, contra los inmigrantes, y su bandera es la defensa del trabajador estadounidense frente a la competencia desleal del comercio exterior.

Las experiencias populistas en EE. UU. coincidían con momentos de crisis capitalista, recesiones económicas que debilitaban a trabajadores, deudores y en especial a los agricultores. La llegada de Trump ocurrió casi una década después de iniciada la gran recesión de 2008, con la quiebra de Lehman Brothers. Y como novedad, está ocurriendo en un momento de auge económico, cuando el mercado bursátil está en niveles máximos, los salarios creciendo, el desempleo en mínimo de 3,9% y la inflación central en un saludable 2,2%. El surgimiento de Trump obedece a una preocupación distributiva, donde no todos sienten que este buen momento económico sea compartido.

Si bien EE. UU. es una democracia expuesta al populismo, lo contrarrestan las instituciones. Ningún mandatario estadounidense en su sano juicio cuestionaría la Constitución, salvo algún artículo polémico como la Segunda Enmienda. El sistema de *checks and balances*, en castellano «pesos y contrapesos», modera el poder presidencial. Por ello las soluciones populistas no han logrado apoderarse de la Constitución en EE. UU.

En otras geografías no se cuenta con este baluarte institucional de la tradición. Desde la independencia, Venezuela ha sido reacia a un arreglo constitucional estable. Como anécdota, el primero que atentó contra el orden constitucional fue el libertador Simón Bolívar. La Constitución que en 1821 se promulgó para regir en Colombia[4] fue dinamitada por el propio libertador, al proponer una constitución alternativa para la recién creada Bolivia en 1825 que institucionalizaba la presidencia vitalicia, el Senado hereditario y un Poder Moral que muchos emularon con la censura.

Cuando el prócer quiso imponer su versión constitucional sobre la precedente, empleando juntas populares que votaban a favor de tal medida, se le opuso el vicepresidente Francisco de Paula Santander. Bolívar le respondió con este argumento: «Si esto no es legítimo es al menos popular y, por lo mismo, propio de una república eminentemente democrática».[5] Si hay una frase que resuma el espíritu populista contra el constitucionalismo es esta, en los albores de la independencia y las primeras experiencias republicanas sudamericanas.

Como legado de la guerra independentista, hay una falla original en las experiencias democráticas de la mayor parte de América Latina: su nacimiento bajo el militarismo. Los caudillos militares en el poder han sido una maldición no solo en las antiguas colonias de España y Portugal, sino también en estas

---

[4] Entre 1819 y 1830, Colombia comprendía tres naciones: Venezuela, Ecuador y la actual Colombia, que se apropió el nombre de aquel gran Estado. Curiosamente, el libertador falleció un 17 de diciembre de 1830, a once años exactos de fundarse Colombia, cuya disolución le tocó sufrir en enero de 1830, al ocurrir la secesión de su patria natal, Venezuela.

[5] José Ignacio García Hamilton recuerda el episodio en un artículo periodístico: https://www.lanacion.com.ar/581320-el-populismo-militar-legado-de-bolivar

dos naciones europeas, gobernadas hasta hace cuarenta años por dictadores (Franco y Salazar). Por contraste, una dictadura militar es un escenario impensable en los EE. UU. Ni siquiera en momentos de crisis histórica tan severos como la guerra civil o la Gran Depresión se planteó tal desarreglo.

El populismo exige reivindicaciones inmediatas para la mayoría. Tiene un sentido de urgencia que es profundamente democrático. GIRALDO (2018: 32) recuerda que «el populismo se decanta por el corto plazo», y ELSTER evocando a Tocqueville, concluye: «La democracia no fomenta la capacidad de hacer planes a largo plazo, por su excesiva preocupación por realizar las cosas a corto plazo». (ELSTER 1999: 123)

Los liberales esperamos que la Constitución ofrezca estabilidad prolongada, una contención institucional a la inmediatez y las soluciones de corte popular que se guían más por la pasión que por lo razonable. Tenemos menos miedo al desajuste individual de la razón que a las interacciones que surgen cuando hay una muchedumbre enajenada. En una situación de crisis económica surge una tentación poderosa para atacar al grupo que tiene la propiedad, empleando cualquier motivo: étnico, nacionalista, religioso o sencillamente por envidia. Las leyes habrían de proteger la continuidad de las instituciones, dar una capacidad para ver a largo plazo en medio de la volatilidad presente, y confiar en cierto orden natural que restablecerá el equilibrio cuando hay un desajuste. El constitucionalismo se plantea debates sutiles como la protección a las generaciones futuras, y hasta qué punto se le pueden establecer de antemano legislaciones en el presente a quien aún no ha nacido. El populismo no apunta a estas reflexiones, sino al castigo y la violencia institucional contra un enemigo presente. La visión constitucional tiende a ser creadora, esperanzada e incluyente. El populismo quiere el mundo aquí y ahora, quitándoselo a quien supuestamente nos lo ha arrebatado.

La economía de mercado como salvaguarda constitucional

Venezuela ha venido teniendo, además del militarismo heredado de la independencia, otro problema contemporáneo: el rentismo petrolero. Desde 1925 las exportaciones petroleras superaron las agrícolas. Siendo una economía abundante en hidrocarburos, se ha convertido en un caso de estudio para la «maldición de los recursos naturales». Desde 1976 se apostó por una creciente intervención estatal en la economía, mediante la nacionalización de la industria petrolera y del banco central. Los controles de precios ya existían desde 1941 y se hicieron más asiduos desde 1974. En 1983 se estableció el primer control cambiario, impidiendo la libre negociación de dólares estadounidenses. Apenas hubo fugaces experiencias de tipo de cambio libre desde entonces, y el Gobierno de Chávez restableció un férreo control de balanza de pagos desde 2003. El gran negocio venezolano, además del petróleo, ha sido apropiarse de bienes a precio controlado (dólares, medicamentos, alimentos) y revenderlos a precio de mercado mediante contrabando y mercado negro. La captura de rentas ha sido la fuerza motriz para sostener el intervencionismo estatal en la economía venezolana.

Si algo revela el caso venezolano es que la constitución se puede convertir en un instrumento para legitimar la dictadura y los intereses de un grupo, en lugar de cumplir el propósito fundacional de garantizar una democracia verdaderamente inclusiva. Venezuela tendría al menos veintitrés constituciones desde 1811, y actualmente se está configurando otra. El régimen de Maduro, que no tiene ya un caudillo popular al frente sino un heredero de dudosa legitimidad electoral, pretende darle sustento democrático a su autoritarismo mediante una Asamblea Constituyente espuria. La máscara ha caído y ya el populismo, carente de un demagogo que lo conduzca, ha avanzado hacia su consecuencia predecible: la dictadura. Lo único que puede devolver la institucionalidad al país es lo impopular que es el estado de cosas actual, con un sector privado anulado, la inflación más alta del planeta y un éxodo masivo de refugiados.

Mi propuesta, y mi esperanza para el caso venezolano, es la economía de mercado como salvaguarda de las intenciones constitucionales. Si algo hace viable el respeto a la ley, la protección de las minorías y la visión a largo plazo es consagrar constitucionalmente la libertad económica. Bajo economía de mercado se dan herramientas estabilizadoras a la democracia: la voluntariedad del intercambio, la reducción de los costos transaccionales, el fácil acceso a los servicios públicos y el orden en las finanzas públicas.

El mercado y la democracia tienen en común su apertura a la creatividad y el azar. Son dinámicas de resultados impredecibles, y lo que da estabilidad es preservar unas reglas de juego que dan al ciudadano ciertas seguridades fundamentales. Lo valioso es que la economía de mercado y la democracia confían en el individuo, creen en su capacidad para decidir y gobernarse a sí mismo, esperan que su razón sea capaz de vencer las pasiones destructivas. Darle al ciudadano la plataforma legal para desplegar su actividad e iniciativa ayuda a tenerle participando en el trabajo creativo, en la realización de sus capacidades y competencias, como posibilidades más atractivas que la renuncia a su libertad.

Los liberales entendemos que la constitución solo es auténtica, perdurable y socialmente valiosa cuando cree en el individuo y se compromete a no someterlo a tiranía alguna. Y la manera de lograrlo, insuperable, es dejarle decidir, informarse, producir y comprar bajo el dictado de su razón. En igualdad legal con otros individuos y con herramientas legales que viabilicen la solución pacífica de conflictos.

Como liberal, estimo que Venezuela, tras la dolorosa experiencia reciente, volverá a ser un exportador de libertad, como lo fue hace doscientos años, en vez de un lugar del cual todos quieren huir.

Bibliografía

De Esteban, Jorge (2012): «El brumoso día de la Constitución», *El Mundo,* 6.12.2012, p.15.

Elster, Jon y Slagstad, Rune (1999): *Constitucionalismo y democracia.* Fondo de Cultura Económica, México.

Giraldo Ramírez, Jorge (2018): *Populistas a la colombiana.* Penguin Random House Grupo Editorial, Bogotá.

Herrera, Alejandro (1999): «Estudio Introductorio». En Elster, Jon y Slagstad, Rune (1999): *Constitucionalismo y democracia.* Fondo de Cultura Económica, México.

Judis, John B. (2018): *El estallido populista.* Editorial Planeta Colombiana, Bogotá.

Przeworski, Adam: «La democracia como resultado contingente de conflictos». En Elster, Jon y Slagstad, Rune: *Constitucionalismo y democracia.* Fondo de Cultura Económica, México.

La calidad de la democracia constitucional en el siglo XXI[6]

Asdrúbal Aguiar[7]

El título del panel cuyo desarrollo nos confía Societat Civil Catalana, RETOS Y OPORTUNIDADES DE LAS DEMOCRACIAS HISPANOAMERICANAS, a cuyos miembros expresamos nuestra sincera gratitud, se sitúa en el núcleo de preocupaciones de IDEA, Iniciativa Democrática de España y las Américas.

Somos un foro internacional *ad hoc* integrado por exjefes de Estado y de Gobierno —presentes en el panel mencionado: doña Laura Chinchilla, expresidenta de Costa Rica y Jorge Tuto Quiroga, expresidente de Bolivia, a quienes sirvo de moderador— que procura contribuir, desde la opinión pública y desde sedes académicas, al restablecimiento de la democracia allí donde cede, fortalecerla en los países que la ejercitan como experiencia y defenderla críticamente donde sus raíces ya se encuentran afirmadas.

Al llegar a Barcelona, los expresidentes y quien escribe esta crónica, hemos hecho memoria de Carme Chacón Piqueras,

---

[6] En este texto, Asdrúbal Aguiar recupera su presentación y algunas de las cuestiones que fueron tratadas por Laura Chinchilla (expresidenta de Costa Rica) y Jorge Tuto Quiroga (expresidente de Bolivia) en la mesa redonda RETOS Y OPORTUNIDADES DE LAS DEMOCRACIAS HISPANOAMERICANAS, organizado por el Foro Idea y moderado por Asdrúbal Aguiar en el marco de la Escuela de Verano 2018 de Societat Civil Catalana.

[7] Asdrúbal Aguiar es Secretario General de IDEA y fue gobernador de Caracas, ministro de Relaciones Interiores y encargado de la Presidencia de Venezuela (1994-1999). Catedrático de la Universidad Católica Andrés Bello, es miembro de la Real Academia Hispanoamericana de Ciencias, Artes y Letras.

la amiga común que ha partido para siempre dejándonos el recuerdo de su apoyo para la forja de nuestro grupo, participando desde la cátedra Mezerhane sobre Democracia, Estado de Derecho y Derechos Humanos del Miami Dade College, a cuyo nacimiento también contribuyó activamente. La honramos, así, ante el auditorio catalán que nos acompañara.

En nuestro diálogo, centramos el debate alrededor de la cuestión de la democracia constitucional en el siglo XXI, partiendo de algunas premisas.

A la caída del Muro de Berlín y en los países en los que se rompe la experiencia del socialismo real se habla del tránsito hacia una «democracia nueva». Surge la llamada «transitología», como disciplina encargada de estudiar las relaciones o sincronías que deben darse entre las sociedades civiles de la Europa oriental y sus predisposiciones mayores o menores a la democratización. Pero encuentra tropiezos, tanto como los sufre la llamada Primavera Árabe.

En el mundo occidental una parte de la prédica se empeña en celebrar lo que sería dato de validez empírica, a saber, la victoria de la democracia a secas o liberal sobre su caricatura, la «democracia popular» o plebiscitaria, populista. Pero, entre tanto, otra parte busca demostrar y hasta probar como realidad emergente, en Hispanoamérica, el llamado «desencanto democrático». Como lo diría Van Reybrouch, en pocas palabras, «con la democracia ocurre algo curioso: todo el mundo la desea, pero no hay nadie que crea en ella».

De allí que la primera pregunta que nos hiciésemos junto a los expresidentes, para las exposiciones de apertura, no podía ser otra que la siguiente: ¿Es válida la apreciación señalada? ¿O acaso lo que media es una disfuncionalidad de la democracia o la demanda de su profundización?

Me explico. Tal como afirma el autor antes citado observando el caso de Flandes, parecería darse una sobrevenida desconfianza, pero recíproca: la del pueblo hacia los políticos y la de los políticos hacia el pueblo, manteniendo los políticos un carácter más liberal y virando el pueblo hacia reafirmaciones conservadoras; pero la misma experiencia de Flandes parecería ocurrir hoy en los Estados Unidos, con la victoria de Donald

Trump, o con la apuesta populista en México, por Manuel López Obrador, situados en aceras ideológicas diferentes.

Cabe agregar, aun más, lo que explico en mi libro sobre *Calidad de la democracia y expansión de los derechos humanos* (2018), a saber, que crisis de la democracia —sea el debate sobre su calidad, su eventual cambio de naturaleza, o bien su final como experiencia política— responde a circunstancias históricas concretas. Allí están el manido fin de la bipolaridad internacional, la citada caída del Muro de Berlín, el cambio de milenio y el paso desde la era de los espacios, de las acotaciones geográficas de lo político, hacia la era de la liquidez social y su movimiento huracanado dentro de la sociedad digital, en donde el tiempo domina con sus signos virtuales —no más materiales— a ritmo de vértigo. Es decir, es como si la historia hubiese enterrado todos sus relatos dominantes, narrativas y cosmovisiones, no solo la democrática, negándolos en sus absolutos una vez que hace su ingreso el siglo XXI.

Dentro de tal perspectiva podrían situarse, en buena ley, otras cuestiones que se desprenden de la primera y hacen lugar a dos interrogantes adicionales:

- ¿Es el llamado desencanto con la democracia, probablemente, no tanto una ruptura con la política —no habría muerte de la política como predica el mexicano César Cancino— sino el reclamo legítimo de sociedades más preparadas y maduras sobre la señalada calidad de la democracia?
- ¿Se trata, acaso, de una cuestión que, de entrada, no descarta, sino que obliga a poner sobre la mesa de la crítica abierta el dogma de las formas y contenidos de la democracia con vistas a las realidades inéditas del siglo XXI, al hacerse líquidas las fronteras del Estado democrático y hacerse inmediata la comunicación digital, negada a las representaciones?

Otro tema recurrente en Hispanoamérica es el relativo a la democracia y las elecciones, ofreciendo varios ángulos como cuestión.

Salvo la oportuna corrección introducida por los alemanes al respecto, ahora se realizan elecciones hipertecnificadas en algunos países. Es el caso de Venezuela, al punto que los votantes deben confiar más en lo que al final decidan los matemáticos electorales y sus algoritmos, como una suerte de aristocracia digital que se sobrepone al conjunto del soberano, sobre los votos depositados en urnas que semejan a la caja de Pandora, suscitándose una fuerte y creciente desconfianza en la pureza y transparencia de la democracia procedimental.

Por otra parte, los gobiernos fuertes que se han instalado en Hispanoamérica desde inicios del presente siglo, que violan derechos humanos, concentran sus poderes y hasta manipulan al Estado de derecho y la democracia vaciándolos de contenido, perturbando sus lenguajes ortodoxos. Arguyen en su defensa el apoyo electoral que reciben en repetidas elecciones. Son los casos de la misma Venezuela, de Nicaragua, de Ecuador hasta reciente fecha y de Bolivia, iconos del socialismo del siglo XXI.

Elegir parecería ser, así y en adelante, algo trivial, incluso a costa del valor de una elección competitiva, informada y razonada. Se imponen más, por lo visto, los estados de ánimo coyunturales en la gente.

Se da lo anterior, por cierto, dentro de un contrasentido. A los llamados «líderes fuertes», populistas, traficantes de ilusiones, en su mayoría provenientes de la izquierda, ahora parece bastarles el hecho electoral como expresión de la democracia. Hasta ayer criticaban su reducción como experiencia a lo procedimental. Y cabe aclarar que, desde 1959, con la Declaración de Santiago de Chile, predecesora de la actual Carta Democrática Interamericana de 2001, teóricamente no rige en Hispanoamérica la versión procedimental de la democracia.

A los redactores de la carta citada y vigente, todavía más, les preocupa que llegado el siglo actual emerge otra dicotomía que sustituye a la de los gobiernos militares frente a los civiles de elección popular por otra acaso más peligrosa por fundarse en la mentira: se trata de los gobernantes electos, quienes en sus ejercicios y sin resistencias sociales mayores prosternan la experiencia de la democracia y ponen de lado la mediación de sus instituciones. Practican lo que algún teórico británico califica de posdemocracia.

No se olvide que algunos sectores intelectuales apoyan, desde inicios del presente siglo e incluso a partir de 1995, ese novísimo estadio posdemocrático como suerte de neopopulismo autoritario emergente, que se niega a la mediación constitucional y se apalanca, para el ejercicio de la política y del poder —como hecho mesiánico y mediático, léase narcisista— sobre las redes digitales globales y la televisión; o que otros, entre quienes me encuentro, observemos la transformación de la propia democracia —vuelvo a insistir en ello— en «derecho humano totalizante» y de los pueblos que los gobiernos han de garantizar, tal y como reza la Carta Democrática.

Se trata, por lo visto, de dos tendencias que corren en paralelo —la de la posdemocracia o el neocesarismo populista, y la de la radicalización intensiva de la actividad política en manos de la sociedad civil no partidaria— y que aún no alcanzan ordenación o ajuste constitucional; dejando a salvo, en el primero de los indicados supuestos, los procesos constituyentes y las reformas constitucionales que, anclados sobre nuestros subterráneos culturales, han tenido lugar en Hispanoamérica —asesorados por los profesores del CESP de Valencia, España— a objeto de ponerle término al principio democrático de los gobiernos alternativos.

Otras dos preguntas, en consecuencia y en hilo con el debate planteado, se imponen y llaman a la reflexión:

- ¿En la práctica pierde Hispanoamérica su destino democrático verdadero al resucitar el mito del César democrático, que les viene inoculado como virus desde su Independencia de España?
- ¿Queda en el papel la propuesta de la Carta Democrática Interamericana que reconceptualiza y/o reinventa a la democracia como derecho humano de los pueblos, superando la idea de la democracia como sistema de gobierno y simple hecho electoral, al paso tecnificado?

Distintas perspectivas de observadores e intelectuales abordan el asunto que debatimos desde hace dos décadas:

(a) Algunos consideran teóricamente incompatible la democracia representativa que hemos arrastrado con la misma noción de la democracia, por ser ella ejercicio de la soberanía popular. Pero asimismo aprecian que su citada pérdida de legitimidad y el principio de unidad de la soberanía, resultan hoy extraños en sociedades en violento deslave y desarticulación como las contemporáneas. Los partidos políticos se hacen indiferenciados y se desatan de cosmovisiones; mudan en franquicias electorales en la misma medida en que se multiplican exponencialmente los actores sociales con la práctica de la ciudadanía digital. No obstante, se habla de que existe y se da con ello una profundización en el pluralismo democrático. Pero se observa que, en la práctica de la llamada ciudadanía digital, que es la preferente en quienes integran a esas sociedades civiles hechas hilachas, domina el comportamiento dictatorial, el bloqueo de ideas que no se comparten o consideran inútiles a través de las redes. No hay diálogo político real.

(b) En el otro extremo, igualmente surgen como producto de dicho deslave social emergente los miembros de los exclusivos e igualmente excluyentes nichos o retículas que parcelan a la ciudadanía dentro del Estado: ambientalistas, movimientos de género, localistas, neorreligiosos, comunitarios, tribus urbanas, pueblos originarios, causahabientes todos del Estado territorial en crisis, reclamantes de sus derechos a la diferencia. Pero no se reconocen en «los otros», menos les toleran.

(c) Y se especula, asimismo, que, en uno y otro plano de los anteriores, ocurre un fenómeno que se revela coetáneo a la misma globalización de las comunicaciones y es la emergencia del periodismo subterráneo y de redes, que es crítico e irreverente. Es expresivo de lo que ahora se califica de «políticamente correcto» —todo es relativo y todo vale— a la vez que transforman las realidades en algo instantáneo como el café; pero es incapaz o está inhabilitado ese periodismo para contrastar o verificar datos e informaciones.

Otra pregunta salta a la vista: ¿Estamos condenados a vivir una democracia fugaz y narcisista, *self-service*, de «usa-y-tire», desinformadora por oportuna, mejor ganada para el voluntarismo político unilateral tanto en el gobierno como en la política?

En una rápida mirada de los elementos esenciales de la democracia constantes en la Carta Democrática —que son cinco sin contar a sus componentes fundamentales como la transparencia o la rendición de cuentas— se aprecia que los primeros están trastornados en sus núcleos y contenidos pétreos, sin mengua de los reiterados respaldos doctrinales y normativos que a diario reciben por parte, a manera de ejemplo, de la Corte Interamericana de Derechos Humanos, con sede en San José de Costa Rica.

(1) *Los derechos humanos y su respeto,* cuya universalidad como sus desarrollos progresivos han de ser reconocidos y garantizados por el Estado: «Todos los derechos para todas las personas» están siendo particularizados y multiplicados exponencialmente, pierden sus esencias y se desfiguran.

(2) *El acceso al poder y su ejercicio conforme al Estado de derecho,* por obra de lo anterior: la invertebración social y la inflación de derechos «socialmente particularizados», hace ceder el principio a cuyo tenor todos somos iguales en la ley, ante la ley y en la aplicación de la ley.

(3) *Las elecciones libres y justas* se encuentran debilitadas en su fuerza decisional al verse desafiadas por el núcleo de lo democráticamente indecidible por las mayorías, como poder elegir entre seguir en democracia o vivir bajo un «cesarismo democrático». En otras palabras, se entierra a la democracia a fuerza de votos, lo que parece un contrasentido.

(4) *El pluralismo partidario y democrático,* ya lo hemos comentado, parece expresar ahora atomización política y social bajo imperio de modalidades asociativas que se resisten a compartir valores comunes, constitucionalmente tutelados.

(5) *La separación de poderes del Estado,* como garantía de los derechos, en fin, se ve trastornada, incluso en su eficacia, por la presión de necesidades decisionales urgentes y consistentes con la velocidad digital de los cambios en todas las áreas del quehacer público y su misma interacción global. Y los jueces navegan entre lo decidido por los parlamentos y el reclamo de la opinión pública.

La cuestión democrática, así las cosas, ¿se reduce o no a la confusión de sus postulados actuales o, probablemente, a la inadecuación de sus contenidos con las realidades de la globalización y la civilización digital, que hacen líquidos los muros de la política, de la cultura y de la información? O bien, como lo pide desde la academia el profesor Francisco Plaza, ¿se trata de «recobrar el sentido integral de la democracia»? ¿Quedaría como tarea pendiente, urgente e integradora la construcción *ex novo* de una teoría normativa y constitucional de la democracia más propia del siglo XXI, adecuada a sus inéditas realidades? ¿O es que cabe considerar a la democracia históricamente superada?

Creo que todos y la misma opinión pública estamos hoy de acuerdo en que la obra democratizadora es algo más que tarea de utileros; de esos que apenas se ocupan de vestir a los actores, mover los andamios, preparar la escena para la representación de un drama o una tragedia, y luego cobran por sus servicios.

Si copio la imagen del autor Laurence Whitehead, catedrático de Oxford, la del «teatro de la democracia», como metáfora, sin lugar a dudas, es la que mejor describe la lucha pendiente por la democracia y la libertad, en un continuo sin ataduras y de final abierto.

Un drama, una tragedia a ser representada requiere, principalmente, de narrativa, de un texto consistente, susceptible de animar y rescatar al público; en lo particular al escéptico por la mala calidad de la obra democrática que denuncia, sin medir su agotamiento modélico.

Solo el texto de una obra permite ordenar el reparto adecuado de los actores —en el caso de los actores de la democracia— para que, al margen de sus actuaciones respectivas, todos a una logren armonía de conjunto y aseguren un desenlace a la trama. Y para que, al término, ganen todos con la satisfacción emocionada del auditorio que los mira, que también, sobre todo ahora, es partícipe central de la obra que convoca.

Pero habría de contar con un ancla invariable que le permita, como a toda nave anclada, moverse de un lado hacia el otro dentro del límite de lo que es. Lo dice Dworkin: «Vivir bien significa bregar por crear una vida buena, pero solo sujeta a ciertas restricciones esenciales para la dignidad humana».

¿Será posible concluir quizás, en dos aspectos, como esbozo o boceto de una tarea pendiente, a saber, la de aceptar a la democracia como un derecho humano colectivo y límite de la propia pluralidad democrática?

Ante tanta falta de certezas como la que solo ofrece el vértigo digital y la liquidez de las fronteras de los Estados, salvo para parir a traficantes de ilusiones en medio del desorden, acaso será posible responder la pregunta que se hacen Vaclav Havel y Peter Häberle: ¿es un sueño el querer fundar el Estado en la verdad? Y lo pregunto y me lo pregunto a propósito del panel que ocupáramos los expresidentes Chinchilla, Quiroga y quien esto escribe, porque el eminente jurista italiano Piero Calmandrei, quien sufre en lo personal los rigores del fascismo italiano y lo describe como el régimen de la mentira —*Il regime della menzogna*— dice, en su ensayo, lo que setenta años después ocurre en algunos de nuestros países:

> El régimen fascista fue algo más profundo, complicado y más torvo que la ilegalidad: fue la simulación de la legalidad, el fraude, legalmente organizado, a la legalidad… La mentira política, que sobreviene en todos los regímenes de esta especie, como corrupción y degeneración de ellos, en el fascismo fue el instrumento normal y fisiológico del gobierno.

En suma, como síntesis de la experiencia que pone en marcha Sociedad Civil Catalana y compartimos los integrantes del panel al que se contraen estas páginas o crónicas, en el mejor sentido de la palabra, cabe decir que más allá de las quejas razonables que suscita la experiencia de la democracia y el Estado de derecho, la expectativa es constructiva. Se impone explorar, valorar, yendo al fondo, la crisis, los riesgos y las oportunidades de las democracias.

Y para quienes participamos, venidos desde el otro lado del Atlántico, como la expresidenta Chinchilla y el expresidente Quiroga, constatamos que, todos a una, nuestros países sufren de la misma enfermedad global, del fenómeno disolvente de lo político y lo social: el populismo, el nacionalismo, el secesionismo, las hegemonías, los autoritarismos, en suma, del tráfico de las ilusiones ante el desarraigo corriente. La ruptura del lazo de confianza entre el pueblo y los políticos, recíprocamente, es lo protuberante, y Quiroga resume las amenazas en curso, en Hispanoamérica, a tres: (a) La identitaria o mental, como muros que separan a unos de otros, y se fundan en la exclusión del diferente, (b) la descalificación y rotulación sistemática, venida desde la izquierda, de quienes han ejercido el poder en democracia, llamándoles casta, partidocracia o, en Venezuela, Cuarta República, y (c) La tiranía autoritaria, que no debe confundirse con el populismo, pues solo sirve como fenómeno para ingresar, mientras la hegemonía se consolida y la tiranía se perpetúa, bajo el signo de socialismo del siglo XXI.

Chinchilla destaca lo vertebral: «No se trata de un desencanto con la democracia, aquí o allá, es la democracia la que se encuentra desencantada». Lo que nos preocupa, dice, es cómo tener incidencia en la misma y dentro de la misma, siendo este el desafío planteado en Hispanoamérica. Por lo que advierte que se trata de una cuestión global, a cuyo efecto cabe tener mucho cuidado en no confundir lo que son problemas de gestión —«gobiernos que no hacen su tarea»— de los que son responsables los actores políticos y los gobernantes, que suscita desencanto dentro de la democracia, con un descontento con la democracia. «No necesariamente la democracia explica toda la vida en política de una sociedad», señala Chinchilla, pues el descontento sería con los representantes políticos que han sido electos por el pueblo, y en relación, exactamente, con problemas de ejercicio ético en la política que han venido suscitando.

Lo que ocurre, con sus especificidades acaece, es cierto en distintos ámbitos geográficos. Son indiferentes las categorías de derechas o izquierdas, pues el mal llamado «desencanto democrático» es la consecuencia, en suma, de dos realidades: (1) El quiebre de los paradigmas geopolíticos del siglo XX y la liquidez de las fronteras de los Estados; que se transforman junto a sus correas de transmisión —como los partidos— en franquicias secuestradas por gendarmes o gestores de nuevo cuño, socialmente inútiles; y (2) el deslave crítico de una ciudadanía que deja de ser tal —por defecto de contenedor político-geográfico y social— y se hace tsunami de voluntades dispersas, reclamantes de calidad en la democracia.

De modo que, al decir calidad de la democracia, lo primero que se constata es que no se trata de una cuestión de intensidad en la democracia: de la buena o mala gobernanza, probables ambas en las democracias más afirmadas, sino que se trata de un problema de derechos y de responsabilidades no satisfecho. De cómo se ejercen o garantizan en el espacio público, en lo particular, los que tienen que ver con la inclusión de todos en la ciudadanía, el acceso a la política de los individuos dentro de un ambiente todavía secuestrado por los profesionales de la política, la libertad de información y a su acceso conforme al criterio de la máxima divulgación, por ende, mecanismos formales para asegurar la rendición de cuentas y pedir la responsabilidad o *accountability* de los gobernantes.

Una última pregunta sirve, asaz apropiada y de respuesta a la cuestión que suscita el panel cuyo desarrollo describen los párrafos anteriores, sirviendo de test a la democracia en el siglo XXI:

- ¿Participan los ciudadanos informadamente en procesos electorales competitivos y transparentes, influyendo luego en las decisiones políticas, con la posibilidad de controlar y exigir responsabilidades a quienes efectivamente las adoptan, según los dictados reales de la voluntad popular?

Barcelona, 13 de julio de 2018

La ciudadanía europea ante su proyecto de paz

Susana Beltrán García[8]

No es nuevo que sobre la Unión Europea se viertan críticas por falta de liderazgo o por su incapacidad para tomar decisiones en nombre de todos los ciudadanos europeos, esto es, de aproximadamente unos quinientos millones de personas.

Problemas que requieren soluciones comunes no faltan: terrorismo, refugiados, migración irregular, falta de solidaridad entre los Estados miembros, falta de seguridad en las fronteras exteriores o carencia de una política exterior común, entre muchos otros. No es casual que el Brexit se planteara en términos de vivir mejor fuera que dentro de esta organización. Tampoco los euroescépticos o los populistas se quedan cortos en sus críticas respecto a la defectuosa unidad europea. Y por supuesto, el nacionalismo, que en esencia es excluyente, abona el terreno para desistir a cada momento del proyecto común.

Ciertamente, las dificultades para llegar a acuerdos complican que la integración europea avance. De hecho, la Unión Europea se construye desde las diferencias. La toma de decisiones exige el acuerdo entre gobiernos de muy distintas ideologías y las transacciones habituales en un parlamento europeo de enorme pluralidad política. La Unión trabaja igualmente desde las diferencias competenciales: gobiernos nacionales,

---

[8] Susana Beltrán es profesora de derecho internacional público en la Universitat Autònoma de Barcelona. Desde 2015 es diputada y portavoz de Ciudadanos en la Comisión de Acción Exterior del parlamento catalán.

regionales y locales comparten valores europeos, pero tienen a menudo distintas necesidades y la Comisión, garante del interés general, se afana por llegar a todos.

Sí, todo esto es la Unión Europea, y aun así, es una organización magnética, que atrae porque bajo sus pilares la paz perdura. Después de la Segunda Guerra Mundial, con una Europa devastada que enfrentó a los países europeos y en la que perdieron la vida millones de personas nació un proyecto que apostaba por cooperar, por trabajar, paso a paso, y buscar lo que nos une en lugar de lo que nos separa. Y en eso estamos, avanzando un poquito cada día aunque a veces parezca lo contrario. Construir juntos desde la diferencia es dificilísimo, pero merece la pena, porque se asienta la paz. Desde esta perspectiva es responsabilidad de la sociedad europea cuidar cada día esta tarea común y hay que pedir a los ciudadanos su compromiso para que no se pierda. El nacionalismo, sin ir muy lejos, es uno de los grandes enemigos del proyecto europeo ya que pretende separar antes que construir juntos y casa mal con el respeto a las sociedades plurales, a los ciudadanos diversos. En el fondo es un proceso de desintegración europeo.

La ciudadanía europea no puede quedarse expectante frente a las críticas, o lo contrario, pensar que todo va bien y que es algo ajeno a ella. Hace falta apostar por los valores europeos: democracia, dignidad humana, libertad, igualdad, respeto de los derechos humanos y al Estado de derecho. Son los pilares sobre los que se cimienta la Unión Europea. Ninguno sobra y todos tienen el mismo valor e importancia, sea en Bruselas, Estrasburgo, Barcelona o en cualquier otro lugar de Europa. De cada uno de nosotros depende su fortaleza. Y es más, la responsabilidad ciudadana de cuidar estos valores no es solo para salvaguardar el proyecto común y seguir construyendo sino que la Unión Europea debería ser una especie de faro que alumbrara otras zonas del mundo en conflicto. Personas de otras latitudes miran con asombro la estabilidad que da la paz y algunas de ellas quisieran venir aquí para simplemente poder vivir. De nosotros, los ciudadanos europeos, y no solo de los países miembros, depende que esta historia europea de paz siga y perdure. ¿Te animas a tirar adelante el proyecto europeo?

EL *PROCÉS* NACIONAL-POPULISTA CATALÁN

España no es país para populistas, pero Cataluña sí[9]

Astrid Barrio[10]

Aunque el concepto de populismo resulta muy controvertido y existen múltiples aproximaciones, la definición de Cas Mudde (2004: 543), que considera el populismo como una ideología delgada, ha sido ampliamente asumida en el campo de la ciencia política. Para este autor, el populismo «is an ideology that considers society to be ultimately separated into two homogeneous and antagonistic groups, 'the pure people' versus 'the corrupt elite', and which argues that politics should be an expression of the volonté générale (general will) of the people». Esta definición contiene, como han señalado Kriesi y Pappas (2015), cuatro elementos fundamentales: la consideración de que hay dos grupos homogéneos, el pueblo y la élite; la existencia de relaciones antagónicas entre ellos; una concepción del pueblo como soberano; y una perspectiva maniquea por medio de la cual el pueblo idealizado se opone a una élite que es denigrada.

Estos mismos autores sostienen además que aquello que caracteriza al populismo es una concepción iliberal de la democracia (Zakaria 1996). Esta se expresa en la consideración literal de la idea del gobierno del pueblo y en el rechazo a los clásicos controles y equilibrios liberales; en la hostilidad hacia los

---

[9] La versión extendida de este texto se puede encontrar en Barrio, A. (2017): «El populismo y la excepcionalidad española», *Quaderni di Diritto e Politica Ecclesiatica*, 2.

[10] Astrid Barrio es politóloga y profesora de Ciencia Política en la Universitat de València.

intermediarios y en la preferencia por una vinculación directa de las masas con los líderes que la llevan a inclinarse por mecanismos de democracia participativa; y en la prefiguración de la existencia de una voluntad del pueblo monolítica que no deja espacio al pluralismo.

Las razones que explican la emergencia y el crecimiento del populismo suscitan un amplio consenso. La mayor parte se vinculan al descontento, la ira y la frustración que han generado la crisis económica y las políticas de austeridad pero también a una reacción a los efectos perversos que ha tenido la globalización en amplios sectores de la población occidental. Todo ese malestar habría sido capitalizado por los líderes populistas que apelan a la movilización de la gente común en contra de unas élites políticas y económicas consideradas responsables de la situación. Pero el populismo también responde a un problema político, la crisis de representación que afecta a la mayoría de las democracias. Los líderes populistas pretenden gobernar en nombre del pueblo verdadero y se han visto beneficiados por el desgaste de los partidos tradicionales que tienen muchas dificultades, como apuntó Mair (2013), para ser a la vez responsables y responsivos. Pero aunque el efecto combinado de la crisis económica y política explicaría el surgimiento del populismo, su éxito no es homogéneo y depende de otros factores políticos tales como el nivel de institucionalización de los partidos y/o de los sistemas de partidos. Así, cuanto mayor sea el nivel de institucionalización de los partidos y/o de los sistemas de partidos más dificultades tendrá el populismo para implantarse en un sistema político.

En los últimos años en España se han dado muchas de las condiciones que se consideran factores facilitadores del populismo. Una crisis económica que provocó elevados niveles de paro, agresivas políticas de ajuste implementadas sucesivamente por los gobiernos del Partido Socialista Obrero Español (PSOE) y del Partido Popular (PP), que implicaron importantes recortes en las políticas sociales y que se produjeron en paralelo a un rescate público de una parte del sistema bancario. A todo ello hay que añadir los escándalos de corrupción que afectaban a los principales partidos —sobre todo al PP, que gobernaba con mayoría absoluta desde 2011 y a Convergencia i Unió (CiU), la principal formación del sistema de partidos catalán, también en el gobierno desde 2010—. El descontento ciudadano con la situación llegó a ser tan grande que a partir de 2013 los barómetros del Centro de Investigaciones Sociológicas (CIS) mostraban que, después de la situación económica, los españoles consideraban que los principales problemas del país eran la corrupción, los políticos y los partidos.

Con semejante caldo de cultivo era de prever la emergencia de formaciones populistas de distinto signo, como estaba sucediendo en otros países del entorno en condiciones similares. Y aunque desde luego la crisis económica y el desprestigio de los viejos partidos abrieron una ventana de oportunidad para el surgimiento de nuevos partidos, no se puede considerar que en España se haya producido un auge del populismo de ningún signo.

Los partidos de derecha radical, a pesar de disponer de un cierto potencial electoral tienen un apoyo extremadamente minoritario. Según Alonso y Rovira Kaltwásser (2015) ello se debe a tres factores. En primer lugar, a que las características del sistema electoral no favorecen la entrada de pequeñas formaciones. En segundo lugar, apuntan a que la estructura de las fracturas políticas en España con dos *cleavages* principales (la fractura izquierda-derecha y la fractura centro-periferia) se encuentra muy asentada y dificulta la aparición de nuevas líneas de conflicto, especialmente las que tienen un componente exclusivista o nativista. De ahí que los pocos partidos que han tratado de movilizar la cuestión migratoria o religiosa hayan tenido hasta la fecha muy poco éxito más allá del ámbito local como ilustra el caso de PxC.

La última causa sería que el principal partido del centro-derecha, el Partido Popular (PP), ha sido hasta ahora capaz de ocupar la totalidad del espectro ideológico desde el centro hasta la extrema derecha. A este respecto Esteban y Martín (2017) han concluido que en algunos aspectos los votantes del PP no son diferentes de los votantes de los partidos populistas de derecha radical en Europa, particularmente en lo relativo a las valoraciones sobre la cultura y la religión de la población de origen inmigrante y en su papel como posibles competidores en el mercado laboral. Sin embargo, estos votantes en España difieren con respecto a otros países ya que son políticamente más confiados porque apoyan al partido gobernante, son menos críticos con los inmigrantes —en gran medida por el origen hispano y por tanto de una misma matriz cultural de muchos de ellos-, son más europeístas y están más a favor de la ley y el orden. Existiría pues un votante del PP que puede ser considerado un votante de derecha radical similar al de los partidos de derecha radical europeos que queda oculto entre los heterogéneos electores populares y que permitiría a ese partido actuar como dique de contención ante el auge electoral de la extrema derecha, cumpliendo por tanto una importante función sistémica.

Sin embargo, la reciente emergencia de Vox parece evidenciar que el PP estaría dejando de cumplirla. Vox un partido nacionalista, tradicionalista en términos morales, liberal en lo económico, antifeminista, nativista, preocupado por la seguridad, moderadamente euroescéptico, y con vocación regeneracionista. Estos principios programáticos coinciden con partidos de derecha radical aunque el componente populista que suele acompañarlos en el caso de Vox aparece muy diluido. Efectivamente impugna a los partidos establecidos y apela a la regeneración democrática y a la necesidad de acometer reformas institucionales ante la degradación que, a su juicio, ha provocado el estado de partidos, en especial a raíz de los escándalos de corrupción que afectan a las grandes formaciones. Pero no enfatiza en el dualismo élite-pueblo propio del populismo, Además Vox tampoco concibe la política como una lucha entre una élite política corrupta y un pueblo homogéneo y virtuoso ni demuestra predilección por la soberanía popular por encima de otros elementos de la democracia liberal. Ciertamente no escapa a un cierto contagio populista en particular por lo que respecta a la voluntad moralizante de la vida política, pero no cumple con el conjunto de requisitos que la literatura académica suele identificar con el populismo.

Podemos, en sus inicios aspiraba a imponer una lógica de competencia claramente populista en el sentido de LACLAU (2006), razón por la cual se definía a sí mismo como populista y es considerado como tal por numerosos autores. En su nacimiento en 2014 se proponía superar la dialéctica izquierda-derecha, la fractura más relevante del sistema política español y se proponía sustituirla por el dualismo pueblo-elites propio del populismo (Rodríguez-Teruel, Barrio y Barberà 2016). De acuerdo a ese clásico esquema populista aspiraba a convertirse en el defensor de los intereses de la gente sencilla frente a los intereses de la élite privilegiada, a la que, utilizando el ya clásico concepto italiano, calificaba de *casta*, una idea que se hizo muy popular a raíz de las apariciones televisivas de algunos de sus principales promotores como Pablo Iglesias.

Muy influido por la obra *La razón populista* de Laclau, en la que se plantea la idea de nación como un constructo al servicio del pueblo, Podemos formula su concepción de la nación en torno a tres ideas (Torreblanca 2015: 139). En primer lugar en la idea de que las élites no representan al pueblo y que se afirma en el lema «No nos representan» importado del movimiento 15-M. En segundo término en la soberanía que adopta su sentido tradicional y se refiere a la autonomía del Estado frente al exterior, en clara alusión a la influencia de las organizaciones supranacionales, particularmente la Unión Europea, en la determinación de la política económica. Y por último la idea de nación que materializa a través de la garantía de los derechos sociales. A través de estos tres ejes, Podemos pretendía fusionar el componente nacional y el componente social para construir un proyecto de carácter transversal capaz de movilizar electoralmente a amplios sectores de la sociedad como ya hiciera el 15-M. No obstante su vocación populista pronto se encontró con dos límites fundamentales que dificultan que pueda ser catalogado como tal.

El primero tiene que ver con la preponderancia de la fractura izquierda-derecha en la política española. La aparición de otro nuevo partido, Ciudadanos, considerado por algunos como un *Podemos de derechas*, forzó a Podemos a situarse en ese eje de competencia y convertirse en un partido de izquierda radical de acuerdo con los criterios establecidos por Mudde y March (2004) más que como populista. Radical por su rechazo a la estructura socioeconómica subyacente del capitalismo contemporáneo y a sus valores y prácticas, y porque propugna estructuras económicas y de poder alternativas que implican una redistribución importante de recursos de las élites políticas existentes. Y de izquierdas por su adhesión a los derechos económicos y sociales colectivos. Aunque su radicalidad se ha ido matizando.

El programa electoral con el que concurrió a sus primeras elecciones, las europeas de 2014, un programa elaborado por medio de un proceso participativo abierto en el que participaron más de 30.000 personas, muchas de ellas procedentes de las distintas experiencias organizativas del 15-M, avalaba este carácter inequívocamente radical-izquierdista. Ello explicaría la adopción de planteamientos maximalistas en materia económica como la jubilación a los 60 años, el no pago de la deuda, la adopción de una renta básica con carácter universal o la nacionalización de los sectores clave de la economía, unas medidas que el propio partido reconoció como inviables con posterioridad. Más adelante encargó la elaboración de su programa económico a dos reconocidos expertos, Vicenç Navarro (catedrático de Ciencias Políticas y Sociales en la Universitat Pompeu Fabra) y Juan Torres (catedrático de Economía en la Universidad de Sevilla), que situaron al partido en la órbita de la socialdemocracia, una estrategia coherente con el objetivo de disputar el espacio del PSOE. Posteriormente su alianza con Izquierda Unida de cara a las elecciones generales de junio de 2016 reforzaría su posición en ese espacio ideológico alejándolo del populismo.

El segundo límite está relacionado con la fractura centro periferia. Como se ha señalado, la idea de nación de Podemos está asociada a la democracia y a la soberanía entendida en sentido clásico y por tanto referida a la autonomía del Estado y a la garantía de los derechos sociales. No obstante, la compleja realidad nacional en España, así como las perspectivas de implantación y de crecimiento del propio partido, dificultaron la construcción de un discurso en torno a quién era el pueblo, en torno a quién se aspiraba a representar y a quién integraba la nación. Podemos y sus aliados en diversas Comunidades Autónomas como Cataluña consideran que España es una nación de naciones con aspiraciones diversas, un planteamiento difícilmente compatible con la dialéctica pueblo-élites cuando el *demos* no es uno sino plural y cuando las demandas y aspiraciones de los distintos *demos* son asimétricas. Podemos se ha enfrentado al reto de adaptar su populismo a las identidades nacionales múltiples existentes en España y lo ha hecho no solo mostrándose partidario del reconocimiento efectivo de la plurinacionalidad, sino también apoyando las aspiraciones secesionistas de catalanes y vascos. De ahí que se haya comprometido con el derecho a la autodeterminación de Cataluña y que apoye la celebración de un referéndum legal. El problema es que esta aceptación no solo es una fuente de tensiones internas sino que entra en contradicción con el pretendido enfoque populista del partido y lo sitúa en una posición ambivalente en la fractura centro-periferia.

Pero mientras que en el conjunto de España el populismo, tanto el de derechas como de izquierdas, parece haber tenido hasta ahora dificultades para implantarse, en Cataluña el secesionismo ha experimentado en los últimos tiempos una clara deriva populista (Barrio, Barberà y Rodríguez-Teruel 2019) que le ha llevado a reunir muchas de las características propias del populismo de acuerdo con la definición de Mudde (2004). En primer lugar ha creado una división entre dos grupos homogéneos que mantienen relaciones antagónicas entre ellos; pero la oposición populista clásica entre pueblo y élite ha sido sustituida por el pueblo catalán, entendido como nación y el Estado español considerado opresivo y corrupto tal y como recogen los eslóganes como «España nos roba» o «La España subsidiada vive a costa de la Cataluña productiva» utilizados para referirse al supuesto agravio económico que sufre Cataluña.

Por otro lado también se ha extendido una concepción del pueblo, asimilado a la nación catalana, como soberano. En 2010 el lema de la manifestación tras la sentencia del Tribunal Constitucional sobre el Estatuto de Autonomía fue «Somos una nación. Nosotros decidimos» mientras que CiU se presentó a las elecciones autonómicas de 2012 con el eslogan «La voluntad del pueblo». Una voluntad que según sus defensores solo se puede expresar por medio de un referéndum, lo que pone de manifiesto una preferencia por los mecanismos de democracia directa en detrimento de los mecanismos de democracia representativa, una tendencia que también se suelen asociar al populismo.

En consonancia con la asunción literal del gobierno del pueblo que apuntan Kriesi y Pappas (2015) se ha esgrimido que el pueblo es la última fuente de legitimidad y se ha tendido contraponerlo a la legalidad, lo cual sugiere una progresiva deriva iliberal que estos autores consideran un rasgo esencial del populismo. La oposición entre legitimidad y legalidad se ha empleado para hacer frente a los argumentos jurídicos esgrimidos por las instituciones españolas para oponerse a cualquier tipo de consulta sobre la autodeterminación primero y, posteriormente, para desobedecer la legislación española, celebrar un referéndum de autodeterminación ilegal y para declarar la independencia.

Tras la idea de voluntad popular se ha impuesto una visión monolítica de la misma que no ha dejado lugar a la pluralidad. La nación se expresa con una voz unificada, tiene un objetivo común, la secesión, y cualquier otra opción perjudicaría el interés de la gente. Esta concepción ha dado lugar a la deslegitimación sistemática de los opositores que se han querido convertir en adversarios de la voluntad popular (Mudde 2004) y de la democracia. Y por último se ha insistido en la primacía de cuestión nacional en detrimento de las cuestiones sociales y se han hecho varios llamamientos para supeditar la fractura de izquierda-derecha considerando que dicha fractura alimenta los intereses españoles.

Si las condiciones de emergencia del populismo —crisis económica y crisis política— se han dado tanto en el conjunto de España como en Cataluña, el hecho de que se haya asentado en un territorio pero no en el otro parece estar relacionado, como se apuntaba más arriba, con los distintos grados de institucionalización de los partidos y del sistema de partidos. . De acuerdo con el criterio de Mair (1997) y a pesar del cambio en los indicadores electorales, el sistema de partidos español no habría sufrido grandes modificaciones ya que las relaciones de cooperación y de oposición entre partidos siguen siendo previsibles y ha mantenido la misma fórmula de gobierno, un partido en solitario. Es decir, en España los partidos tradicionales presentan un elevado nivel de institucionalización y han demostrado una gran resistencia pese a la entrada de nuevas formaciones, como Podemos y Ciudadanos, que les disputan el espacio.

En cambio en Cataluña se ha producido una implosión del sistema de partidos (Barrio y Rodríguez-Teruel 2018). Los partidos tradicionales como CiU o el PSC han desaparecido o han experimentado un enorme retroceso, han surgido nuevas formaciones como el PDECAT o Cataluña en Comú (que están débilmente institucionalizadas), se han dado alianzas inéditas como la de Junts pel Sí y se ha dado una fórmula de gobierno del todo novedosa. Unos partidos en plena transformación y un sistema de partidos altamente desinstitucionalizado y, por tanto, muy imprevisible serían los factores diferenciales que habrían favorecido el crecimiento del populismo en Cataluña pero no en el resto de España.

Bibliografía

Alonso, S. y Rovira Kaltwasser, C. (2015): «Spain: No Country for the Populist Radical Right?», *South European Society and Politics* 20, 5: 21-45.

Barrio, A. y Rodríguez-Teruel, J. (2018): «El sistema de partits» en Ubasart, G, y Martí (coords.) *Política i govern a Catalunya*, Madrid, La Catarata.

Barrio, A; Barbera, O; Rodriguez Teruel, J. (2019): ««Spain steals from us!» The «populist drift» of Catalan regionalism», *Comparative European Politics* 16, 6: 1012-1032.

Esteban, I. y Martin, I. (2017): «Is there a hidden populist right in Spain?», Third Prague Populism Conference Current Populism in Europe and the Role of the Media. Charles University, Prague, 22-23 May, 2017 Panel Left and Right Populism in the Iberian Peninsula.

Kriesi, H. y Pappas, T.S. (2015): *European Populism in the Shadow of the Great Recession.* Colchester: ECPR.

Laclau, E. (2006): *La razón populista.* México, Fondo de Cultura Económica.

Mair, P. (1997): *Party System Change*, Nueva York, Oxford University Press.

Mair, P. (2013): *Ruling the void*, Londres, Verso.

Mudde, C. y March, L. (2005): «What's Left of the Radical Left? The European Radical Left since 1989: Decline and Mutation». *Comparative European Politics* 3, 1: 29-49.

Mudde, C. (2004): «The Populist Zeitgeist», *Goverment and Opposition* 39, 4: 542-563.

Rodríguez-Teruel, J.; Barrio A.; Barberà, O. (2016): «Fast and Furious: Podemos Quest for Power in Multi-level Spain», *South European Society and Politics.* 21, 4.

Torreblanca, I. (2015): *Asaltar los cielos*, Barcelona, Debate.

Zakaria, F. (1997): «The Rise of Iliberal Democracy», *Foreign Affairs.* 76, 6: 22-43.

Los rasgos globales del populismo autoritario tal como se muestran en su avatar catalán

Alfons López Tena[11]

El declive constante, ya sea absoluto o relativo, que se representan aquellos cuya propia imagen es la de haber sido poderosas naciones otrora, ofrece una fascinante y profunda visión de los rincones más oscuros de la psique de las naciones menguantes; cómo quienes piensan que ellos constituyen el macizo del país, sus legítimos dueños, viven abrumados por el temor de caer bajo el hechizo de Nirad Chaudhuri —la falta de poder tiende a corromper y la absoluta falta de poder corrompe absolutamente— y nutren una amarga nostalgia por los buenos viejos tiempos en que por sí mismos gobernaban el mundo, las olas, o como mínimo a sus vecinos o a ellos mismos, como el 52% de los británicos han mostrado votando abandonar la Unión Europea.

Los casos extremos, como el de Cataluña, son a menudo los mejores para analizar una tendencia general, por dos razones:

- Uno de los casos europeos más claros de pérdida de poder es Cataluña, antaño una nación poderosa gobernando un Imperio mediterráneo que perdió su independencia hace cinco siglos, se ha fragmentado, y se esfuerza por evitar la asimilación y la desaparición desde entonces.

---

[11] Alfons López Tena ha sido Vocal del Consejo General del Poder Judicial y diputado del Parlamento de Cataluña.

- «En países subdesarrollados como el nuestro, las cosas son mucho peores, porque aquí uno puede mentir sin límite impunemente. Esto se debe a que los ciudadanos son más pobres, menos educados, más propensos al autoritarismo, más impotentes y más desconfiados sobre la democracia; mientras nuestras maltratadas instituciones son endebles, los medios de comunicación débiles y la economía frágil», como escribe Vesna Pešić (2017) sobre Serbia .

La globalización pone en cuestión la manera inveterada de manejar los asuntos que garantizaba que las personas adecuadas —la buena gente, nosotros mismos— siempre tendrían el dominio, sustentado en una amplia red de clientes alimentados con dinero y recursos públicos. La competencia internacional, basada en los valores de la meritocracia, erosiona de manera constante e implacable la premisa básica de que sólo las personas adecuadas están facultadas para prosperar, y que lo están por gozar de la protección de sus solícitos y legítimos jefes. La meritocracia empodera a todo el mundo para salir adelante y prosperar por sí mismos, con el resultado de que más y más gentes inadecuadas prevalezcan sobre las adecuadas, que devienen desechos de la globalización. Le sigue una reacción furiosa y el nacionalismo mayoritario contraataca, tal como define Mukul Kesavan (2018):

> «la afirmación de que el destino político de una nación debe ser determinada por su mayoría religiosa o étnica ... Los miembros de la fe y la cultura mayoritaria son vistos como los verdaderos ciudadanos de la nación. El resto son ciudadanos de cortesía, invitados de la mayoría, de quienes se espera un comportamiento correcto y deferente. Ser tolerado a discreción de la mayoría no sustituye a la ciudadanía plena en las democracias modernas. Es un estado de limbo, una condición crónicamente inestable. Una sociedad que niega la plena ciudadanía a sus minorías, tarde o temprano les privará de derechos o los expulsará, puesto que, a pesar de ser residentes, no son en absoluto ciudadanos y en realidad pertenecen a otros países.»

Esos ciudadanos defectuosos, envalentonados por la meritocracia global, dejan de comportarse correcta y deferentemente dado que prosperan por sí mismos fuera de las inveteradas redes clientelares; dejan de someterse y necesitan que se les recuerde cuál es su lugar, ya que «la política del mayoritarianismo surge de una autoimagen pacientemente construida como la de una mayoría agraviada y asediada que se cree secularmente sufriente y se niega a seguir sufriendo en silencio ... la nación estaba siendo subvertida por minorías depredadoras.» Lo que más temen las mayorías es, como dice Pankaj Mishra (2011), «la posibilidad de ser deglutidos por la cultura ajena dominante en su seno.»

La competencia y el mérito crean un campo de juego abierto que promueve el tipo de personas inadecuadas, con movilidad ascendente y no subordinadas —no «los nuestros». El nepotismo, la captura de los recursos públicos, beneficia a las personas leales, humildes y no exitosas, «los nuestros». «Tarde o temprano», escribe Anne Applebaum (2018), «los perdedores de la competencia iban a desafiar el valor de la competencia en sí misma. Más concretamente, los principios de la competencia, aun cuando fomentan el talento y crean movilidad ascendente, no necesariamente responden a preguntas más profundas sobre la identidad nacional, ni satisfacen el deseo humano de pertenecer a una comunidad moral.» Los populistas autoritarios brindan a sus seguidores justo eso: protección, pertenencia, sentido, siempre y cuando dejes caer tu alma, tu mente, tu dignidad y libertad. Mientras te rindas a la servidumbre.

Como escribe Yuval Noah Harari (2018), «temen la irrelevancia y están desesperados por usar el poder político que les queda antes de que sea demasiado tarde. (...)Trump y el Brexit fueron apoyados por muchos que aún disfrutaban del poder político pero temían perder su relevancia económico. En definitiva, un indignado, iracundo *cri de coeur* para evitar convertirse en los perdedores inútiles de una modernidad global del mérito y la competencia entre personas cualificadas que no tiene lugar para ellos, la otrora columna vertebral de la nación degradada a montón de despreciables deplorables.»

Ubiquémoslo en el caso catalán, incluido su debate de independencia.

Cuarenta años de clientelismo por las instituciones catalanas han resultado en esto:

1. Estar en el poder durante tantos años «le ha dado tiempo para centralizar el poder, monopolizar los medios de comunicación del país y construir una red clientelar de intermediarios locales altamente dependientes y, por lo tanto, muy leales. [También] ha creado una nueva burguesía que se caracteriza por la flexibilidad y la predilección por los favores políticos en lugar de competir en el mercado. La administración pública, las instituciones estatales y controladas por el Estado, y el variopinto círculo de empresas que obtienen contratos públicos, están copados por esa gente. El atrincheramiento de los jerarcas locales y las élites políticamente dependientes, así como el refuerzo de la idea de que el destino de cada uno depende en última instancia de la política y las conexiones, no de los logros personales, influirán fundamentalmente en la estructura social del país durante los próximos años. Campañas de propaganda brutalmente efectivas contra todos los enemigos, extranjeros y nacionales, con la ayuda de fondos públicos aparentemente ilimitados [y] los medios de comunicación gubernamentales han dado forma a una realidad paralela. No solo ha jugado con el resentimiento histórico de la dominación extranjera, sino que también ha aprovechado los temores más profundos de la gente. Y [les] ha ofrecido una cura: estabilidad, seguridad y homogeneidad. La lógica interna de este sistema, en el que los cálculos políticos superan las consideraciones morales, no ofrece ninguna oportunidad para la autocorrección.»
2. «Una mafia política se dedica a enriquecerse dirigiendo el país. Esta distinción es crucial simplemente porque tal gobierno debe ocultar lo que realmente está haciendo. Cuando todo está oculto, una negación colectiva de los hechos tiene lugar, lo que lleva a una cultura de rumores crónicos. Solo los más diligentes pueden enterarse de una o dos cosas sobre lo que realmente está haciendo la

mafia gobernante. Y así debe ser, ya que su riqueza se ha obtenido a través de la corrupción y el crimen. Para ocultar con éxito sus acciones, nuestros líderes entierran a la población en mentiras, y para hacerlo con éxito, tienen que socavar el Estado y sus instituciones, intimidar a los medios de comunicación y comprarse gente, lo que hacen implacablemente. Estas son las armas que nuestros líderes usan para socavar a los críticos y la oposición, y para proteger ferozmente al gobierno y todo su desorden corrupto. La opinión pública es manipulada. En una sociedad tan débil como [la nuestra], una mentira no se usa para la seducción ideológica, sino para reforzar la dependencia del gobierno autoritario. Esta dependencia siempre ha estado ahí. El gobierno actual elige a sus ministros, diputados y editores de los medios pro-gubernamentales por lo brutales y dispuestos a mentir que sean. Se han hecho con el poder presentándose como guardianes de un [pueblo] abandonado, apelando al nacionalismo y al egoísmo patriótico.»

Así es como Zselyke Csaky y Vesna Pešić (2018) definen los métodos del populismo autoritario en Hungría y Serbia. Leídos desde Cataluña, suenan inquietantemente familiares. Son los únicos que tienen el derecho moral de estar en el poder, a fin de otorgar a sus clientes puestos de trabajo y recursos públicos a cambio de lealtad, desacreditar a los jueces, y someter a los medios de comunicación, lo que les facilita robar: anticompetitivo, antimeritocrático, «invariablemente [reemplazando] a todos los talentos de primera clase, al margen de sus simpatías, con esos chiflados y majaras cuya falta de inteligencia y creatividad sigue siendo la mejor garantía de su lealtad», como escribió astutamente Hanna Arendt.

Se activan dos mecanismos de protección —un asfixiante comunitarismo para mantener a la gente aherrojada, y un complejo de superioridad para sobre-compensar la sombría y funesta realidad— que actúan a la par e impiden que los catalanes tengan la actitud necesaria para actuar, mejorar, o conseguir resultados. Performances simbólicas y pantomimas estéticas es lo único para lo que acaban estando capacitados. Dado que esos mecanismos se han prolongado durante siglos, el grueso tanto del establishment político-mediático como de los márgenes emergentes, por no decir del país entero, se ha hundido en un atolladero de narcisismo clínico colectivo y disonancia cognitiva. Un sentido de identidad amenazado y, por lo tanto, inestable, una conciencia aguda de su vulnerabilidad indefensa, un temor constante de ser desbordado por su dependencia, se sobre-compensan aferrándose a delirios narcisistas de grandeza.

Los otros no son más que instrumentos para ser manipulados, bien para convertirlos en creyentes en la justeza de las actitudes y objetivos catalanes, bien como temibles enemigos a quienes escarnecer —los malvados españoles y su quinta columna de catalanes, que envenenan a los buenos catalanes. Una mezcla de bravuconadas, desprecio, y total rechazo del pensamiento, especialmente del crítico, es la dieta de un pueblo verdaderamente convencido de su misión de ofrecer al mundo el modelo definitivo de bondad y superioridad moral: ellos mismos. No hay interés alguno en cómo sean realmente los otros, ni mucho menos empatía.

La grandiosidad narcisista se manifiesta en dos vertientes:

Para los independentistas, Cataluña es un gran país, y si en realidad no lo es tanto, la culpa es de España. Siendo especiales, actuando como la buena gente por antonomasia, las otras naciones se aprestarán a reconocer su grandeza moral y a coronar una Cataluña soberana en lugar de la éticamente quebrada e inferior España.

Un ejemplo llamativo de esa grandiosidad narcisista es la plurisecular y perpetua amenaza catalana de optar por la independencia, a menos de obtener un mejor trato por parte de España, un crudo chantaje nunca reconocido como tal, sino como mera demanda de concesiones. Las implicaciones son claras —su membresía es un favor otorgado por los catalanes a España, y la independencia no es un objetivo real sino un mero instrumento de extorsión.

Este inflado sentido del yo siempre ha sido alimentado por el campo unionista argumentando que Cataluña debería quedarse para poder dirigir España, liderar y no abandonar, ya que sus superiores atributos, su supremacía moral, y su europeidad mística desde la época carolingia, erigen Cataluña en el líder natural de una España retrasada, medio africana —expresiones que utilizan con una naturalidad reveladora. Ningún unionista catalán se pregunta si 47 millones de ciudadanos españoles realmente quieren ser liderados por 7,5 millones de catalanes, con un PIB inferior a una quinta parte del total de España; ningún medio de comunicación unionista, ningún político, se aventuran por España a ver de qué va —se requiere un interés genuino en el otro, y una empatía, de los que los narcisistas, tanto independentistas como unionistas, carecen por completo.

En lugar de reconocer la creciente irrelevancia de Cataluña, que salta a primera vista y de la que todos son conscientes pero de la que no se habla, un tabú nacional, al público se le suministra una dosis de delirios de grandeza tras otra, por unos medios de comunicación que cierran los ojos y se someten a unos políticos interesados, tanto independentistas como unionistas, que miman continuamente a los catalanes con el tipo de verdades a medias que hacen que España aparezca horrenda y, por contraste, Cataluña superior.

Ni tan sólo una mentalidad firmemente arraigada es capaz de aislar completamente de la realidad a quienes la comparten, así que la disonancia cognitiva viene al rescate de la tambaleante salud mental de los catalanes para brindarles una cierta coherencia entre su grandiosa imagen propia y su triste realidad —las recetas de siempre para disminuir la tensión psicológica y la angustia que experimentan quienes sostienen dos creencias contradictorias al mismo tiempo, confrontados a menudo con información nueva que entra en conflicto con una, la otra, o ambas.

El remedio es un placebo comunitarista para reducir esta disonancia, induciendo a sus partícipes a que eviten activamente situaciones que puedan aumentarla, ignoren o rechacen cualquier información conflictiva, busquen el apoyo de compañeros de ideas afines, coaccionen a otros para persuadirlos, confíen ciegamente en sus líderes protectores y en sus sabios gurús, y desacrediten y silencien a todo disidente como enemigo del pueblo, un traidor enloquecido por el resentimiento. De aquí surge la mentalidad autoritaria, necesaria para salvar de la desaparición a la nación en declive, y el rechazo tenaz de cualquier pensamiento crítico de cualquier tipo. La represión, la exclusión, la mediocridad, se convierten en los atributos precisos para asegurar la supervivencia.

Zia Haider RAHMAN (2014) lo explica a la perfección: «Su tipo de confianza en sí mismos parece esencial para que sobrevivan a lo que en caso contrario los asaltaría como una oleada tras otra de disonancia cognitiva, afirmaciones en un sentido sabiendo que es falso. Seguramente la disonancia los volvería locos, de modo que la única forma de superarlo todo es creerse realmente lo que dicen.»

Los países que tan desesperadamente se pierden en sí mismos generan un bucle en que la falta de poder alimenta ilusiones que fortalecen fantasías que aumentan la impotencia. Sin un final a la vista, se desvanecen lentamente en el olvido. Nada hay que esperar de esas naciones —están condenadas a depender de la amabilidad de los extraños.

No es por tanto una sorpresa que el objetivo de la independencia más bien se haya estancado en un atolladero de wishful thinking, un marxiano «suspiro de la criatura oprimida» que es a la vez alentador e ineficaz: una parte sustancial de los catalanes y sus políticos y gurús no quieren la independencia, la desean como un regalo que les otorgará una comunidad internacional conmovida que obligará a España a permitir un referéndum legalmente vinculante sobre la independencia catalana —una tontería tan supina que sólo se puede explicar mediante construcciones teóricas sofisticadas tales como el significante flotante de Lévi-Strauss y el objet-petit-a de Lacan: los catalanes desean la independencia pero no la quieren, quieren la supremacía moral que proporciona la victimización. Anhelan ser víctimas y gozan lacanianamente sintiéndose así.

Su mentalidad, profundamente arraigada, es extremadamente adversa al riesgo y no están dispuestos a tomar el poder por sí mismos en una confrontación con España que, incluso si fuera pacífica, sacaría a los catalanes de su zona de confort de supremacía moral por ser la buena gente por antonomasia, la revolución de las sonrisas...

La muy comunitarista mentalidad desarrollada por los catalanes para sobrevivir bajo la plurisecular España autoritaria, hasta la década de 1970, los bloquea para conseguir resultados colectivos en un mundo global y meritocrático, y mucho menos la independencia. Esa mentalidad es una herramienta eficaz y resistente para asegurar la supervivencia de pueblos no independientes en tiempos difíciles, pero una vez reina como la ideología dominante que impregna y gobierna sobre una sociedad, una vez que deviene la mentalidad del pueblo, sólo es eficaz para permitir la supervivencia —al menos, por el momento.

El comunitarismo, especialmente cuando su populismo y autoritarismo implícitos florecen, necesita la unanimidad para pastorear a la gente, así que sus auto-ungidos constructores, con todo el dinero de los contribuyentes, los medios de comunicación, y las ONG controladas por el gobierno y las instituciones catalanas, definen quién pertenece a la «buena gente» y quién no, tratan la disidencia como una blasfemia, y lanzan campañas de mentiras y calumnias, asaltos implacables contra cualquiera que se atreva a estar en desacuerdo o intente pedirles responsabilidades. Su objetivo es intimidar a todos para que se sometan, reducir a todos al silencio, y expulsar a los disidentes a España, física o simbólicamente, y así denunciarlos como traidores. Como ha señalado Jan-Werner MÜLLER (2017), a los populistas no les gusta tener que hacer frente a ninguna forma de oposición o restricción política: «cuando gobiernan, [los populistas] se niegan a reconocer que la oposición es legítima. La lógica populista también implica que quien no apoya a los partidos populistas deja de formar parte propiamente del pueblo, siempre definido como justo y moralmente puro.»

Un acendrado deseo reconforta, pero sólo una voluntad fuerte y una actitud despreocupada pueden hacer realidad los deseos. Los catalanes carecen de ambos y votan regularmente por políticos débiles y mediocres que consuelan sus miedos y virtudes morales no consiguiendo ningún resultado, a plena satisfacción de la gente, los políticos, y los gurús, por compartir cálidas sesiones comunitaristas de terapia de grupo lamiéndose las heridas.

España rápidamente comprobó que jugaban al póquer e iban de farol, así que los catalanes, para evitar una derrota total, aumentaron la apuesta, aplicando desde entonces una estrategia política cínica que lo retrasa todo indefinidamente hasta que un advenimiento milenarista traiga la independencia como un regalo otorgado por la comunidad internacional, ahorrándose así una confrontación directa con España. «Vamos lentos porque vamos lejos», dicen. Un propio «cargo-cult» con todos sus atributos: culto a los heroicos ancestros, que ordenan imitar los rituales modernos para superar a los ufanos y soberbios extranjeros que oprimen a nuestra gente hacia la decadencia, siempre y cuando la unanimidad reine aplastando a los desafectos —los «amagogotya» (picajosos) de entre los Xhosa, cuya mera existencia amenaza con abocar al fracaso a la buena gente, sufriente y creyente. Sólo eso renovará a la nación a través del sacrificio y superará una modernidad decepcionante blandiendo frente a ella los valores ancestrales y las jerarquías naturales, representando sin cesar las derrotas gloriosas pasadas para conjurarlas en una victoria milenarista de los buenos: nosotros mismos.

El advenimiento que prometen que traerán los lejanos horizontes lo conjuran provocando que España se deslegitime ante los ojos de la comunidad internacional, y dignificando su proyecto con performances de desafíos simbólicos y retóricos alardes cursis a cargo de brutos santurrones.

Los catalanes son conducidos a verse a sí mismos como personas buenas, sencillas, humildes y fieles, y nutridos con los valores de la superioridad moral jactanciosa y la incesante estupidez. Sólo se necesita una cosa para pertenecer a la buena gente: creer ciegamente todo lo que digan sus bondadosos líderes, pues ellos saben más y te protegen. Décadas de esta dieta han llevado a los catalanes a caer en un perpetuo jardín de infancia para Hobbits, una farsa que necesita ser alimentada por ataques frecuentes al orden constitucional y legal para provocar que España salga de sus casillas en sus reacciones políticas y legales.

Esas maniobras de deslegitimación desprenden un inconfundible tufo Trumpista, un populismo anti-liberal que promueve la voluntad del pueblo como suprema, por encima de las leyes y los jueces, y jalea a los políticos catalanes como la personificación de la supuesta voluntad del pueblo y, por lo tanto, por encima de lo que ellos llaman leyes ilegítimas y jueces prevaricadores.

Una posición asombrosa que desafía los fundamentos mismos del Estado de Derecho y la separación de poderes, cuya pendiente resbaladiza les ha conducido a rechazar la revisión judicial y a denunciar a los jueces como meros secuaces y sicarios del gobierno español.

El populismo autoritario reina desatado en Cataluña entronizando «la voluntad del pueblo» por encima de la ley, atacando al poder judicial, sembrando el desprecio por los expertos y los argumentos racionales, y acosando a los disidentes. Tales populistas en el poder, de la extrema derecha a la izquierda radical, comparten creencias básicas: están en contra de los controles y contrapesos de la separación de poderes; rechazan las restricciones de la ley al poder de su mayoría; deslegitiman las instituciones no mayoritarias como obstáculos a la voluntad del pueblo; transforman la democracia de un instrumento de inclusión a uno de exclusión. Todos ellos están en contra de la modernidad.

Los populistas en el poder practican «una lenta erosión, un roer los valores, las libertades y los fundamentos de la democracia constitucional… Y todo se está haciendo bajo el atuendo de la democracia electoral, … una enorme, inatacable coartada moral para todo lo odioso que perpetre el gobierno —'¡Hemos sido legítimamente elegidos por el pueblo!'. Tener el 'Mandato del Pueblo' sigue siendo el argumento definitivo, con poder para silenciar las críticas… Un veneno lento ha sido inyectado gota a gota en el alma de la ciudadanía: de intolerancia, voluntaria suspensión de la incredulidad, aceptación de la subversión de las instituciones, amor por los poderosos jefes del Hindutva, y profunda aversión por los … 'Parias emergentes' que intentan subvertir la ordenada estructura de las castas.» La India del Hindutva descrita por Farah Naqvi (2018) encaja perfectamente con la Cataluña de hoy.

De esos tropismos paralizadores brota el previsible escenario para las próximas décadas: un extremadamante aburrido y agrio, potroso desfile de cansinos catalanes y enojados españoles: éstos, decididos a impedir que los catalanes se vayan, y aquéllos, incapaces de irse. Como un cuento contado por una desquiciada Blanche DuBois, de sonido y furia henchido, que no significa nada.

Bibliografía

Applebaum, Anne (2018): «A Warning from Europe: the worst is yet to come». *The Atlantic*, X.2018. https://www.theatlantic.com/magazine/archive/2018/10/poland-polarization/568324/

Arendt, Hannah (2017): *The Origins of Totalitarianism*. Penguin.

Csaky, Zselyke y Pešić, Vesna (2018): «Viktor Orban Is Just Getting Started», *Foreign Policy*, 12.IV.2018. https://foreignpolicy.com/2018/04/12/viktor-orban-is-just-getting-started-hungary/

Harari, Yuval Noah (2018): «Why Technology Favors Tyranny», *The Atlantic*. October 2018. https://www.theatlantic.com/magazine/archive/2018/10/yuval-noah-harari-technology-tyranny/568330/

Kesavan, Mukul (2018): «Murderous Majorities», *The New York Review of Books*, 18.I.2018. *https://www.nybooks.com/articles/2018/01/18/rohingya-murderous-majorities/*

Mishra, Pankaj (2018): *An end to suffering. The Buddha in the world*. Ed. Picador.

Müller, Jan-Werner (2017): *What is populismus?* Penguin.

Naqvi, Farah (2018): «From the Hammer to the Chisel», *The Wire*, 3.IX.2018. https://thewire.in/rights/india-democracy-emergency-bhima-koregaon

Pešić, Vesna y Simic, Charles (2017): «The Age of Total Lies», *The New York Review of Books*. https://www.nybooks.com/daily/2017/02/06/the-age-of-total-lies/

Rahman, Zia Haider (2014): *In the Light of What We Know*. Pan Macmillan.

The global traits of authoritarian populism as shown by its Catalan avatar[12]

Alfons López Tena

The self-perceived steady decline, be it absolute or relative, of those who deem themselves as having once been mighty countries offers a fascinatingly deep insight into the darkest corners of the ebbing nations' psyche as the people who believe they are the country's bulk, their rightful owners, are overwhelmed by the fear of falling under Nirad Chaudhuri's spell —l ack of power tends to corrupt and absolute lack of power corrupts absolutely — fueling a sour nostalgia for the good old days of standing alone ruling the world, the waves, at the bare minimum their neighbors, or just themselves — as 52% of Britons have shown by voting to leave the European Union.

Extreme cases such as Catalonia's are often the best ones to analyze a general trend, for two reasons:

- One of the clearer European cases of downfall in power is Catalonia, a once mighty nation ruling a Mediterranean Empire that lost independence five centuries ago, has been fragmented, and has strived just to avoid assimilation and disappearance since then.
- «In underdeveloped countries such as ours, things are much worse, because here one can lie to infinity with impunity. This is because citizens are poorer, less educated, more prone to authoritarianism, more powerless, and more suspicious of democracy; while our institutions are battered and fragile, the media weak, and the economy frail», as Vesna Pešić (2017) writes about Serbia.

Globalization has disrupted the time-honored way of managing things which ensured that the right people — good peo-

[12] Por deseo del autor, reproducimos también el texto en inglés, tal como originariamente fue escrito y presentado en la Escuela de Verano de Societat Civil Catalana.

ple, ourselves — would always rule relying on patronage games and an extended network of clients fed on public money and resources. International competition, based on values of meritocracy, steadily and relentlessly erodes the very fundamental assumption that only the right people may thrive because they are protected by their caring right rulers. Meritocracy emboldens all people to fend off and thrive by themselves, therefore more and more non-right people prevail over the right people, who become globalization leftovers.

A backlash ensues and the majoritarian nationalism strikes back, as Mukul KESAVAN (2018) defines it:

> The claim that a nation's political destiny should be determined by its religious or ethnic majority... Members of the majority faith and culture are viewed as the nation's true citizens. The rest are courtesy citizens, guests of the majority, expected to behave well and deferentially. To be tolerated at the majority's discretion is no substitute for full citizenship in modern democracies. It is a state of limbo, a chronically unstable condition. A polity that denies full citizenship to its minorities will, sooner or later, politically disenfranchise them or expel them on the grounds that, despite being residents, they aren't citizens at all and actually belong elsewhere.

Those non-right citizens emboldened by global meritocracy cease to behave well and deferentially just because they thrive by themselves outside the time-honored patronage networks; they cease to submit and need to be reminded of their place, since «Majoritarian politics results from the patiently constructed self-image of an aggrieved, besieged majority that believes itself to be long-suffering and refuses to suffer in silence anymore ... the nation was being subverted by predatory minorities». What majoritarians fear most is, as Pankaj MISHRA (2011) says, «the possibility of being swallowed up by the dominant alien culture in their midst».

Competition and merit create an open playing field which promotes the wrong kind of people, upwardly mobile and not subservient —not our own. Nepotism, the capture of public resources, benefit the loyal, humble, not successful people — our own. «Sooner or later», Anne APPLEBAUM writes, «the losers of the competition were always going to challenge the value of the competition itself. More to the point, the principles of competition, even when they encourage talent and create upward mobility, don't necessarily answer deeper questions about national identity, or satisfy the human desire to belong to a moral community» (APPLEBAUM 2018). Authoritarian populists provide to its adherents just that: protection, belonging, meaning, as long as you let your soul, your brains, your dignity and freedom, fall. As long as you yield to serfdom.

«[They] fear irrelevance, and are frantic to use their remaining political power before it is too late», Yuval Noah HARARI (2018) writes, «Trump and Brexit were supported by many people who still enjoyed political power but feared they were losing their economic worth» —a n angry, hectic *cri de coeur* to avoid becoming the useless losers of a global modernity of merit and competition among marketable skilled people with no place whatsoever for them — the former spine of the nation reduced to a bunch of despised deplorables.

So let us map this on to the Catalan case, its independence debate included.

Forty years of patronage from the Catalan institutions have coalesced thus:

1. Being in power for so many years «has given it the time to centralize power, monopolize the country's media, and build up a patronage network of highly dependent and therefore very loyal local intermediaries. [It] has also created a new bourgeoisie that is characterized by pliability and a predilection for political favors instead of marketable skills. Civil service, state-owned and state-controlled institutions, and the burgeoning circle of companies winning public procurement contracts are stacked with these people. The entrenchment of local hierarchies and politically dependent elites — as well as the reinforcement of the idea that one's fate ultimately depends on politics and connections, not personal achievements — will fundamentally influence [its] social structure for years to come.

Brutally effective propaganda campaign against all enemies, foreign and domestic, with the help of seemingly unlimited public funds [and] pro-government media has shaped a parallel reality. It has not only played on historical resentment of foreign domination but has also taken advantage of people's deepest fears. And [it] has offered them a cure: stability, security, and homogeneity. The internal logic of this system — in which political calculations trump moral considerations — provides no opportunity for self-correction».

2. «A political mafia intends to get rich by running the country. This distinction is crucial simply because such a government must hide what it is really doing. When all is hidden, a collective denial of facts occurs, leading to a culture of chronic rumors. Only the most diligent can learn a thing or two about what the ruling mafia is really doing. And that's how it has to be, since its wealth has been obtained through corruption and crime. In order to successfully hide their actions, our leaders bury the populace in lies, and in order to do so successfully, they have to undermine the state and its institutions, intimidate the media, and pay off people, which they do relentlessly. These are the weapons our leaders use to undermine critics and the opposition, and to fiercely protect the government and all its corrupt mess. Public opinion is manipulated. In a society as weak as [ours], a lie is not used for ideological seduction, but to reinforce the reliance on authoritarian government. This dependency has always been there. The current government chooses its ministers, MPs, and the editors of the pro-government media by how brutal and willing to lie they are. They have risen to power by presenting themselves as the guardians of an abandoned [people], making appeals to nationalism and patriotic selfishness».

That's how Zselyke Csaky and Vesna Pešić (2018) define authoritarian populism's methods in Hungary and Serbia. Read from Catalonia, they sound eerily familiar — They are the only ones who have the moral right to be in power, in order to bestow government jobs and riches on their clients in exchange for loyalty, discredit the judges, and stifle the media, enabling themselves to steal so much easier: anticompetitive, antimeritocratic, «invariably [replacing] all first-rate talents, regardless of their sympathies, with those crackpots and fools whose lack of intelligence and creativity is still the best guarantee of their loyalty», as Hannah Arendt shrewdly wrote.

Two protective mechanisms are triggered — a suffocating communitarianism to keep people tightly held together, and a superiority complex to over-compensate the grim, bleak reality — that together prevent Catalans from any clear-eyed act to get anything done, improved, or achieved. Symbolic deeds and aesthetic pantomimes are all they're capably endowed to. As those mechanisms have dragged on for centuries, the bulk of both Catalan political-media establishment and upstarting fringes, if not the whole country as well, have sunk in a quagmire of collective clinical narcissism and cognitive dissonance. A threatened and therefore unstable sense of identity, an acute awareness of its helpless vulnerability, a constant fear of being overwhelmed by its dependency, are overcompensated by clinging to narcissist notions of grandiosity.

The others become instruments to be manipulated either into believers in the Catalan attitudes' and aims' righteousness, or into enemies to be feared and scorned at — the wicked Spaniards and their fifth column inside which poison good Catalans. A brew of bravado, contempt, and utter dismissal of thought, let alone criticism, fuels a people truly convinced of its mission to offer the world the ultimate model of goodness and moral superiority — themselves. No interest whatsoever in the real others — let alone empathy.

Narcissist grandiosity comes twofold:

For supporters of independence, Catalonia is a great country and if things don't add up that way it must be because of Spain. Being specials, acting as the paramount good guys, other nations will rush to recognize their moral worth crowning a sovereign Catalonia instead of the ethically bankrupt, inferior Spain.

A striking example of this narcissist grandiosity is the Catalan centuries-old and never-ending threat to opt for independence unless getting a better deal from Spain, a crude blackmail never recognized as such but as a demand for concessions. The implications are clear — their very membership is a favor granted by the Catalans to Spain, and independence is not a real aim but a mere instrument of extortion.

This inflated sense of self has been always built on by the Unionist camp arguing that Catalonia should stay so it can run Spain, to lead and not to leave, since its superior know-how, moral supremacy, and mystical Europeanism since Carolingian times, make Catalonia the natural leader of a half-African, retarded Spain — words that they utter whose casualness speaks volumes. No Catalan Unionist ever wonders whether 47 million Spanish citizens really want to be led by 7.5 million Catalans, with a GDP less than a fifth of Spain's total; no Catalan Unionist media, let alone politician, ever fans out across Spain to find out — it requires a genuine interest in others, and empathy, that narcissists, independentists and unionists alike, utterly lack.

Instead of recognizing Catalonia's growing irrelevance, a simple insight that remains a known-to-all but never talked about national taboo, the people are fed one appeal to grandiosity after another by a willful blind media subservient to self-serving politicians, Unionist and Independentist alike, continuously coddling Catalans with the sort of half-baked truths that make Spain look awful and, by implication, Catalonia superior.

Even a deeply held frame of mind cannot fully insulate itself from reality though, so cognitive dissonance comes to rescue Catalans' wobbling sanity in order to provide some consistency between their grandiose self-image and their bleak reality — the age-old tricks to lessen psychological tension and distress experienced by people who hold two contradictory beliefs at the same time, confronted every so often by new information that conflicts with one, or the other, or both.

The remedial communitarian placebo is to reduce this dissonance driving people to actively avoid situations likely to increase it, to ignore or reject any conflicting information, to seek support from like-minded individuals, to coerce others into persuasion, to put their trust blindly on caring leaders and wise brahmins, and to discredit and silence any dissenter as an enemy of the people, a ward-worth, resentment-driven, mad traitor. Hence the authoritarian frame of mind needed to save the ebbing nation's disappearance, and the steady refusal of any critical thinking whatsoever. Repression, exclusion, and mediocrity become the only game in town in order to ensure survival.

Zia Haider RAHMAN (2014) explains it beautifully: «Their kind of self-belief seems essential to survive what would otherwise assail them as wave after wave of cognitive dissonance, statements of one thing while knowing the opposite. Surely the dissonance would drive them mad so that the only way through it all is for them actually to believe what they say».

Countries so hopelessly lost in themselves breed a loop where power-lacking feeds delusions which empower impotence-boosting fantasies, with no end in sight while slowly fading into oblivion. Expect nothing then from those nations — they are doomed to depend on the kindness of strangers.

It's therefore not a surprise that the independence mission has moreover stalled in a quagmire of wishful thinking, a Marxian «sigh of the oppressed creature» that it's both heart-warming and ineffectual: a substantial part of the Catalan people and their mainstream politicians and Brahmins don't want independence, they just strongly desire it as a gift that will be bestowed upon them by a warm-hearted international community that will force Spain to allow a legally-binding referendum on Catalan independence — sheer nonsense that can only be explained by sophisticated theoretical constructs such as Lévi-Strauss' floating signifier and Lacan's objet-petit-a: The Catalans desire independence but don't want it, they want the moral supremacy provided by victimhood. They crave to be victims and relish considering themselves as such.

Their deeply ingrained frame of mind is extremely risk-averse and unwilling to grab power by themselves in a confrontation with Spain that, even if peaceful, would get Catalans out of their comfort zone of moral supremacy as the paramount good and smiling guys and gals.

The very communitarian mindset developed by the Catalans to survive under the centuries-old authoritarian Spain until the 1970s blocks them from getting anything done in a global, meritocratic world, let alone independence. That mindset is an effective and resilient tool to ensure a non-independent people's survival in hard times, but once it reigns as the mainstream ideology that permeates and rules over a society, once it becomes a people's mentality, it only allows survival — up to a point, for the time being.

Communitarianism, especially when its implicit populism and authoritarianism bloom, needs unanimity to herd people, therefore their self-anointed enablers, with all the taxpayers' money, media, and GONGOs controlled by the Catalan government and institutions, define who belongs to the «good people» and who does not, treating dissent as blasphemy, launching campaigns of lies and slander, relentless assaults against anyone who dares to disagree or tries to hold them accountable. Their aim is to bully everybody into submission, to reduce everybody into silence, and to expel dissenters to Spain, physically or symbolically, in order to expose them as traitors. As Jan-Werner MÜLLER has noted, populists do not like having to cope with any form of political opposition or constraint: «When ruling, [populists] refuse to recognize any opposition as legitimate. The populist logic also implies that whoever does not support populist parties might not be a proper part of the people — always defined as righteous and morally pure». (MÜLLER 2017)

A cherished wish may warm their hearts, but only a strong will and devil-may-care attitude are able to make wishes real. Catalans badly lack them and regularly vote for spineless run-of-the-mill politicians that assuage their fears and moral virtues delivering nothing, in all good conscience for them all, people, politicians, and Brahmins alike, to warmly share wound-licking communitarian therapy sessions.

Spain quickly saw and called this bluff, therefore they upped the stakes to avoid total defeat, applying since then a cynical political strategy to delay everything until a millenarianist event brings independence as a gift bestowed by the international community, sparing themselves from a full-blown confrontation with Spain. «We go slowly because we go far away», they say. A cargo-cult indeed, with all its trappings: worship of heroic ancestors who command and mimic modern rituals in order to surpass those proud domineering foreigners who oppress our people into decline, as long as unanimity reigns crushing the non-believers — the amagogotya, the stingy-ones, whose mere existence threatens to bring failure over the good, faithful, suffering people. Only that will renew the nation through sacrifice, and overcome a disappointing modernity upholding the ancestral values and natural hierarchies, endlessly reenacting past glorious defeats to conjure them into a millenarian victory of the good ones — ourselves.

The event they promise faraway horizons will bring is conjured provoking Spain to de-legitimize itself in the eyes of the international community, dignifying their project with performances of symbolic defiances and rhetorical cheesy braggadocio by sanctimonious brutes.

Catalans are led to see themselves as good, simple, humble, faithful people, fed with self-righteous swagger and unrelenting oafishness. Only a thing is needed to belong to the good people: just blindly believe whatever their caring leaders say, they know better and protect you. Decades of this diet have driven Catalans to fall on a perpetual kindergarten of Hobbits, a slapstick that needs to be fueled by escalating disruptions of the constitutional and legal order to provoke Spain out of its senses in its political and legal reactions.

Those de-legitimation moves have taken an unmistakable Trumpian whiff, a populist illiberal stance upholding people's will as being paramount, above laws and judges, putting Catalan politicians as the embodiment of people's alleged will and therefore above so-called illegitimate laws and subservient judges.

An astonishing stand indeed that defies the very principles of rule-of-law and checks-and-balances, whose slippery slope has led to negate judicial review and denounce judges as mere Spanish government's stooges and minions.

Putting «the will of the people» above the law, attacking the judiciary, sowing scorn for experts and rational arguments, and bullying dissidents — authoritarian populism reigns unabated in Catalonia. Those ruling populists, from far-right to far-left, join together because they all share basic beliefs: they're against checks and balances; against law's constraints on their majority's power; they delegitimize non-majoritarian institutions as obstacles to the will of the people; they transform democracy from an instrument of inclusion into one of exclusion. They all are against modernity.

Populists in power practice «a slow rodent-like gnawing away of the values, freedoms and foundations of constitutional democracy — one rat bite at a time… And it's all being done under the garb of electoral democracy,… giant unassailable moral alibi for all things odious any government does — 'We were duly elected by the people!'. 'People's mandate' is still the conversation stopper, with the power to silence… A slow poison has been drip-dripped into the soul of the body politic. Of intolerance, the willing suspension of disbelief, the acceptance of subversion of institutions, the love for Hindutva strongmen, and deep dislike for the… 'upstart Dalits' trying to overturn the ordained caste structure». The Hindutva India described by Farah Naqvi (2018) matches perfectly with present Catalonia.

Whence those paralyzing tropisms sprout the likely outcome for decades to come — an extremely boring and acrimonious topsy-turvy parade of cranky Catalans and annoyed Spaniards, the latter unwilling to let Catalans go, the former unwilling to go by themselves, like a tale told by a deranged Blanche DuBois, full of sound and sully, signifying nothing.

Un análisis demoscópico y sociológico del proceso independentista catalán

Felipe Moreno[13]

Si por algo se caracteriza el proceso independentista iniciado en Cataluña es por el empleo masivo e intensivo de la propaganda. Una propaganda planificada y financiada (muy generosamente) por un poder político autonómico que intentó vender el Procés como el movimiento espontáneo de todo un pueblo. Un movimiento que, nos decían, surgió como una respuesta natural a la represión y al maltrato continuados que ha venido sufriendo «Cataluña». Se nos hablaba de razones «objetivas»: menosprecio a «nuestra singularidad», no reconocimiento de unos presuntos «derechos históricos», déficit de inversiones e infraestructuras, «expolio» fiscal, etc.

Las reiteradas y multitudinarias demostraciones de masas y diversas *performances* con cientos de alcaldes exhibiendo sus varas de mando forman parte de una estrategia destinada a hacer más creíbles los mensajes de espontaneidad y globalidad. Pero ¿cuánto hay de verdad en el relato de la propaganda «oficial» nacionalista? ¿Hasta qué punto es o no mayoritario el anhelo independentista? ¿Es un movimiento realmente espontáneo o ha sido dirigido «desde arriba»? ¿Es Cataluña tan homogénea cómo intentaban vendernos? ¿Qué ha podido producir la «desconexión» emocional con el resto de España de cientos de miles de catalanes? ¿Es reversible esa desconexión?

---

[13] Felipe Moreno ha sido coordinador del Observatorio Electoral de Cataluña (OEC), vinculado a Societat Civil Catalana.

Hace más de tres años nació el Observatorio Electoral de Cataluña (OEC) de Societat Civil Catalana con el propósito de profundizar en el conocimiento de la sociedad catalana en general y del fenómeno independentista en particular. El OEC está formado por prestigiosos profesores universitarios y profesionales de diferentes ámbitos, como la ciencia política, la estadística o la economía.

En el OEC hemos obtenido respuestas inequívocas a algunas de las preguntas antes planteadas y hemos aportado datos que ayudan a responder otras. Nuestro primer paso fue analizar, desde la perspectiva del independentismo/no independentismo los resultados de las elecciones celebradas en Cataluña.

El OEC ha analizado los resultados de las tres últimas elecciones autonómicas que han tenido lugar en Cataluña (2012, 2015 y 2017). Ya en 2012 y 2015 detectamos la fractura social y territorial que padece Cataluña, mucho antes de que conceptos como «Tabarnia» y «Tractoria» fueran de uso común. En estos estudios no se analizaron los resultados de los diferentes partidos o candidaturas sino los porcentajes de voto obtenidos por el bloque independentista en su conjunto en relación al censo total de votantes. El objetivo era medir la fuerza real del independentismo y su grado de homogeneidad territorial y social.

En 2017 el bloque separatista se hizo con el 47% del voto emitido, que se corresponde con el 38% del censo electoral (estos porcentajes varían muy poco respecto de los obtenidos en 2012 y 2015).

El independentismo, una opción de matriz rural

Podemos afirmar que el separatismo en Cataluña no es homogéneo. Por el contrario, es muy heterogéneo, siendo mayoritario en la Cataluña rural pero claramente minoritario en la urbana. En el gráfico 1 pueden compararse los porcentajes (siempre referidos al censo total) obtenidos en las últimas autonómicas de 2017 por las candidaturas separatistas según el tamaño de los municipios. Obsérvese que en el grupo de municipios con censo inferior a 3100 habitantes (formado por 724 municipios), aquellas obtuvieron un porcentaje de votos cercano al 60% mientras que en el conjunto de los 18 municipios con censo superior a 47.900, donde vive la mitad de la población de Cataluña, apenas superan el 33%.

GRÁFICO 1

Cataluña es heterogénea y el secesionismo no es mayoritario

% de votos del combinado separatista JxCat + ERC + CUP respecto el total del *Censo* electoral en cada municipio, agrupando municipios según dicho *Censo*:

Grupo 1: *Censo* ≤ 3100 Grupo 2: 3100 < *Censo* ≤ 10900
Grupo 3: 10900 < *Censo* ≤ 48500 Grupo 4: 48500 < *Censo*

Grupo	Número municipios	*Censo* agrupado	% del total de dicho censo	Votos *separatistas*	% *Separatismo* en Grupo
Grupo 1	724	530983	10,0 %	315252	59,4 %
Grupo 2	138	810729	15,2 %	374333	46,2 %
Grupo 3	67	1351034	25,3 %	487806	36,1 %
Grupo 4	18	2635315	49,5 %	887302	33,7 %
Total	947	5328061	100 %	2064693	38,8 %

Nótese el comportamiento diferencial en función de los valores del *Censo*.

Hay que hacer notar que la población de los 724 municipios con censo inferior a 3100 electores solo representa el 10% del total. Así pues, los 300, 400 o 500 alcaldes de las diferentes *performances* separatistas representan en realidad a una pequeña parte de la población total catalana.

En el GRÁFICO 2, donde se comparan los resultados obtenidos por el conjunto de candidaturas separatistas en autonómicas de 2012, 2015 y 2017 así como en las generales de 2011, podemos distinguir dos Cataluñas: la rural, con independentismo alto, formada por el 79% de los municipios pero donde solo vive el 25% de la población y la urbana, con independentismo bajo, que agrupa solo el 21% de municipios pero donde vive el 75% de la población.

Debemos tener en cuenta que el aumento de la participación supone un mayor porcentaje de voto sobre censo aunque el porcentaje sobre voto emitido se mantenga. La tabla nos muestra que el apoyo a las candidaturas independentistas es 24 puntos inferior en la Cataluña urbana respecto de la rural. Una diferencia enorme.

GRÁFICO 2

Diferencias entre dos Cataluñas

- La *Cataluña rural (del 25 %)*:
Con el 79 % de los municipios pero solamente el 25 % de la población.

- La *Cataluña urbana (del 75 %)*:
Con el 21 % de los municipios pero con el 75 % de la población.

	Cat. del 25 %	Cat. del 75 %	Diferencia
A2017-(JxCat-ERC+CUP)	57 %	33 %	24 %
A2015-(JxSí+CUP)	55 %	31 %	24 %
9N-SíSí	49 %	27 %	22 %
A2012-(CIU+ERC+CUP+SI)	51 %	28 %	23 %
Abst. A2017	16 %	19 %	- 3 %
Abst. A2015	19 %	24 %	- 5 %
Abst. A2012	26 %	32 %	- 6 %
Abst. G2011	33 %	33 %	0 %

La polarización secesionista se mantiene y la abstencionista se reduce ligeramente.

GRÁFICO 3

Cataluña geográficamente heterogénea en separatismo

Porcentaje votos JxSí+CUP el 27S 2015 en municipios de Cataluña

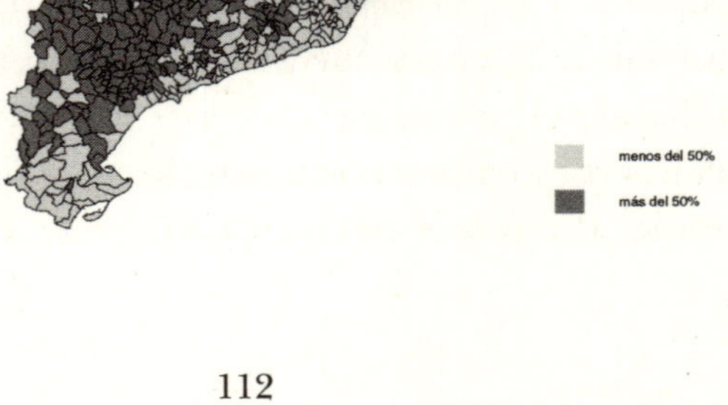

En cuanto a la distribución geográfica del voto, la Cataluña urbana (con independentismo bajo) se encuentra fundamentalmente en el litoral y en zonas limítrofes con otras CC.AA. mientras que la Cataluña rural (con independentismo alto) se ubica mayoritariamente en el interior (GRÁFICO 3).

El independentismo, una opción de clase media-alta

Conviene destacar que el factor «renta/riqueza» es relevante en la distribución del voto independentista, siendo mayor en las zonas de mayor renta.

A modo de ejemplo, podemos comparar dos ciudades del Vallés Occidental, vecinas y de tamaño similar, como Sant Cugat y Rubí. Sant Cugat, con un nivel de renta muy alto tiene voto separatista mayoritario mientras que Rubí, con un nivel de renta claramente inferior, tiene voto constitucionalista mayoritario.

Lo mismo ocurre si comparamos ciudades vecinas y de tamaño similar en otra comarca como el Baix Llobregat: Sant Just Desvern con un muy alto nivel de renta y voto separatista mayoritario y Sant Joan Despí o Sant Feliu de Llobregat con un nivel de renta inferior y voto constitucionalista mayoritario.

Volviendo al GRÁFICO 2, otro fenómeno que se aprecia al agrupar y analizar los resultados electorales es la llamada abstención diferencial. La abstención en autonómicas es mayor en la Cataluña urbana y menor en la rural. A pesar de que esta diferencia ha ido disminuyendo en las últimas convocatorias autonómicas, en 2017 la participación en la Cataluña urbana fue todavía 3 puntos inferior a la registrada en la Cataluña rural (por contra, en elecciones generales la abstención es similar en ambas Cataluñas). Esa diferencia de 3 puntos supone alrededor de 120.000 votos, mayoritariamente constitucionalistas. Aún queda, por tanto, una bolsa importante de voto constitucionalista urbano por movilizar.

Al analizar el caso particular de la ciudad de Barcelona se aprecian las mismas características observadas en el conjunto de Cataluña: un porcentaje de voto separatista similar al global (importante pero no mayoritario) y una distribución muy heterogénea en los diferentes distritos, con diferencias muy marcadas.

El GRÁFICO 4 corresponde a la distribución del voto separatista en la ciudad de Barcelona en 2015. El mapa que correspondería a los resultados de las últimas autonómicas de 2017 no difiere en lo sustancial.

GRÁFICO 4

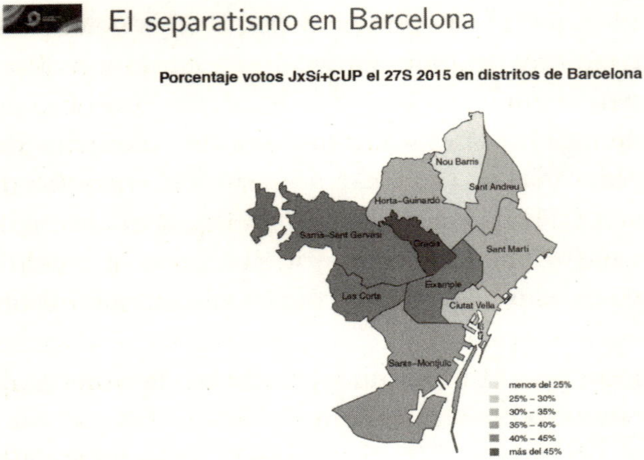

Al igual que en el conjunto de Cataluña, se aprecia un alto porcentaje de voto separatista en las zonas de mayor renta (Sarrià-Sant Gervasi), siendo muy inferior en los barrios más populares (Nou Barris).

Asimismo, la abstención es superior en los barrios con menor apoyo a candidaturas separatistas. La ciudad de Barcelona también padece el fenómeno de la abstención diferencial.

Una vez realizados los análisis electorales y para seguir profundizando en el conocimiento del fenómeno separatista, SCC encargó a GESOP diversas preguntas a formular dentro de su Ómnibus de enero de 2017. Se trata de una encuesta con una muestra muy significativa: 1600 encuestados distribuidos proporcionalmente por toda Cataluña.

Una Cataluña dividida políticamente de acuerdo a comunidades lingüísticas

Entre los resultados obtenidos, cabe destacar que el 50% de catalanes consideraba que tenía poca o ninguna información sobre las consecuencias de una hipotética independencia de Cataluña, que un 55% consideraba que el referéndum de independencia divide a la sociedad catalana y un 65% opinaba que TV3 y el resto de medios públicos catalanes se muestran favorables a la independencia.

La información más relevante se obtuvo al estudiar la segmentación por lengua habitual y sentimiento de pertenencia.

Así, y centrándonos en la lengua habitual, el 57% de encuestados de lengua habitual catalana (en adelante catalanohablantes) afirmaban tener mucha o bastante información sobre las consecuencias de una hipotética independencia, mientras que este porcentaje caía drásticamente, hasta el 35%, entre los de lengua habitual castellana (en adelante castellanohablantes). A la pregunta sobre si el referéndum de independencia divide a la sociedad catalana, solo el 39% de catalanohablantes respondió positivamente mientras que entre los castellanohablantes el porcentaje sube hasta el 70%. Las diferencias de porcentaje son muy importantes y significativas.

Curiosamente, no se apreció diferencia en la respuesta a la pregunta sobre la parcialidad o imparcialidad de TV3 y resto de medios públicos catalanes. En este caso, el 66% de castellanohablanes y el 63% de catalanohablantes coincidieron en que estos medios se muestran favorables a la independencia de Cataluña.

De los resultados segmentados de la encuesta de GESOP se desprendía que el factor «lengua habitual» podía tener una importancia decisiva en la percepción y posicionamiento de los ciudadanos catalanes respecto del debate independentista.

Nuestro siguiente paso fue acudir a las encuestas oficiales del CEO (Centre d'Estudis d'Opinió de la Generalitat de Cataluña), pero no para consultar la información que suele ofrecer este organismo sino para trabajar con los microdatos de encuesta, esto es, el conjunto de las respuestas individuales de los 1500 encuestados a todas y cada una de las preguntas formuladas por el CEO. En concreto, trabajamos con los microdatos de la tercera oleada CEO de 2016. Trabajar con los microdatos nos permitió realizar cruces de datos muy relevantes y nunca efectuados hasta ese momento.

Respecto del sentimiento de pertenencia, las encuestas del CEO nos muestran que el grupo mayoritario, en torno a un 40%, es el de quienes se sienten tan catalanes como españoles mientras que quienes se sienten únicamente catalanes se sitúa en torno a un 22% (GRÁFICO 5).

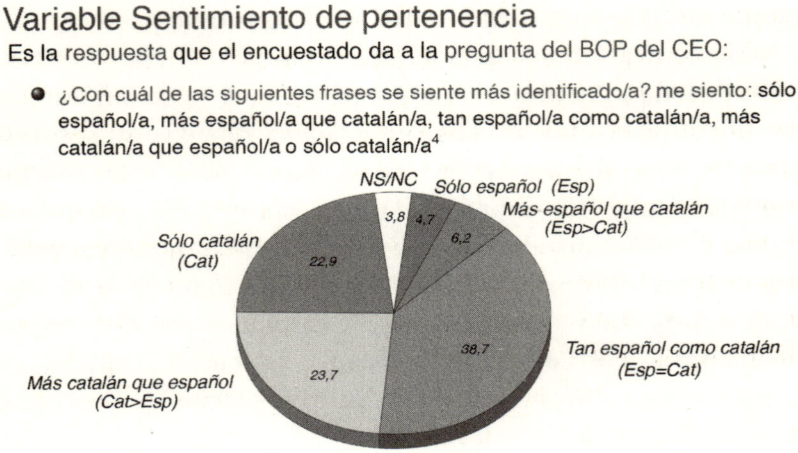

GRÁFICO 6

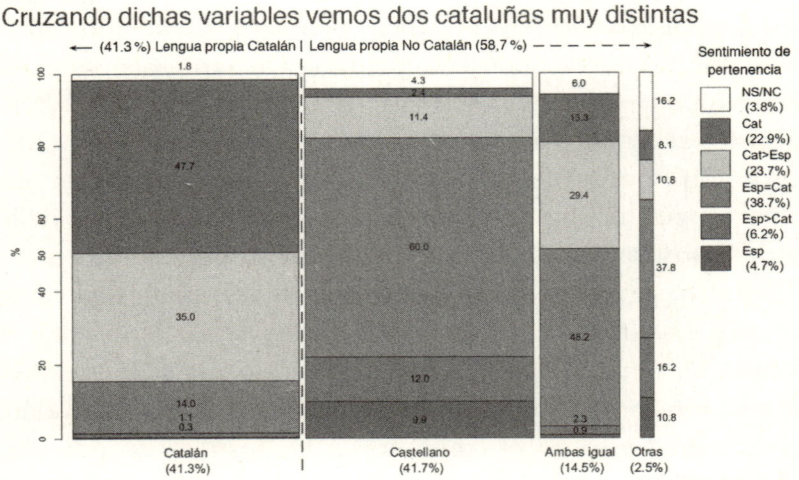

Cuando segmentamos estos resultados por lengua habitual (GRÁFICO 6) observamos que la lengua es un factor fundamental. Mientras que en el grupo de lengua habitual catalana solo un 14% se sienten tan catalanes como españoles y un 47% se sienten únicamente catalanes, en el grupo de lengua habitual castellana el 60% se siente tan catalán como español y quienes se sienten únicamente catalanes no llegan al 3%. Conviene resaltar que incluso en el grupo de lengua habitual catalana, quienes se sienten españoles en mayor o menor medida supera, aunque por poco, el 50%.

Cuando se pregunta por el sentido del voto en un hipotético referéndum de independencia, la comparación de los dos grupos nos muestra una diferencia abismal: un 77% de los catalanes de lengua habitual catalana votaría a favor de la independencia mientras que lo haría en contra un 73% de quienes tienen el castellano como lengua habitual. Podemos hablar prácticamente de «realidades paralelas», de la «cara y la cruz» de una misma moneda o del «positivo» y el «negativo» de una misma fotografía (ver GRÁFICO 7).

GRÁFICO 7

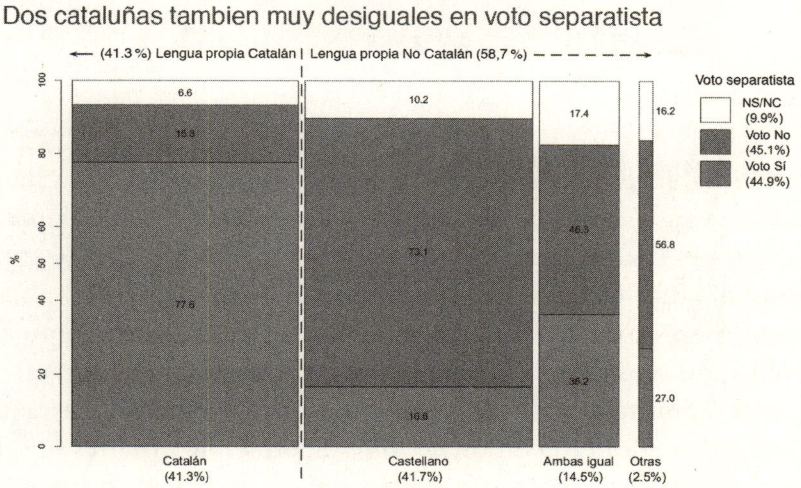

La pregunta surgió de inmediato: ¿Las enormes diferencias por lengua habitual lo han sido desde siempre? ¿Eran tan acusadas antes de iniciarse el proceso separatista?

Para poder responder, acudimos a los microdatos de la primera oleada del CEO de 2006, diez años atrás y antes del inicio del llamado Procés. Tanto es así que en 2006 ni el propio CEO preguntaba por la independencia en sus encuestas. La comparación no era posible, pues, respecto del apoyo explícito a la independencia pero sí pudimos hacerlo, indirectamente, comparando los resultados relativos al sentimiento de pertenencia (GRÁFICO 8).

GRÁFICO 8

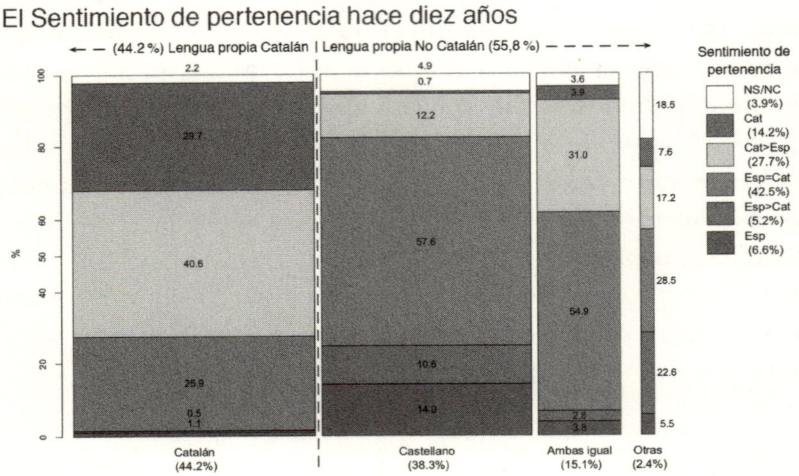

Al establecer la comparación segmentando por lengua habitual nos encontramos con un hecho muy significativo: mientras se apreció una importante radicalización en el segmento catalanohablante (los que se sentían únicamente catalanes habían pasado en esos diez años de un 29% a un 47%) el grupo de población castellanohablante había permanecido prácticamente inmune al proceso independentista (el grupo mayoritario, que se mantenía en torno al 60%, era el de quienes se sentían tan catalanes como españoles y el porcentaje de quienes se sentían solo catalanes seguía siendo residual).

Más recientemente, hemos tenido la oportunidad de estudiar la evolución de todas las encuestas CEO desde 2006 hasta 2018 y comparar los datos de sentimiento de pertenencia segmentados por lengua. Es muy significativo que la radicalización del grupo catalanohablante aumenta significativamente a partir de finales de 2012, justo después del «giro estratégico» de CiU hacia la independencia y su consiguiente cambio de discurso.

Este dato pone de manifiesto que primero fue el giro estratégico de las «élites» que ostentaban el poder político y vino después la radicalización social, que afectó únicamente al sector de población de habla habitual catalana.

Estos resultados son sorprendentes puesto que la lengua habitual debería ser, en principio, una variable neutra. La pregunta surgió de inmediato: ¿Es realmente la variable lengua habitual la que condiciona el posicionamiento ante el debate independentista o hay que buscar las causas últimas en otra variable que pueda estar relacionada con la lengua habitual?

Relación entre medios de información y opinión política de los catalanes

Analizando en detalle las encuestas CEO nos encontramos con otra variable que también ofrece resultados muy diferentes al ser segmentada por lengua habitual: el canal de televisión donde se ven los informativos.

GRÁFICO 9

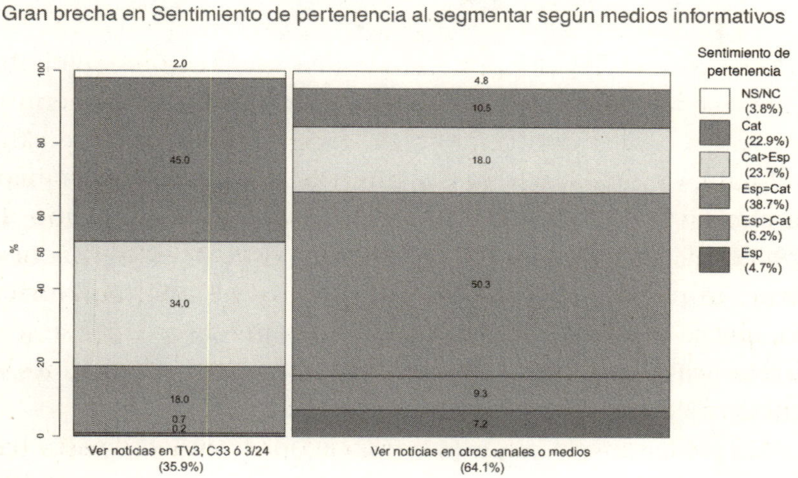

Respecto del sentimiento de pertenencia y el apoyo a la independencia, la brecha entre quienes se informan en TV3

y demás canales públicos dependientes de la Generalitat de Cataluña (en adelante TV3) y quienes lo hacen en el resto de canales es enorme. El 45% de quienes se informan en TV3 se sienten únicamente catalanes mientras que este porcentaje cae drásticamente, hasta un 10%, entre quienes se informan en el resto de canales (GRÁFICO 9).

Igualmente, el apoyo a la independencia es del 75% entre quienes se informan en TV3 y solo de un 28% entre quienes se informan en el resto de canales (GRÁFICO 10).

GRÁFICO 10

Idéntica brecha en voto separatista al segmentar según medios informativos

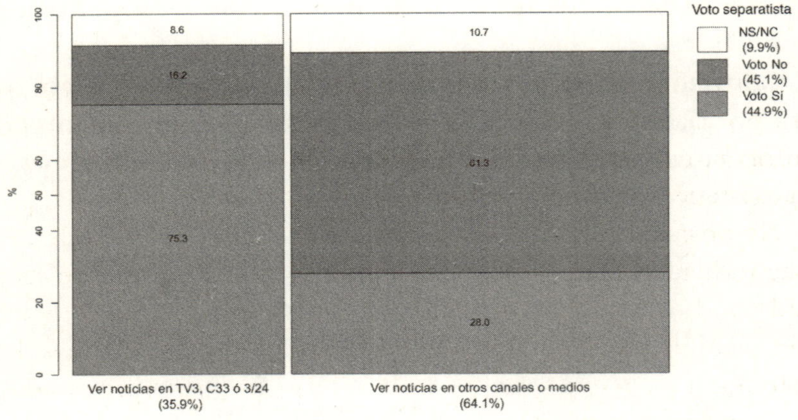

Como era de esperar, se confirmó que la relación entre lengua habitual y hábitos de consumo de medios es muy alta: el 62% de catalanohablantes se informa en TV3 mientras que entre los castellanohablantes solo lo hace el 10%. Por tanto, se constata claramente la dependencia entre lengua habitual y medios informativos y entre medios informativos y voto separatista.

Para poder medir mejor la influencia de los medios informativos, fijamos el factor lengua y encontramos que entre los catalanohablantes el apoyo a la independencia sube 21 puntos si se informan en TV3 mientras que entre los castellanohablantes este porcentaje sube nada menos que 32 puntos (GRÁFICO 11).

GRÁFICO 11

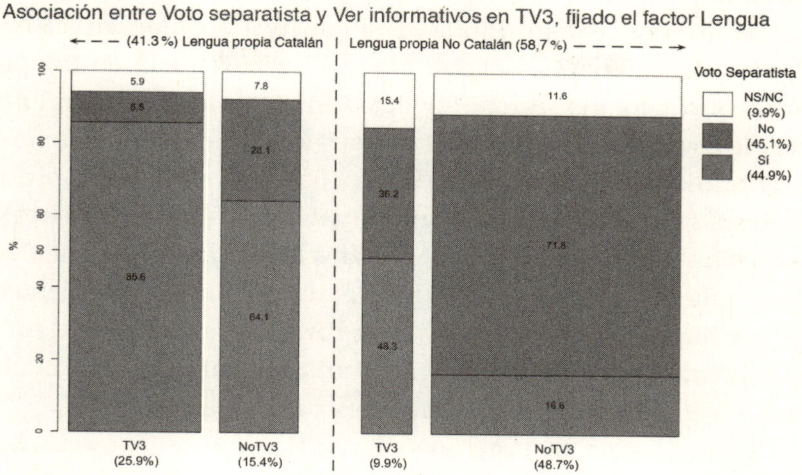

Conviene aclarar que nuestro análisis estadístico no demuestra por sí mismo una relación causa-efecto entre consumo de informativos de TV3 y voto independentista, pero sí demuestra la existencia de una fuerte correlación.

No obstante, que TV3 forma parte de la maquinaria de propaganda al servicio del separatismo es algo comúnmente aceptado en Cataluña, incluso por muchos de los votantes independentistas (como nos muestra la respuesta segmentada sobre este tema en la encuesta GESOP anteriormente mencionada).

Como resumen a todo lo expuesto anteriormente podemos afirmar que el independentismo no es mayoritario en Cataluña (47% del voto y 38% del censo), que es muy heterogéneo social y territorialmente (es más fuerte en las zonas rurales y en las que disfrutan de una mayor nivel de rentas), que es un fenómeno que ha surgido «de arriba hacia abajo» y que factores como la lengua habitual y los hábitos de consumo de medios informativos son determinantes (muy mayoritario entre quienes tienen como lengua habitual el catalán y consumen TV3 y muy minoritario entre quienes tienen como lengua habitual el castellano y consumen otros canales).

La propaganda separatista busca dos objetivos complementarios: el primero consiste en ir sumando adeptos a su «causa» y el segundo en intentar que esa «causa» sea vista por la opinión pública, especialmente la internacional, como la de «todo un pueblo».

Las grandes manifestaciones constitucionalistas celebradas en Barcelona en octubre de 2017 y la victoria de un partido contrario a la independencia en las elecciones autonómicas de diciembre de ese mismo año han dificultado mucho el segundo objetivo.

Respecto del primero, es fundamental constatar que los diferentes hábitos de consumo de medios han propiciado que sean los catalanes de lengua habitual catalana quienes mayoritariamente hayan sucumbido a la propaganda secesionista mientras que los catalanes de lengua habitual castellana han permanecido en su gran mayoría «inmunes» a la misma.

Es por ello que el aumento y diversificación de la oferta informativa en catalán (tanto en televisión, como en radio y prensa escrita y digital) debería ser un pilar fundamental en cualquier política destinada a solucionar o al menos paliar el problema del secesionismo en Cataluña.

El derecho a saber la verdad. Panorámica de un año y medio como Delegado del Gobierno[14]

Una conversación entre Enric Millo[15] y Albert Castillón[16]

[14] Enric Millo concedió esta entrevista pública en el marco de la Escuela de Verano de Societat Civil Catalana. Hacía pocas semanas había cesado como delegado del Gobierno en Cataluña, tras la moción de censura que había llevado a la presidencia del Gobierno al socialista Pedro Sánchez en sustitución del popular Mariano Rajoy. El Partido Popular se encontraba plenamente inmerso en el proceso de primarias. Enric Millo había sido la cara visible de la aplicación del artículo 155 de la Constitución en Cataluña, a fin de restablecer el orden constitucional y estatutario, quebrado por la ruptura independentista. En los momentos en que se produjo la entrevista, Millo era despiadadamente atacado por el bloque separatista al mismo tiempo que era cuestionado por algunos sectores del constitucionalismo por la forma en que se había aplicado el artículo 155 en Cataluña. Unos consideraban que había actuado con una contundencia excesiva y extrema, mientras otros creían que no había adoptado la dureza necesaria. Todas estas cuestiones, así como las vivencias personales de Enric Millo durante los meses finales del Procés, quedan reflejadas en esta entrevista. (Nota del editor).

[15] Enric Millo es economista. Tras una larga trayectoria política, se convirtió en 2010 en Portavoz del Grupo Parlamentario del Partido Popular en el Parlament de Catalunya. Tuvo esta responsabilidad hasta que fue nombrado delegado del Gobierno de España en Cataluña el 18 de noviembre de 2016 por el gobierno de Mariano Rajoy. Desde esta responsabilidad mantuvo una intensa relación de interlocución con el Gobierno de la Generalitat, antes y después del 1 de octubre de 2017, y fue testigo y protagonista excepcional de la fase más aguda del proceso independentista y portavoz del Gobierno durante la aplicación del artículo 155 de la Constitución en Cataluña. El 18 junio de 2018, cesó como delegado al cambiar el color político del Gobierno en España.

[16] Albert Castillón es periodista. Colabora habitualmente en el programa de actualidad política *Espejo Público* y escribe en *El Independiente*.

ALBERT CASTILLÓN: Muchas gracias a todos y bienvenidos. Tenemos media hora para abordar un intenso año y medio. Eso no va a ser fácil. Por lo tanto vamos a intentar sintetizar. Le he pedido al señor Millo que no me diga nada que ya sepamos. Que intentemos ir un poco más allá, que me confiese lo que quiera. Ya sé que está preparando un libro con su experiencia como delegado del Gobierno durante estos meses. Pero como ese libro tardará todavía tiempo, le quiero pedir que aquí, como estamos en familia, nos adelante y nos cuente la verdad de muchas cosas. Por eso este diálogo lo hemos titulado EL DERECHO A SABER LA VERDAD. Ese derecho lo tenemos y por eso el señor Millo se ha prestado a que le pregunte lo que quiera. Bienvenido, señor Millo.

ENRIC MILLO: Buenas tardes y muchas gracias. Quiero felicitar, en primer lugar, a Societat Civil Catalana por el acierto de esta escuela de verano internacional, que está siendo un éxito.

ALBERT CASTILLÓN: Le querría pedir, en primer lugar, que definiera en una palabra este año como delegado del Gobierno. ¿Insoportable, maravilloso, decepcionante…?

ENRIC MILLO: Dificilísimo.

ALBERT CASTILLÓN: ¿Lo repetiría a pesar de todo?

ENRIC MILLO: Sí, sin ningún tipo de duda. Defender la democracia y el Estado de derecho, garantizar los derechos de todos los ciudadanos y velar por el respeto a la Constitución, ha sido un honor. Algunas cosas las haría de diferente forma, pero aceptaría el reto de nuevo.

ALBERT CASTILLÓN: Se les acusa a menudo de haberse negado a negociar con los independentistas. Se reprocha al gobierno de Rajoy haber dado la espalda a lo que sucedía en Cataluña. ¿Cuántas veces ha estado usted personalmente con Puigdemont?

ENRIC MILLO: Esa acusación es falsa. Yo estuve siempre dispuesto a dialogar dentro del marco de la ley. Nos vimos una vez oficialmente, a los dos días de ser nombrado delegado del Gobierno. La primera llamada telefónica que hice tras mi nombramiento fue al *president* de la Generalitat, que era la primera autoridad de Cataluña. Nuestra primera reunión fue muy larga, duró dos horas y media. Recuerdo incluso que el jefe de prensa de Puigdemont llamaba a veces al despacho y preguntaba si pasaba algo... Le transmití mi voluntad de buscar una solución política a la situación, dentro de la ley, para evitar la colisión con el Estado. Pero hacía falta también voluntad sincera y leal por su parte, lo cual no existió.

ALBERT CASTILLÓN: ¿Y extraoficialmente se vieron?

ENRIC MILLO: Sí, en privado, de mutuo acuerdo con Puigdemont, nos vimos en varias ocasiones. Él no quería que esos encuentros se hicieran públicos. Prefería mantener las conversaciones en secreto y se lo respeté, aunque él utilizó ese acuerdo de discreción para mantener el discurso de que nosotros no queríamos dialogar. Era como hablar con una pared, todo se reducía siempre a lo mismo, el único interés era votar la independencia en referéndum, no quería hablar de nada más. El diálogo para él era un peligro con demasiado riesgo. Una mentira más del relato secesionista.

ALBERT CASTILLÓN: ¿Dónde se veían? Porque nosotros, los periodistas, nunca nos enteramos.

ENRIC MILLO: Claro, la prensa no se enteró porque ni el señor Puigdemont ni yo, de acuerdo con lo que habíamos pactado, hicimos públicas las reuniones. Pero yo pensé que era bueno para facilitar el diálogo que nos viéramos. Pensé que habría lealtad, pero no la hubo.

CASTILLÓN: Insisto. ¿Dónde se vieron?

MILLO: Nos vimos en un despacho que él tiene en un sitio fuera del Palacio de la Generalitat.

CASTILLÓN: ¿En el palacio de Pedralbes?

MILLO: Podría ser, pero eso ahora ya no importa.

CASTILLÓN: Todo esto es curioso. Porque la versión oficial es que ustedes no se hablaban. Pero han tenido varias reuniones a puerta cerrada porque a ninguno de los dos le interesaba que se supiera.

MILLO: No, no. Yo no tenía ningún inconveniente en hacer públicas esas reuniones. Es más, creo que fue un error no comunicarlas en su momento, porque eso hubiera impedido que se instalara el falso relato victimista de que el Gobierno de España se negaba a dialogar para evitar la colisión. Pero la verdad es que el Gobierno nunca se negó a dialogar. De hecho, la prensa bautizó mi llegada a la Delegación del Gobierno como «operación diálogo». Aunque algunos quieran negarlo, todo el mundo sabía de esa disposición; incluso recibí críticas en su momento por ser excesivamente dialogante... Lo que no hicimos jamás fue negociar aceptando sus condiciones. Dialogar y negociar con imposición de condiciones son cosas distintas.

CASTILLÓN: Es decir, se reunieron en el palacio de Pedralbes. Cada uno entraba por una puerta distinta.

MILLO: Cuando yo llegaba, él ya estaba. Yo no entraba por la puerta principal, pasaba por unos pasillos y unas escaleras que conducían a su despacho...

CASTILLÓN: ¿Pasaba usted por pasadizos bajo tierra?

MILLO: Mire..., no lo sé exactamente. Pasaba por unos pasadizos estrechos y unas escaleras sombrías, acompañado por un escolta, hasta que aparecía en su despacho.

CASTILLÓN: ¿Llegaron a las manos en alguna ocasión?

MILLO: No, eso nunca. La educación y la serenidad por delante de todo. Además nos conocíamos de años atrás en Girona.

CASTILLÓN: ¿Se gritaron?

MILLO: No. Sí que hubo en alguna ocasión una cierta intensidad y un tono subido, pero gritar no. Cuando uno quiere evitar una confrontación que es perjudicial para todos y el otro no quiere detenerla, se puede llegar evidentemente a una cierta tensión.

CASTILLÓN: Todos conocemos una visita oficial de Puigdemont a la Moncloa. ¿Hubo algún otro encuentro extraoficial?

MILLO: Yo no puedo explicar esto todavía..., pero nunca se llegó a romper la relación hasta que decidió quebrantar la ley, convocar el referéndum ilegal y llevar adelante la declaración unilateral de independencia.

CASTILLÓN: Eso es como decir que sí.

MILLO: Pero yo no lo digo. Hay ciertas cosas que no las debo explicar yo, al menos por ahora. De lo que sí tengo constancia es de que en las ocasiones en que Puigdemont habló con el presidente del Gobierno de España este le dejó muy claro qué es lo que se podía hacer y qué es lo que no se podría hacer nunca.

Le aclaró que todo se podía hablar dentro del marco de la ley, y que respetando la Constitución encontraríamos una solución, pero le transmitió nítidamente que nunca se iba a autorizar un referéndum de autodeterminación en Catalunya mientras él fuera presidente, y que el Gobierno no iba a negociar la unidad de España jamás. Y así fue.

CASTILLÓN: Por lo que sabemos, además de estas reuniones, usted realizó muchas llamadas al señor Puigdemont para intentar detener el 1 de octubre. ¿Cuál fue la postura de Puigdemont ante tanta insistencia por su parte?

MILLO: En estas reuniones, encuentros y llamadas mi planteamiento siempre era el mismo: «Tenemos que evitar una situación de confrontación y de fractura social en Cataluña, que podría llevarnos a una situación límite con altísimos costes para nuestra sociedad; por tanto, debemos encontrar una salida política dentro de la ley, que garantice los derechos de todos los ciudadanos, la convivencia y el Estado de derecho. Esta solución no puede pasar en ningún caso por aceptar la hoja de ruta del Procés independentista que se ha diseñado desde la Generalitat, ya que está fuera de la ley, y provocaría consecuencias negativas muy difíciles de prever y que se escaparían a nuestro control…, incluso la cárcel». Siempre le dije que el referéndum no iba a ser posible y, por tanto, para evitar la colisión, había que buscar otros caminos de solución. Al fin y al cabo, lo que le proponíamos era ir a la raíz de los problemas, y buscar soluciones dialogadas para cada uno de ellos.

CASTILLÓN: ¿Qué actitud encontró al otro lado?

MILLO: La actitud de Puigdemont fue cerrada: «Enric, no insistas, no nos interesa nada de todo lo que propones. Nosotros ya hemos decidido que nos vamos, dejamos España, ya no somos españoles. Tenéis que autorizar el referéndum para preparar la salida, y si no, lo haremos igual». Era la traslación del famoso «referéndum o referéndum». Más bien se me invitaba a apartarme, porque habían decidido ir a por todas y hasta el final contra el Estado, y me advertía de que yo pagaría las consecuencias. Me dijo que ellos estaban dispuestos a asumir todas las consecuencias, y que el Estado no los podría parar. Evidentemente yo intenté siempre disuadirle, advirtiéndole también de que esas repercusiones podrían ser muy graves para él y para los miembros de su Gobierno si optaba por mantener esa actitud de rebeldía ilegal e intransigente. Pero el menosprecio fue la respuesta.

CASTILLÓN: ¿En alguna de estas reuniones con usted o con el presidente Rajoy se le expuso al *president* Puigdemont que esa actitud podría llevarle a la cárcel?

MILLO: Por supuesto que sí, de alguna manera en las conversaciones yo siempre insistía en la idea siguiente: «Si sigues por ese camino, al final del mismo no hay salida posible, solo hay un muro. Y ese muro puede traducirse en graves consecuencias, en función de lo que estéis dispuestos a hacer. Pero si vais a insistir en romper la legalidad, en incumplir las sentencias de los tribunales y en situaros fuera de la ley, eso os obligará a tener que rendir cuentas ante la justicia, lo que puede conllevar perder la libertad».

CASTILLÓN: Y cuando hablaban de cárcel en esas reuniones físicas o telefónicas, ¿cuál era la actitud de Puigdemont?

MILLO: Pensaban que eso no sucedería. Creo que estaban convencidos de que el Gobierno de España no se atrevería a responder con contundencia, y que el Estado claudicaría ante sus pretensiones. Su respuesta siempre era la misma: «No pondréis a dos millones de personas en la cárcel». Y mi contestación también era la misma: «Nosotros, el Gobierno de España, no pondremos a nadie en la cárcel, porque a la cárcel solo se llega mediante la sentencia de los jueces por haber delinquido». Todo el mundo sabe lo que pasa cuando alguien se salta la ley. Pero su respuesta se mantenía: «Esto no pasará. Lo que tenéis que hacer es dejarnos hacer el referéndum». El planteamiento fue siempre «referéndum sí o sí». No había ningún interés en valorar ningún otro tipo de camino ni de dialogar nada que tuviera un carácter constructivo, evitara la confrontación y facilitara la convivencia cumpliendo la ley. De alguna manera ellos pensaban que siempre saldrían ganando, o bien por claudicación del Estado, o por una reacción contundente que les permitiría construir un relato victimista ante la comunidad internacional. En mi opinión, el referéndum era puramente instrumental, el objetivo era la DUI.

CASTILLÓN: Llegamos al 1 de octubre. Unos días antes, esa misma semana, Puigdemont convoca la Junta de Seguridad, que no se había reunido en muchos años. ¿Por qué convoca Puigdemont y no usted y qué interés tenía?

MILLO: Sorprendió mucho, ciertamente. Habíamos estado ocho años sin celebrar una Junta de Seguridad en Cataluña. Por primera vez, dos meses antes, negociando con el anterior conseller de Interior, Jordi Jané, habíamos formalizado una junta de seguridad en la que habíamos llegado a acuerdos importantes para garantizar la seguridad en Cataluña. En cambio, el señor Puigdemont, sin pactar la fecha ni el orden del día, convocó de un día para otro, a 48 horas de la jornada anunciada para el referéndum ilegal, la Junta de Seguridad con un solo punto del orden del día: coordinación de los cuerpos de seguridad para el 1 de octubre.

CASTILLÓN: ¿Qué interés podía tener el *president* de la Generalitat?

MILLO: Esa misma semana, curiosamente el mismo día en que Puigdemont convocó la Junta, el Tribunal Superior de Justicia de Cataluña dictó un auto judicial en el que ordenaba el procedimiento a seguir ante la convocatoria del referéndum ilegal, asumiendo las 8 circulares que había dictado el fiscal general del Estado a partir de las resoluciones aprobadas en el Parlament de Cataluña los días 6 y 7 de septiembre (referéndum y desconexión, suspendidas por el Tribunal Constitucional tras la impugnación del Gobierno de España), y dictando las directrices concretas a seguir el 1-O. El auto dejaba bien claro que el referéndum convocado era ilegal, que no se podía celebrar, determinaba claramente que los colegios debían estar cerrados y establecía que todos los cuerpos de seguridad (policía autonómica, Guardia Civil y Policía Nacional), debían actuar como policía judicial coordinados para garantizar que el día 1 los colegios electorales permanecieran cerrados y que, en caso de que alguno de ellos permaneciera abierto el domingo por la mañana, deberían proceder a la incautación del material electoral, el desalojo y el cierre del colegio. En este sentido, mandató al director del Gabinete de Estudios y Programas de la Secretaría de Estado de Seguridad, del Ministerio del Interior, la coordinación de los dispositivos de los tres cuerpos, al efecto de dar cumplimiento a la orden judicial.

CASTILLÓN: ¿Pero cómo acababa la magistrada el requerimiento?

MILLO: Recomiendo mucho su lectura, para tener conciencia clara de lo que estamos hablando. El requerimiento, como he dicho, tenía varios puntos: el referéndum es ilegal, no se puede celebrar, hay que cerrar los colegios, tienen que actuar los cuerpos de seguridad coordinadamente para impedir que se celebre, etcétera. Y el auto finalizaba con la siguiente frase: «Todo ello deberá llevarse a cabo garantizando la normal convivencia cívica en Cataluña».

CASTILLÓN: Entiendo que esta última frase es lo que movió a Puigdemont a convocar la Junta de Seguridad. «Todo esto hay que hacerlo manteniendo la normal convivencia cívica».

MILLO: Efectivamente, podemos decir que al señor Puigdemont lo único que le interesaba destacar de todo el auto era la última frase. Él empezó la reunión diciendo que había un auto judicial que debía cumplirse. Pensamos: «Vamos bien, algo ha cambiado». Pero entonces Puigdemont cogió el auto y leyó solo la última frase. Claro, en eso estábamos todos de acuerdo, evidentemente. Pero a todos nos han enseñado en el colegio que cuando se lee un documento hay que empezarlo por arriba. La última frase se dará automáticamente como consecuencia del cumplimiento de todos los puntos anteriores. Si se cumplían los puntos que había indicado la jueza, habría normal convivencia cívica. Pero evidentemente, si se incumplían todos los demás íbamos abocados a una situación de confrontación y conflicto.

CASTILLÓN: Eso fue un jueves. La votación era el domingo. Ustedes debían ver venir que el referéndum iba a celebrarse.

MILLO: La posición de Puigdemont en esa junta fue muy clara. Le pedí que desconvocara el referéndum. Era la mejor opción para evitar problemas. Había un auto judicial que lo declaraba ilegal y lo prohibía tajantemente. Lo más lógico para evitar el conflicto era desconvocarlo. La respuesta fue en la línea de: «Yo tengo muy claro lo que voy a hacer, no os metáis porque no os necesitamos para nada; si nos hace falta vuestra ayuda, ya os la pediremos». A lo cual se le respondió recordándole que su obligación, y la de todos, era hacer todo lo posible para impedir la celebración del referéndum, y que la acción debería ser coordinada, no a petición de parte.

CASTILLÓN: Los hechos eran imparables, había uno que iba en una dirección determinada. Y así llegó el 1 de octubre. Mucha gente cree que usted como delegado del Gobierno estaba con un teléfono en la mano llamando a la Guardia Civil para que actuara en tal o cual colegio.

MILLO: Eso, evidentemente, es imposible. Cuando los cuerpos de seguridad actúan como policía judicial, actúan por orden del juez. Yo quedé apartado del mando de los cuerpos operativos durante la intervención, como es lógico. Los cuerpos operativos, desplegados en los diferentes dispositivos, actuaron con criterios profesionales, bajo la orden de sus respectivos mandos operativos, para dar cumplimiento a la orden judicial. Esa era su obligación. Pero los Mossos no pudieron cumplir con su compromiso de mantener cerrados los colegios electorales a las 6 de la mañana, y por tanto la Policía Nacional y la Guardia Civil actuaron para dar cumplimiento a esa orden. De hecho, durante el 1 de octubre hubo un momento de discrepancia entre los cuerpos policiales y los mandos tuvieron que reunirse con la autoridad judicial.

CASTILLÓN: Explique eso, por favor. Trapero, jefe de los Mossos entonces, se quejó ante el tribunal de que la Guardia Civil y la Policía Nacional se estaban metiendo en su trabajo, y la autoridad judicial citó a Trapero, Policía Nacional y Guardia Civil en su despacho…

MILLO: Sí, así es, allí se le recordó lo que decía el auto judicial, y que su obligación era cumplir la orden recibida en lugar de quejarse de lo que hacían los demás.

CASTILLÓN: ¿Hizo caso el señor Trapero?

MILLO: A la vista de todos está lo que sucedió… Ese mismo día, a las 12:00, comparecí ante los medios de comunicación para pedirle al *president* Puigdemont que pusiera punto final a aquella operación, que desconvocara el referéndum, porque lo que estábamos presenciando era una situación de riesgo para todas las personas que se congregaban para intentar impedir la acción de la policía judicial.

CASTILLÓN: ¿Le respondió?

MILLO: Sí, me respondió también a través de los medios de comunicación en una comparecencia pública. Afirmó que no tan solo no iba a desconvocar el referéndum, sino que pedía a las personas que habían ido ya a votar a algún colegio, que fueran otra vez a los colegios electorales para defender las urnas y los colegios, es decir, para oponerse y enfrentarse a la acción de la policía judicial. Era una clara llamada a la confrontación física con los cuerpos de seguridad. Una tremenda irresponsabilidad que ponía en riesgo la integridad física de los allí concentrados.

CASTILLÓN: Los independentistas han utilizado innumerables veces las imágenes de la policía golpeando a las puertas de los colegios electorales, con efectivo rédito internacional. Usted fue delegado del Gobierno y tiene los datos. ¿Cuántos colegios estaban asignados para votar y en cuántos se utilizó la fuerza para evitarlo?

MILLO: Estaban asignados por parte de la Generalitat 2315 colegios electorales en toda Cataluña.

CASTILLÓN: ¿En cuántos se usó la porra?

MILLO: Hubo que utilizar la fuerza para poder entrar en los colegios, o para poder salir, a fin de dar cumplimiento a la orden del juez, en algunos colegios, unos 20 aproximadamente, no dispongo aquí del dato exacto.

CASTILLÓN: ¿Veinte de dos mil trescientos quince? Pues que buena campaña de propaganda.

MILLO: Claro, si uno observa esas imágenes —que evidentemente no son nada agradables— se ve que son imágenes tomadas en esos colegios y luego repetidas en bucle. Pero las imágenes siempre son las mismas y corresponden a esos colegios en los que se concentró un número importante de personas con la intención de impedir la acción de la policía judicial, que estaba allí cumpliendo con su deber. En esos colegios hubo una situación de conflicto que hizo necesario utilizar la fuerza para abrirse paso, en algunos casos para entrar y en otros casos para salir. Y allí es donde se produjeron esos forcejeos.

CASTILLÓN: Llegamos al 10 de octubre. Puigdemont declara la independencia y en el mismo discurso la suspende. Recuerdo que en ese momento los periodistas no sabíamos si se había declarado o no la independencia. Entiendo que usted tampoco lo tenía claro. ¿Le llamó?

MILLO: No. Fue todo muy confuso, aunque estábamos preparados para responder ante cualquier eventualidad. ¡Todo era posible en aquel momento crítico, todo! Mi última conversación formal con el *president* Puigdemont fue días antes de que anunciara la fecha de la convocatoria del referéndum. Hasta allí habíamos ido hablando y yo había intentado evitar la colisión. Nuestra obligación era intentar convencerle de que por ese camino no se iba a ninguna parte y que ocasionaría daños a toda la sociedad catalana en términos de fractura social, frustración y costes económicos para las empresas, además de las correspondientes consecuencias penales para los promotores. Pero una vez convocó el referéndum dejamos prácticamente de tener interlocución porque él y todo su gobierno ya habían decidido romper con el Estado, y provocar el choque frontal.

El día 10, cuando declara y suspende la independencia en pocos segundos, nos quedamos todos atónitos. Ante esta situación, el presidente del Gobierno de España tomó la grave pero necesaria decisión de activar el mecanismo que permite aplicar el artículo 155 de la Constitución. Como requisito previo, de acuerdo con lo que establece la Constitución, le mandó un requerimiento al señor Puigdemont pidiéndole una explicación y la correspondiente rectificación sobre sus actos. Pero Puigdemont respondió con evasivas, ofreciéndose a negociar las condiciones de celebración del referéndum. El presidente Rajoy, sin que ello fuera preceptivo, le envió un segundo requerimiento a Puigdemont, ofreciéndole una segunda oportunidad para rectificar y corregir la situación reestableciendo el orden constitucional. La respuesta fue la misma vaguedad. Quedó claro que había que garantizar en Cataluña la vigencia de la legalidad, de la Constitución y del Estatut. El Consejo de Ministros aprobó inmediatamente un exhaustivo paquete de medidas amparadas en el artículo 155 de la Constitución española, que envió al Senado para cesar a todo el *Govern* de la Generalitat, convocar nuevas elecciones autonómicas y restablecer el orden constitucional.

CASTILLÓN: Sabe que mucha gente, incluso dentro de su propio partido, dice que fue un 155 *light*.

MILLO: Bueno…, eso se puede decir ahora, cuando ya todo ha pasado. No habíamos vivido en España una situación similar, no había ningún precedente como este en toda la Europa democrática, era necesario actuar con prudencia, con el consenso de las principales fuerzas políticas españolas, y preferiblemente con la aprobación de toda la comunidad internacional, y así se hizo. En democracia uno siempre tiene que intentar resolver los conflictos mediante el diálogo, y únicamente cuando se constata que ese diálogo no es posible, como pasó entonces, hay que tomar decisiones políticas importantes, como lo es la aplicación del 155, en estricto cumplimiento de la legalidad democrática vigente, y apelar al poder judicial (mediante la presentación de la correspondiente querella criminal por parte del fiscal general del Estado).

Esto es lo que hizo el Gobierno de España, y acabó frenando el intento de golpe al Estado de derecho y a la propia democracia, que quedó neutralizado. La decisión de cesar a todo un gobierno democráticamente elegido no había pasado en ningún país de Europa desde la Segunda Guerra Mundial. Tomar una decisión de ese calibre supone enfrentarse a una situación de mucha gravedad. Pero había que tomarla, y se tomó. Nunca antes se había adoptado semejante decisión política. Y había que hacerlo, como he dicho, con el concurso de los partidos constitucionalistas, con el Partido Socialista y con Ciudadanos. Eso no resultó fácil, porque ambos partidos mantenían fuertes recelos a la aplicación del 155 en aquellos momentos. Fue necesario rebajar la intensidad y extensión de las medidas que inicialmente había propuesto el Consejo de Ministros al Senado.

Pensar en algo más fuerte (es decir, «menos blando») que esto hubiera comportado probablemente situarse fuera de los límites del consenso necesario para llevar a cabo una decisión tan importante. Es difícil imaginar una decisión más contundente que la de cesar y destituir a un todo un gobierno autonómico y asumir tomas las consecuencias que de ello se derivan.

Pero más aún, las medidas tomadas incorporaban un segundo elemento, especialmente importante en una sociedad democrática y en un Estado de derecho, que consistía en dar la voz de nuevo a los catalanes para elegir a sus representantes. Es decir, se cesó y destituyó a todo el gobierno y por lo tanto a todos los que habían intentado dar el golpe contra el Estado de derecho, y luego se le dio la palabra a los catalanes en unas nuevas elecciones autonómicas, para que eligieran un gobierno autonómico, comprometido con el restablecimiento del orden Constitucional. Y una vez constituido el nuevo *Parlament* se garantizó que ni el *president* que intentó el golpe ni ningún otro miembro de aquel gobierno que intentó el golpe volvieran a estar sentados al frente del gobierno catalán. Esto provocó que el propio *president* Torra le pusiera una querella criminal a la vicepresidenta del Gobierno por no querer publicar en el BOE el nombramiento de los Consellers que estaban en la cárcel y que habían intentado el golpe. La realidad es que ni ellos ni Puigdemont están hoy sentados en el gobierno. El intento de golpe se paró, se restauró la legalidad vigente y se constituyó un nuevo gobierno que debería estar dispuesto a cumplir la legalidad, por mucha retórica que utilizara para intentar demostrar lo contrario. ¿Se podría haber hecho diferente? Seguro que sí. Todo se puede hacer siempre mejor. Pero hoy la aplicación del 155 ya no es un tabú y todo el mundo lo sabe. Por lo que aplicarlo de nuevo, con mayores garantías de eficacia gracias a la experiencia adquirida, sería del todo viable.

CASTILLÓN: Tiempo atrás se había puesto en marcha la llamada *operación diálogo*. Nunca había visto tantos ministros en Cataluña.

MILLO: Aquí se manifestó una voluntad por parte del Gobierno de España, que en mi opinión hay que mantener en el tiempo, de garantizar la presencia del Estado en Cataluña. Considero que lo que ha hecho la Generalitat a lo largo de estos últimos años es de una terrible e imperdonable deslealtad. En el fondo, aprovecharse de todos los traspasos de competencias para ir generando paulatinamente la percepción de que el Estado español ya no estaba en Cataluña. Nuestro objetivo no era tanto una *operación diálogo* con el Gobierno de la Generalitat, sino abrir un nuevo y fructífero diálogo a fondo con Cataluña y los catalanes, con todos los agentes económicos, culturales, sociales, deportivos... catalanes. Esto se ha malinterpretado a veces. Solo en un año, en 2017, organizamos 109 visitas de ministros. Durante mi etapa como delegado del Gobierno fueron en total 139 visitas. Pero sin mucha cobertura mediática en la mayoría de los casos, eso es cierto y lamentable.

CASTILLÓN: Si esto se hubiera hecho diez años antes... ¿Por qué no se hizo?

MILLO: Desconozco por qué no se había hecho antes, pero durante mi mandato se organizaron un gran número de reuniones y encuentros con el tejido económico, social y cultural catalán, para tomar el pulso directo, sin intermediarios, a la sociedad catalana.

CASTILLÓN: Ahora me dirá que esto no se hizo antes porque usted no era delegado.

MILLO: ¡Claro...! [Risas del público]. Es broma.

CASTILLÓN: Hay un momento, sobre el 26 de octubre, en el que Puigdemont nos convoca a los medios. Se filtra que es para convocar elecciones. La convocatoria se retrasa una vez, y luego otra. Finalmente, a las seis, afirma que convoca elecciones.

MILLO: Esas horas son la culminación de un proceso que dura unas dos semanas, desde el 10 de octubre que antes comentábamos hasta el 26 de octubre. Yo viví entonces una situación desconocida en Cataluña desde que había tomado posesión del cargo. En esos días recibí mensajes y visitas de representantes de la universidad, de sindicatos, de colegios profesionales, de patronales, de todo tipo de asociaciones que me transmitían lo siguiente: «Mira, delegado, nosotros no somos partidarios de la Declaración Unilateral de Independencia, pero tampoco queremos que se aplique el 155». Yo les contestaba: «Pero esto no está en mis manos. El señor Puigdemont ha ido por un camino cuyo final es conocido. Se tendrá que ir, se aplicará el 155 y se acabó todo». Me insistían que la solución era que Puigdemont disolviera el *Parlament* y convocara elecciones autonómicas para evitar esa decisión del Gobierno de España. Yo les contestaba: «Eso ya no depende de mí. Esa es una decisión que debe tomar el señor Puigdemont. Hablad con él y convencedle..., y después ya se verá».

Creo que Puigdemont se dio cuenta entonces de que no tenía salida y que todo iba a acabar muy mal. Entonces tomó la decisión, el 26 por la noche, de que iba a convocar elecciones. Lo explica muy bien el exconsejero Vila en su libro. Pero al día siguiente sucedieron dos cosas que le frenaron. Por un lado, como es público, Junqueras le dijo claramente que si convocaba elecciones, ERC dejaría el *Govern*. Puigdemont iba a aparecer entonces ante el mundo separatista como el gran traidor. Esto frenó mucho a Puigdemont.

CASTILLÓN: En esa línea iban las manifestaciones en Plaça Sant Jaume, donde se le tildaba de traidor.

MILLO: Sí, a eso iba. La segunda causa de su cambio de opinión es la manifestación que se produce en la Plaça Sant Jaume, incluyendo a gente de su propio partido llamándole traidor por convocar elecciones y no implementar la república. El relato que tenían era que ya habían hecho un referéndum, habían ganado, habían declarado la independencia y solo quedaba implementar la república. Allí es cuando Puigdemont desiste de convocar elecciones, y busca una excusa para justificar ese cambio de posición. La excusa, como siempre, pasaba por culpar al Gobierno de España y decir que no tenía suficientes garantías de que si convocaba elecciones no se aplicaría el artículo 155. Evidentemente, el Gobierno nunca garantizó que si había elecciones se paralizaba el 155. Entre otras cosas, porque el proceso del 155 se encontraba ya en el Senado. Le correspondía a la Comisión en el Senado, y no al Gobierno, donde estaban las tres fuerzas constitucionalistas, tomar la decisión adecuada de acuerdo al escenario que dibujara el propio Puigdemont.

CASTILLÓN: Estaba pensando ahora en el señor José María Aznar, que ha dicho estos días que no entiende la aplicación del 155 de una forma tan débil bajo el gobierno de Rajoy, siendo usted delegado. ¿Cómo valora usted estas palabras de quien fue número uno en su partido?

MILLO: Respeto absolutamente la opinión del presidente Aznar. Es legítimo considerar que se debería haber actuado de forma que no tan solo se hubiera frenado el intento de golpe al Estado, sino que además se hubiera tenido que desarticular, cortar y acabar con toda posibilidad de mantener el intento de golpe en el futuro, ya que ese desafío sigue todavía vivo. Esa es una realidad.

He dicho antes que destituir a todo un gobierno autonómico es una decisión sin precedentes en cuarenta años de democracia, que requiere fortaleza y determinación. Otra cosa es si se podría haber tomado la decisión con anterioridad, o si se podría haber desarrollado de otra manera y con otra duración, ese es otro debate. Todo es opinable. Pero en cualquier caso, al delegado del Gobierno le corresponde ejecutar las decisiones que toma el Gobierno, no decidir por él.

Hay que tener en cuenta que los objetivos que se plantearon con la aplicación del artículo 155 se cumplieron: restaurar el orden constitucional y estatutario, garantizar los derechos de todos los ciudadanos, salvaguardar la soberanía y la unidad nacional y garantizar la prestación de todos los servicios públicos de la Generalitat de Catalunya. Fueron siete meses de vigencia de la intervención con el 155, con cerca de 300.000 empleados públicos de la Generalitat trabajando bajo el mando del gobierno de España garantizando la sanidad, la educación, los transportes, los suministros energéticos, las infraestructuras críticas, la seguridad, etc. Esto no era sencillo, porque había cierta voluntad de boicot por parte de algunos grupos. Pero toda la administración funcionó con absoluta normalidad. Además, era necesario garantizar que se pudiera constituir después un gobierno legal en el que no hubiera nadie de los que habían intentado dar el golpe, y eso también se logró.

CASTILLÓN: José María Aznar, Margallo, Cospedal y Casado dicen que no funcionó.

MILLO: Lo entiendo. Ya he dicho que se podría haber hecho diferente, con mayor ámbito de incidencia, con mayor profundidad, más extensivo, sin límite de tiempo, nombrando un gobierno leal de la Generalitat, sin convocar elecciones autonómicas, etc. , y ahora, vistos los resultados, muy probablemente no quedará otra salida que esa. Respeto todas las opiniones, pero la situación en aquel momento era distinta, no había precedente, y el Gobierno tomó sus decisiones en ese contexto. No se puede resolver en pocos meses el problema generado durante muchos años de nacionalismo en Cataluña, habrá que seguir trabajando duro para conseguirlo.

Hay que ser consciente de dónde venimos y dónde estamos. El abuso de poder ejercido por el nacionalismo excluyente durante más de veinte años en Cataluña, y la profunda deslealtad con la que ha actuado el gobierno independentista de la Generalitat en los últimos seis años, no se puede resolver en seis meses.

CASTILLÓN: ¿Se refiere también a los acuerdos entre Aznar y Pujol?

MILLO: Esos acuerdos fueron importantes y positivos en su momento, respondían a las necesidades políticas de aquella etapa y se pactaron en base a una lealtad y confianza que más tarde fueron traicionadas. Se tomaron decisiones importantes que en aquel contexto y bajo aquellas circunstancias fueron del todo acordes con el normal desarrollo del Estado de las Autonomías, partiendo como he dicho de la base del mutuo respeto al orden Constitucional, y de la requerida lealtad Institucional. Pero es evidente que aquellos acuerdos supusieron, por ejemplo, la desaparición de la bandera española de las carreteras catalanas, al transferirse la competencia de tráfico de la Guardia Civil; o el debilitamiento de la estructura política del Estado a través de la supresión de la figura de los gobernadores civiles y su substitución por funcionarios administrativos denominados subdelegados; en aquellos acuerdos se le cedió a la Generalitat el nombramiento del presidente del Puerto de Barcelona, que supone una gran influencia en un sector estratégico de la economía del Estado. Podríamos seguir enumerando otras decisiones de carácter competencial económico, fiscal y social, que se han ido tomando durante los últimos 35 años por gobiernos de España de diferentes signos políticos, con absoluto respeto al espíritu de desarrollo autonómico de la Constitución española, y en base a una supuesta lealtad institucional de la Generalitat, que posteriormente ha sido premeditadamente traicionada.

La realidad es que el último gobierno popular no ha hecho ninguna concesión a los nacionalistas, ni una sola transferencia o traspaso, hasta llegar incluso a destituir a todo el Gobierno de la Generalitat, y en cambio se le acusa de haber sido blando. Hay que asumir la crítica por todo lo que se debería haber hecho mejor, que seguramente es mucho, pero también hay que poner en valor todo aquello en lo que se acertó, que probablemente no es poco.

CASTILLÓN: Tenemos que ir acabando. Y me cuesta, porque cada vez que habla nos da un titular, cosa que agradezco. [Risas entre el público]. Todo esto ha tenido un alto coste para usted. Usted ostenta la denominación de *persona non grata* en más de cien ayuntamientos catalanes con mayorías independentistas en el pleno. Enhorabuena por el récord. Pero sé que usted ha pagado, también en lo personal y en lo familiar, una alta factura. Usted es padre, usted no se ha ido de aquí, usted ha tenido que cambiar algún hijo de centro escolar.

MILLO: Es cierto. Ha habido un coste alto, porque hay una intolerancia muy alta en el mundo separatista. Ellos se sienten en poder de la verdad, creen que los demócratas son ellos y consideran que quienes defendemos la ley, el Estatuto, la Constitución, la convivencia y la unidad de España, somos unos agresores y represores. En más de cien municipios me han declarado *persona non grata* por haber defendido la unidad y la ley. Me siento muy orgulloso y honrado de haberlo hecho, y lo volvería a hacer porque es lo correcto.

No entiendo una democracia sin ley. Por eso, quienes incumplen la ley y las sentencias de los tribunales están atentando contra la democracia. Por encima de todo soy un demócrata, por tanto no me arrepiento de lo hecho. Mis hijos han sufrido como yo el acoso y el desprecio por ser su padre quien es. Y esto tiene un coste familiar importante, debido a esa intransigencia. Efectivamente, hemos tenido que hacer cambios de colegios y universidades por ello.

CASTILLÓN: ¿Hay algún día que no le insulten por la calle?

MILLO: Recibo insultos y amenazas a diario, pero también recibo el cariño de personas que valoran el trabajo realizado en defensa de esa mayoría de catalanes que no quieren dejar de ser españoles. Se da una situación muy singular: ha desaparecido el término medio. Antes se me acercaban muchas personas con espíritu crítico a preguntarme cosas o a comentar cuestiones diversas. Hoy solo recibo dos tipos de mensajes en la calle. Por un lado, se me acercan personas que no conozco y me abrazan y felicitan por haber defendido a España, la ley, el Estado de derecho y la libertad. Evidentemente, me emociona. Y luego están los que me amenazan e insultan, también en la calle. Es gente que amenaza con hacerme daño, con pegarme, por haber sido delegado del Gobierno de España en Cataluña. Estos síntomas de intolerancia e intransigencia no son admisibles en una sociedad democrática como la nuestra, donde deberían respetarse las ideas de los demás y defenderlas dentro del marco legal.

Si hay una cosa de la que me siento orgulloso es de haber cumplido con mi deber, de haber respetado y hecho respetar la Constitución. Hoy, Cataluña sigue siendo España. Y eso no es por casualidad. Es gracias a todo el trabajo realizado desde el Gobierno, desde las instituciones del Estado y también desde asociaciones como Societat Civil Catalana que, con su encomiable y valiente labor, han sido clave para dar voz y movilizar a los que habían permanecido quietos y callados durante demasiado tiempo.

La historia interminable

Pau Guix[17]

Cuando Michael Ende publicó su célebre novela *La historia interminable* en 1979 jamás pudo imaginar el éxito que esta iba a tener. Como tampoco los sufridos ciudadanos que vivimos en Cataluña pensábamos que la cansina murga separatista iba a convertirse en nuestra propia historia interminable, en una fractura social de la cual no se atisba el fin, en una descomposición hedienta de una sociedad antaño ejemplar y cuyo pacto social hoy se halla en vías de extinción.

El nacionalismo ha tratado de imponer al global de la sociedad catalana una falsa idea de nación basada en un concepto ilusorio de identidad experimentado colectivamente por una parte de la ciudadanía cuyas mentes han sido incapaces de resistir la ponzoña, la manipulación, el adoctrinamiento y la propaganda de los medios públicos catalanes (con TV3 y Catalunya Ràdio a la cabeza) y de los subvencionados por el gobierno autonómico (como los del *imperio* mediático del Grupo Godó: La Vanguardia, 8TV o RAC1).

El *procés* es, en definitiva, el resultado de esa sociedad de laboratorio, el fruto maduro de un meticuloso proceso de ingeniería social que proyectó el *Muy Andorrable* Jordi Pujol con su execrable y ominoso Plan 2000 (que regó con el dinero público que controlaba su gobierno autonómico), y del que se sirvió para instilar ese odio que hoy ha explotado y que recorre las calles y ciudades de toda Cataluña.

---

[17] Pau Guix es dramaturgo.

Este proceso de implantación de odio en las mentes de los nacionalistas contra todo lo español y contra la lengua común del conjunto de los españoles se *justifica*, como se ha hecho históricamente desde finales del siglo XIX, mediante la xenofobia y el racismo: Pompeu Gener, Pompeu Fabra, Prat de la Riba, el doctor Robert o tantos otros han sido *maestros ejemplares* para los supremacistas lazofílicos[18] que actualmente gobiernan en la región de Cataluña.

Para ellos, como en cualquier otro nacionalismo que haya existido o que existirá, en el centro de su *ideología* siempre tiene que existir un enemigo exterior al cual culpar de todos aquellos problemas que han sido incapaces de solucionar o que, mayoritariamente, han creado ellos mismos. Y el totalitario y excluyente régimen nacionalseparatista catalán no es ninguna excepción: parapetado tras las banderas del odio estelado, los lazos amarillos (que han robado a los enfermos de espina bífida) y los carteles que piden la liberación de golpistas impenitentes y apologetas supremacistas, este *régimen* ha sido incapaz de ejecutar y proponer a nivel autonómico ningún proyecto socioeconómico viable (que no sea el de la *famiglia* Pujol y el del 3%), ¡imagínense pues el magno naufragio que sería su *estadito* independiente!

En 2012 el irresponsable Artur Mas inició el *procés* imbuido en su mesiánica interpretación de Supremo Hacedor de *la voluntat d'un poble.* Después de que la falta de higiene (política, se entiende) de la CUP lo enviara al basurero de la Historia, sus acólitos capitaneados por el actualmente fugado Puigdemont continuaron con el golpe de Estado hasta que acabaron con la paciencia de más de un millón de catalanes que el 8 de octubre de 2017 tomaron las calles de Barcelona hastiados e indignados, lo que supuso el fin de la hegemonía moral que había construido el nacionalismo a lo largo de los últimos cuarenta años.

Ese día los probos ciudadanos libres de nacionalismo, que entonces eran pocos y temerosos de la *fatwa* nacionalista y de

[18] El autor se refiere a la campaña de lazos y símbolos amarillos promovida por el independentismo durante todo el año 2018. (Nota del editor).

sus pogromos contra los disidentes del *régimen*, se multiplicaron, cruzaron el Rubicón y empezaron a organizarse en brigadas de limpieza que acometían con regularidad aquello en lo que las instituciones públicas catalanas habían hecho intencionada dejación: la desinfección y saneamiento ideológico del espacio público que había sido invadido por los nacionalistas en un burdo intento de imponernos por la fuerza sus símbolos y el modelo de sociedad de pensamiento único que estos representan (nota: en esa fecha aún no había lazos pero sí esteladas y propaganda secesionista).

Esta historia interminable que sufrimos los catalanes tiene mucho en común con la descrita por Michael Ende. En una entrevista en 1984 en *El País*[19] , Ende afirmaba lo siguiente:

> «Cuando nos fijamos un objetivo, el mejor medio para alcanzarlo es tomar siempre el camino opuesto. [...] Para encontrar la realidad hay que hacer lo mismo: darle la espalda y pasar por lo fantástico. [...] Para descubrirse, a sí mismo, Bastian debe primero abandonar el mundo real, donde nada tiene sentido, y penetrar en el país de lo fantástico, en el que, por el contrario, todo está cargado de significado. Sin embargo, hay siempre un riesgo cuando se realiza tal periplo; entre la realidad y lo fantástico existe, en efecto, un sutil equilibrio que no debe perturbarse: separado de lo real, lo fantástico pierde también su contenido».

Y esto es lo que les ha pasado a los *procesistas*, han creído penetrar en el *país* fantástico de la *República Catalana*, y, a diferencia de Bastian, ellos, separados de lo real, han perdido todo contenido, instalados en el odio, el supremacismo, la negación y el rechazo de la verdadera democracia, que no es imponer que todos pensemos igual sino que todos seamos libres de pensar lo que nos dé la gana.

Afirma Ende en la misma entrevista que «el principio demoníaco de nuestra época reside en la dominación que ejerce la multitud sobre el individuo» y que «nos inquietamos por la destrucción de ese mundo exterior que constituye nuestro marco vital. Sin embargo, hay otra forma de destrucción de la que no

---

[19] https://elpais.com/diario/1984/04/22/cultura/451432804_850215.html

se habla y que es igualmente trágica: la de nuestro mundo interior». Y eso es lo que ha hecho el principio demoníaco del *procés* con los propios, ergo las intolerantes y abducidas hordas amarillas, esos individuos dominados por la multitud estelada bajo la que se amparan y en la que su propia personalidad queda diluida, y que no solo destruye su mundo exterior sino que ha aniquilado trágicamente su mundo interior y su capacidad de raciocinio para siempre.

Ambos procesos destructivos se retroalimentan y constituyen esa historia interminable, esa intrahistoria del *procés* sin fin que destruye Cataluña y a los catalanes y que pone en riesgo las bases de solidaridad e igualdad en la que se sustenta nuestro país, España, y a la propia Unión Europea, bajo el asedio constante de nacionalistas y populistas que no son más que las dos caras de una misma moneda y que hacen peligrar nuestra prosperidad, nuestra democracia y los derechos sociales y la paz que tantos siglos (y con tantos esfuerzos y sacrificios) hemos tardado en conquistar.

En el reino de Fantasía descrito por Ende, volaban dragones sin alas como Fujur; el día que en la Cataluña de fantasía en que viven los nacionalistas dejen de volar burros sin alas (burros autóctonos catalanes, de pura raza, sin baches en la cadena de ADN, como los de las pegatinas de las partes traseras de los coches de los separatistas) quizás veamos el fin de nuestra propia historia interminable y vuelvan el *seny*, la legalidad, la democracia y el Estado de derecho a nuestra región, y quizás finalmente podamos hacer entender a los separatistas la máxima de Cicerón de *ubi bene, ibi patria*, allí donde esté el bien, allí está la patria, y no precisamente envuelta en banderas de odio estelado.

Desinformaciones, imprecisiones y contradicciones en la visión e ideología secesionistas

Salvador López Arnal[20]

Para Carlos Jiménez Villarejo, por su coraje cívico.
Para los compañeros de ASEC/ASIC por su tenacidad y buen criterio.
Para la izquierda federalista, que actúa como tal.

Estos días azules y este sol de la infancia
—lo comprenderás tarde— son tu única patria.
Estuvieron ya antes de que te calentaran
y seguirán estando cuando te vayas.
Ni banderas ni himnos ni proclamas
de una mente forjada en pregunats cansadas.
Un corazón latiendo y una mirada
a la que el mundo dota de hambre y alma.
Estos días azules y este sol de la infancia
nos defienden del cuento de un borracho
lleno de ruido y furia que no significa nada.
JUAN BONILLA, «Patria», 2018

Conviene empezar pidiendo disculpas. Debería haber matizado más en el título de esta nota. Este es mejor (aunque más largo): «Algunos insultos, bastantes desinformaciones,

[20] Salvador López Arnal es exprofesor-tutor de matemáticas.

muchas imprecisiones y un número indeterminado de contradicciones en la visión/ideología (en proceso de convertirse casi en una cosmovisión, en una concepción cerrada del mundo) secesionista», secesionista o nacionalista-secesionista, como se prefiera[21]. Dicho queda.

Empecemos pues por los insultos. Hay muchos para elegir según gustos y situaciones. Un ejemplo de los más recientes: un tuit y un «me gusta». Detrás de esta arista del poliedro secesionista una idea muy simple y, a veces, no siempre, muy eficaz: descalifica y vuelve a descalificar (de manera inocente, con buenas formas) que, a la larga o incluso a medio plazo, algo (o mucho) queda. Joan Magrané Figuera (Reus, 1988), el autor de esta curiosa reflexión sobre espectáculos de fin de curso, barrios periféricos y ciudades dormitorio, es una autoridad musical, un compositor ganador, entre otros premios, del premio Reina Sofía de Composición Musical (2013). En 2016 fue *lauréat* de Académie de France residiendo en la Villa Medici en Roma, y durante 2017 y 2018 ha sido miembro de la Académie de France à Madrid (residencia, en esta ocasión, en la Casa Velázquez, lo que tampoco está nada mal). Digamos, resumiendo, que el señor Magrané Figuera es un ciudadano culto, informado, con una vida bastante (o muy) privilegiada. Nada de ciudades dormitorios y espectáculos de fin de curso de un club de taekwondo.

Pero no es ese el punto. Allá cada cual son sus reflexiones, por alejados que estemos de ellos. El punto es que su tuit —digamos un poco elitista y un pelín despreciativo para decirlo sin ira ni coraje—, el que habla de barrios obreros y de gustos hor-

---

[21] El tono de seriedad de esta nota me lleva a recomendar, como complemento no inconsistente y liberador, una excelente entrevista de Guillem Martínez a Albert Soler, en mi opinión uno de los periodistas más lúcidos y libres en todo este asunto: «El procesismo responderá a Sánchez con displicencia, si no con rechazo, el martirio es lo que más les gusta»: http://ctxt.es/es/20180704/Politica/20497/Entrevista-Albert-Soler-periodista-proces-Guillem-Matinez.htm. Como complemento, estas dos heterodoxas conversaciones: «Entrevista a Albert Soler sobre la situación política catalana (I). «Lo que apela a la fe y no a la razón es una religión; en todo el Procés solo ha habido llamamientos a la fe, sin un solo argumento racional»»: http://www.rebelion.org/noticia.php?id=242898; y (II): «Me parece que la gente empieza a perder el miedo»: http://www.rebelion.org/noticia.php?id=242996

tera (no los del autor, por supuesto que no) fue celebrado con un «me gusta» nada menos que por el actual presidente (demediado y teledirigido con aceptación voluntaria, «vicario» le llaman algunos) de la Generalitat, Joaquim Torra, un intelectual bestial, según TV3; alguien, por cierto, al que no cabe llamar de ningún modo Quim, en tono de colegas, amigos o miembros de la misma pandilla.

¿Se imaginan una recomendación parecida, en un orden invertido de pensamiento, por parte de un presidente del Gobierno español, el que quieran, el actual o algunos de los anteriores? ¿Qué hubieran dicho desde aquí, desde las heladas aguas del cálculo del nacionalismo-neoliberal.Cat? Es un contrafáctico, pensarán. De acuerdo, pero seguro que podemos generar conjeturas verosímiles sobre ello.

Que alguien que debería representar al conjunto de la ciudadanía catalana le gusten las mofas (de muy mal gusto y por parte de alguien que debe suponer tener muy buen gusto), con escarnio, a ciudadanos que viven en barrios obreros de ciudades-dormitorio donde, por supuesto, nunca han vivido don Torra y don Magrané Figuera, no dice mucho, como decía, a favor de sus propios y exquisitos gustos. ¿Y si los horteras morales fueran ellos?

No creo que sea necesario ejemplificar mucho más este apartado. Seguro que recordamos mil y un insultos generados en y por las redes secesionistas. Y no solo en esas redes, también en «lugares sagrados». El expresidente del Gobierno de la Generalitat, don Astut-Artur Mas, el hijo político preferido del *molt* exhonorable Jordi Pujol, se mofó en sede parlamentaria de la forma de hablar castellano de los niños andaluces y gallegos. «No se'ls entén res», exclamó entre las risotadas serviles de diputados y diputadas de su grupo parlamentario. Cambiemos de tema. De nada en demasía y menos de descalificaciones e insultos como estos.

También desinformar es, hasta el momento, característica ininterrumpida del secesionismo, muy puesto en asuntos de posverdades y sistemas de manipulación afines. La realidad, la buena realidad reconstruida, vienen a decir, no determina mi reflexión ni mi pensamiento. Por el contrario: son estos, dogmáticamente concebidos, los que dan forma y realidad a aquella. A mí gusto. No existen hechos que alteren teorías sino teorías que reconstruyen y trituran los hechos. Todo lo real es racional, eso sí, tergiversando a Hegel, porque, previamente, mi racionalidad —la única que vale la pena, la única concebible, la única con glamur y, sobre todo, con identidad propia— ha pintado o generado la parte de realidad que me interesa.

Basta pensar en lo sucedido en el Aula Magna de la Universidad de Barcelona el jueves 7 de junio de 2018, en el encuentro sobre Cervantes y El Quijote[22], o en la pitada a Joaquim Torra, en la inauguración de los Juegos del Mediterráneo en Tarragona. Si pitan los suyos, a quien sea, la pitada está justificada, es progresista y muy espontánea: ¡ejercicio democrático de la libertad de expresión! Pero si les pitan, es reaccionaria, inadmisible, descortés y zafia, y son españolistas (a veces, españolistas de m****) los que la han preparado, con engaños previos en el sorteo de entradas. Aquí, por supuesto, no rige la libertad de expresión; rige la organización interesada y la burda manipulación de la ciudadanía.

En el caso del encuentro cervantino, *Alicia en el país de las maravillas* se queda corta. Los agredidos se convierten en agresores, y estos últimos en defensores de la patria ante los intentos de opresión... de un académico francés especializado en el gran clásico. Recordemos la otra Alicia carrolliana: las palabras significan lo que yo —el poder— quiero que signifiquen.

A pesar de todo ello, el coraje cívico ciudadano (en circunstancias nada fáciles) existe; el resto no es silencio. Un ejemplo: la siguiente carta del profesor Juan Valverde Gefaell, viernes 8 de junio, está dirigida al rector de la UB:

---

[22] El autor se refiere al boicot con intimidación que grupos estudiantiles radicales y Comités de Defensa de la República llevaron a cabo contra un acto sobre Cervantes organizado por Societat Civil Catalana en la Universitat de Barcelona. El acto tenía como centro una conferencia del prestigioso cervantista francés Jean Canavaggio. Los grupos independentistas extremistas impidieron la conferencia con sus bocinas y gritos. Intentaron irrumpir en el Aula Magna y zarandearon las puertas con fuerza. Finalmente, ante la falta de implicación del Rectorado, Societat Civil Catalana tuvo que cancelar el acto ya comenzado al no poder garantizar la seguridad de los participantes. (Nota del editor).

Sr. Joan Elias i García, rector de la UB

Sr. Rector:

Mi padre, José María Valverde[23], que fue catedrático de Estética en su universidad, estaría horrorizado ante la falta de ética, estética, cultura y decencia que usted ha mostrado en lo relativo a ese homenaje a Cervantes. De hecho, yo y miles de otras personas sentimos vergüenza ajena ante su actitud, que parece basarse en la histórica proclama «¡Muera la inteligencia, viva la muerte...!».

Atentamente, Juan Valverde Gefaell.

Sin pelos en la lengua, con la verdad por delante aunque sea amarga. Como hubiera hecho José María Valverde.

La vieja recomendación periodística, la célebre máxima «no dejes que la realidad te arruine un buen titular», se puede reformular así para nuestro tema: «No dejes nunca, en toda circunstancia y lugar, que la realidad arruine tus explicaciones nacionalistas-secesionistas». La verdad, la *nostra veritat,* su verdad, nunca es revisable (con lo que, claro está, no es propiamente una verdad, una verdad machadiana, de las de Agamenón y el porquero, siempre modificables, como toda verdadera verdad).

Sumemos a lo anterior viejos y nuevos aforismos y curiosos encuentros: el «España nos roba», dieciséis mil millones es la cuantía exacta y científica de la expropiación; la tergiversación de declaraciones (por ejemplo, Josep Borrell y la cura de heridas); el «España nos oprime y estrangula» y suprime nuestras libertades: el «congreso científico» de 2014 del «España contra Cataluña (1714-2014)», con lección inaugural de un insigne historiador incluida.

Los ejemplos se amontonan.

También este dato (siempre ocultado, nunca admitido) que tomo de una entrevista de Peru Erroteta a Roger Molinas: «De los 219 de aquellos alcaldes franquistas que se presentaron a las primeras elecciones municipales, 94 lo hicieron por Convergència. Hubo después otra repesca, con alcaldes de UCD (más de 60 de 119) que optaron por pasarse a

---

[23] Recordemos el «Nulla aesthetica sine ethica» de su padre, el gran traductor, poeta, profesor y filósofo antifascista José Maríaa Valverde.

Convergència cuando colapsó su partido»[24]. El mito de Rafael de Casanova sería otro ejemplo[25]; lo mismo que el Fossar de les Moreres, un ejemplo esencial, paradigmático, de la ficción nacionalista[26].

Volvamos a cambiar de tema. Vayamos a las imprecisiones conceptuales.

Se amontonan: nación-pueblo; un solo pueblo; pueblo singular; pueblo siempre derrotado pero nunca vencido; nación oprimida; Madrid-Estado español, nunca España; presos políticos; soberanismo como axioma; fronteras nacionales determinadas; legitimidad *versus* legalidad; la verdadera *voluntat d'un poble*; ganar perdiendo elecciones (el 27S, por ejemplo, o el 21D); exiliados de alto *standing*; inmersión lingüística sin ser realmente inmersión para un 45% de los niños y niñas catalanes y para quienes pueden pagar escuelas privadas donde no se practica; Generalitat milenaria; *escola* catalana; libertad-emancipación nacional; *fem República*; amarillo —el color de los sindicatos amarillos— es el color de la liberación y de los verdaderos catalanes, los de pata negra; identidad diferenciada marcadamente antiespañola; guerra de secesión por guerra de sucesión; *dret a decidir* por supuesto derecho de autodetermi-

---

[24] http://www.eltriangle.eu/es/notices/2018/06/entrevista-a-roger-molina-11227.php

[25] Con motivo de la Exposición Universal de 1888, se le hizo una estatua en Barcelona a la que se le acabó rindiendo culto, creando un mito de paso. Hasta la sepultura de Sant Boi de Llobregat, una población obrera muy cercana a Barcelona, donde se dice que está enterrado Casanova, no es más que una falsa lápida modernista de 1921. Casanova fue enterrado en una fosa de un amigo suyo.

[26] Junto a Santa María del Mar, «la catedral del Marr», el Fossar es un lugar en el que se enterraron personas desde el siglo IV hasta el XIX. En los Juegos Florales de 1886, Serafín Pitarra escribió una poesía inventándose una historia con grandes repercusiones históricas: que allí estaban enterrados los mártires de 1714, una ficción en toda regla. Pero no pasa nada, ¿a quién le importa que sea realidad o ficción? Al cabo de unos veinte años, un grupo nacionalista colgó la poesía de Pitarra en el Fossar y cada 11 de septiembre a poner flores. Se crea la confusión mito-realidad y se cree, finalmente, que allí hay «mártires» enterrados. El Procés, también mucho antes, lo convierte en un lugar sagrado (la palabra es ajustada). En excavaciones arqueológicas se ha mostrado que no hay allí enterrados «mártires» de 1714. No importa.

nación; derecho de autodeterminación por derecho de secesión; más aquí y más allá del Ebro; la Guerra Civil como guerra contra Cataluña; la Alemania-Dinamarca (a veces Kosovo) del Mediterráneo; España nos saca la sangre; la culpa es, siempre, de los españoles; nuestro ADN es otro; nuestra historia es historia de pactos y acuerdos; Corona catalano-aragonesa por Corona de Aragón, etc.

Casi todo el lenguaje secesionista, compartido parcialmente por fuerzas (¿de izquierda?) que dicen no serlo (su hegemonía sigue siendo muy importante y políticamente decisiva en este ámbito), está lleno de imprecisiones, imprecisiones calculadas que apenas pueden ser discutidas. Como en el caso de Lope de Vega («esto es amor; quien lo probó, lo sabe»), cualquiera que haya discutido, con toda la cortesía del mundo si ha sido necesaria, alguna de estas categorías o afirmaciones centrales, ha probado y vivido la desconsideración, la marginación e incluso el insulto y la amenaza en sus propias carnes y en su estar-en-el-mundo en .Cat.

Las apuntadas no son nociones borrosas, en el decir de Nicholas Georgescu Roegen, admisibles en ocasiones en el ámbito de las ciencias sociales o humanas. Son «conceptos» generados, construidos artificialmente para borrar claridad y precisión por laboratorios *ad hoc*. «Confunde que algo queda» este es también el lema.

Dos ejemplos. El primero: de unas declaraciones de Artur Mas, antes del 9N, del 27 de septiembre de 2014:

> Tengo el honor de ser el 129 presidente de la Generalitat de Cataluña, institución creada en 1359 y que desde la primera presidencia de Berenguer de Cruïlles ha reflejado durante casi siete siglos la voluntad de autogobierno de los catalanes. A lo largo de estos siete siglos solamente imposiciones externas han provocado la suspensión del autogobierno. Un autogobierno que la voluntad expresa del pueblo catalán siempre ha deseado recuperar: Nuestras raíces son profundas, como lo es la solidez de nuestro sentimiento. Pero más sólidas resultan todavía la voluntad y la determinación de construir un país mejor de cara al futuro. Un buen país... Queremos votar, queremos decidir y ahora tenemos el marco y el momento adecuado para hacerlo.

Las observaciones se acumulan. ¿Qué significaban en la lejana Edad Media y moderna términos como pueblo, autogobierno, ordenamiento jurídico, presidencia, Generalitat, nación, Estado, democracia? La Generalitat actual es nieta de la de 1931. La Diputación del General (más tarde Generalitat) tuvo su origen en las comisiones que, desde finales del siglo XIII, se ocupaban en la Corona de Aragón, no solo en Cataluña, de cobrar los tributos votados y ejecutar los acuerdos de las Cortes.

Segundo ejemplo. Del libro de Anna Gabriel y David Fernàndez: *August Gil Matamala. Al principi de tot hi ha la guerra.* El secuestro de los profesores Federico Jiménez Losantos e Isabel Izquierdo se describe así en la nota 5 de la página 307:

> Professor de secundària, fou segrestat —amb una companya Isabel Izquierdo— quan marxaven en cotxe de l'Institut de Santa Coloma de Gramenet on treballaven. A l'altura del carrer de Guilllem Tell amb Príncep d'Astúries, després d'aparcar, foren encanonats i obligats a pujar a un R-8. S'atribueix la direcció de l'acció a Fernández Calvet, comessa per Pere Bascompte i Jaume Llusà amb un escamot de suport de tres persones en un segon cotxe, que va acabar perdent el contacte amb l'altre vehicle. Losantos, amb fractura de fèmur per arma de foc, seria traslladat al Clínic i remès després al seu domicili[27].

¿Esta es la forma ajustada de informar sobre un secuestro y un atentado con arma de fuego? ¿Esto es una acción? ¿Fractura de fémur? ¿Vuelta al domicilio como si no hubiera pasado nada? Las personas que hemos conocido a Isabel Izquierdo sabemos de las consecuencias de aquel secuestro con amenazas de pistola cargada.

---

[27] Profesor de secundaria, fue secuestrado —junto con otra profesora, Isabel Izquierdo— cuando marchaban en coche del Instituto de Santa Coloma [Puig Castellar] donde trabajaban. A la altura de la calle de Guilllem Tell con Príncipe de Asturias, después de aparcar, fueron encañonados y obligados a subir a un R-8. Se atribuye la dirección de la acción a Fernández Calvet, cometidas por Pere Bascompte y Jaume Llusà con un grupo de apoyo de tres personas en un segundo coche, que acabó perdiendo el contacto con el otro vehículo. Losantos, con fractura de fémur por arma de fuego, sería trasladado al Clínico. Pudo ir luego a su domicilio. (Traducción del autor).

Nos quedan las inconsistencias, las contradicciones. Muy brevemente.

Ubiquémonos en la reducción al absurdo. Se usa frecuentemente en matemáticas y en ámbitos lógicos[28]. Desde hace muchos siglos. Por ejemplo, en la demostración de la infinitud de los números primos (puede verse en los *Elementos* de Euclides) o en la irracionalidad (la no racionalidad) de la diagonal del cuadrado, una demostración que hoy podemos leer en Aristóteles y que de tan mal humor puso a los pitagóricos.

Sucintamente: si suponiendo A, y coligiendo con cuidado y correctamente en nuestros razonamientos, inferimos B y no-B, entonces afirmamos-concluimos no-A. Por esa razón: porque admitir A lleva consigo un desastre epistémico. No es estrategia del pasado. Sigue usándose, por supuesto que sí, en contextos formales y matemáticos. ¿Y en contextos no formales, en ámbitos desiderativos o de enunciados prescriptivos?

Podemos reformular así el principio: si suponiendo A, llegamos a situaciones imposibles, dañinas, contraproducentes, suicidas socialmente (por decirlo de algún modo), muy duras históricamente, poco o nada democráticas, entonces parece razonable aparcar A y sostener no-A. O, cuanto menos, tomar nota que la aceptación de A conlleva riesgos de los que conviene protegerse.

Desde esta perspectiva podríamos tratar y comentar algunas de las afirmaciones de la ideología secesionista. Por ejemplo: 1) Una lengua, una nación, un Estado; luego, por tanto, Cataluña debe ser independiente; 2) Una nación, un Estado; luego, por tanto, *ibídem*; 3) La inmersión lingüística no conculca ningún derecho y tiene unos resultados óptimos; Cataluña es impensable sin ella; 4) Cataluña es una nación porque los catalanes, una gran mayoría, manifiestan serlo; 5) Los catalanes somos contrarios a la opresión de cualquier pueblo; también en el caso que nos toca; 6) Cataluña es, indiscutiblemente, una nación soberana; luego… independencia si nos da la gana; 7)

---

[28] Pueden verse en el siguiente libro varios ejemplos de este proceder matemático: Antonio J. Durán, *Crónicas matemáticas. Una breve historia de la ciencia más antigua y sus personajes*, Crítica, Barcelona, 2018.

El pueblo catalán tiene, debe tener, derecho a ejercer su autodeterminación; 8) Nosotros amamos el catalán y, por supuesto a Cataluña; sin estado propio nada puede hacerse…; 9) Amar y respetar Cataluña implica apostar por la independencia; 10) España es un país de opresión, represión, malversación y explotación; nada que ver con la historia catalana; somos otra cosa, un pueblo muy distinto; 11) Los que se oponen a la independencia de .Cat son realmente, aunque no lo sepan, no catalanes o, para decirlo más claramente, *botiflers*; 12) Cataluña ha sido siempre una nación oprimida por España. Y así siguiendo.

No podemos tratarlas todas; elijamos tres de ellas. Empecemos por la última, la que sostiene que Cataluña ha sido siempre (¿siempre?, ¿a qué arco temporal refiere «siempre» en este caso?) una nación oprimida por España. Supongámoslo, admitámoslo. Si fuera así, si hubiera sido de ese modo, si es así en la actualidad, estaríamos ante un milagro económico-histórico. Dios o un poder omnisciente y omnipotente se habría manifestado, se seguiría manifestando en nuestra tierra. ¿Cuántas veces se ha visto en el mundo-mundial y en la historia, toda ella, una relación tipo centro-periferia en la que la periferia sea la zona más rica o una de las más ricas del sistema?

¿Nos podemos imaginar a un Mozambique más rico que la metrópoli? ¿Podemos imaginarnos a una Argelia-colonia con un nivel de vida superior al de Francia? ¿Se ha pensado alguna vez que el Congo belga superaría el (olvidado) genocidio de Leopoldo y avanzaría mucho más que la metrópoli belga? Cuesta, cuesta mucho. La única respuesta que parece imponerse en nuestro caso: los catalanes somos superhombres, a la manera de Nietzsche. Estamos fuera, más allá de la historia y de sus limitaciones. *Som el que no hi ha!*

Pero no es así según parece. Ningún estudio antropológico aceptado por la comunidad científica correspondiente abona esa conclusión: los catalanes, muchos de ustedes, yo también, no somos superhombres ni infrahombres. Ni hombres ni mujeres a medio hacer (tampoco nuestros padres o abuelos). Hombrecitos y mujeres, normales y corrientes. En algunos casos, muchos más de los que «ellos piensan y creen», somos ciudadanos que queremos vivir hermanados al resto de ciudadanos de España, en un país libre, equitativo, justo, humano, en paz y justicia con su pasado, sin privilegios, no patriarcal, pacífico en su política exterior, diverso y tolerante en su unidad. Republicano, por supuesto, pero en serio esta vez.

Veamos un segundo ejemplo, veamos lo que pasa con la inmersión lingüística (IL en adelante), que no debería llamarse así por cierto: mi hijo, por ejemplo, no estuvo sometido a ninguna inmersión cuando fue a la escuela pública; en casa hablamos catalán. Mi sobrina, en cambio, sí ha estado y sigue estando sometida a esa inmersión no voluntaria (que es mucho más que una inmersión lingüística) desde pequeñita, desde los tres años, porque sus padres (que hablan catalán) hablan castellano, su lengua materna, en casa.

Vamos a suponer, aceptémoslo aunque no nos sea fácil, que la IL no quebranta ningún derecho de los niños y niñas, que es una aportación didáctico-pedagógica a la cultura sin finalidades políticas de adoctrinamiento y que los resultados hasta el momento son entre excelentes y muy excelentes. Matrícula de honor.

Aceptemos también que sin la inmersión lingüística, Cataluña, la «verdadera Cataluña» estaría perdida y el catalán en peligro. Si fuera así, se mostraría entonces una cierta inconsistencia de clase (o de algo muy similar). ¿Por qué? Por lo siguiente: si el futuro de Cataluña y el catalán dependen de la IL, ¿por qué permitimos entonces que existen escuelas, como la francesa, la alemana o la italiana donde no rige la inmersión en catalán? ¿Porque sus padres prefieren la formación en otra lengua, su lengua, y tiene medios económicos para pagar sus preferencias? ¿Y lo que prefieren los otros padres, que no tienen esos medios, no cuenta o cuenta mucho menos?

Más aún: ¿por qué permitimos que una escuela de élite como Aula, donde estudió Artur Mas y sus hijos, y donde yo mismo fui profesor a mediados de los años noventa, no practique la inmersión, apuntando y defendiendo excelentes razones pedagógicas? ¿Porque en el ideario de la escuela se considera muy importante o decisivo la primera enseñanza en el idioma materno, piensen lo que piensen los progenitores? ¿Basta con eso para que no haya IL? ¡¿Pero no era decisiva para .Cat y para el catalán?!

En la misma línea: ¿por qué permite el Gobierno de la Generalitat y el mundo secesionista una enseñanza trilingüe (catalán, castellano, inglés) en el colegio (¿La Miranda de Castelldefels?) donde doña Shakira y don Piqué llevan a sus hijos? ¿Aquí ya no rige que la IL es esencial para «el pueblo catalán»?

¿No les genera a don Mas y a don Piqué un poco de malestar lo que defienden en público y lo que practican en privado? ¿No se vislumbra aquí una clara inconsistencia entre ámbitos? ¿No hay un cierto (o un mucho) sesgo de clase en la situación que vivimos? Las familias ricas o muy ricas pueden hacer lo que les venga en gana. Ni IL ni historias; todo según su criterio. A muchas otras familias, quieran o no quieran, las que no pueden pagar mil euros mensuales por la educación de sus hijos (su salario en muchas ocasiones) no les queda otra que la IL, lo quieran o no lo quieran. Eso sí, ¡todo por amor a Cataluña, por amor a la patria!

Nos queda la tercera[29]. Podría ser esta: «El pueblo catalán tiene el derecho de autodeterminación» que, de hecho, debería formularse así: «El pueblo catalán tiene el derecho de secesión» porque autodeterminarse, lo que se dice autodeterminarse, lo venimos haciendo —con mayor o menor fortuna; con poca, en mi opinión, vista la abrumadora hegemonía pujolista durante décadas y décadas— desde hace bastantes años, unos cuarenta, desde las primeras elecciones legislativas de 1977 (por no hablar del período republicano de los años treinta).

En este caso conviene preguntarse por el *demos* que tiene este derecho de secesión. ¿Quién lo determina? ¿Una élite de vanguardia establece los componentes de ese conjunto? ¿Este sí, pero aquel no? ¿Mi sobrino recién llegado sí, pero un catalán que vive desde hace quince años en Málaga no? No parece de recibo.

Mejor un *demos2* que establezca el *demos1* que debe ejercer ese derecho de secesión.

---

[29] Además de la evidente influencia carrolliana, me baso en este apartado en algunos pasajes de un libro más que recomendable: Pau Luque, *La secesión en los dominios del lobo*, Madrid, Los Libros de la Catarata, 2018, prólogo de Jordi Amat.

Pero, como es lógico, la situación —pensemos en algunos juegos argumentativos de Lewis Carroll— requiere una nueva justificación y delimitación: Un *demos3* tendría que determinar el *demos2* que establecerá el *demos1* que debe ejercer este derecho. Pero entonces debería existir un *demos4* que determinara... Efectivamente: y así siguiendo-subiendo, como en los dibujos de Escher, hasta el infinito y más allá. Hay aquí, pues, una escalera que nos transporta a las, en ocasiones, turbulentas aguas de la infinitud. Hay que romperlo, no queda otra. Si no, subiríamos y subiríamos.

Queda, por tanto, una solución: un X, por las buenas, sin muchos miramientos, establece los componentes del *demos* que puede ejercer ese derecho de secesión. Por ejemplo, las personas que viven en Cataluña con padres, abuelos y bisabuelos nacidos en Cataluña y que sepan decir de memoria, ¡y sin errores!, todos los presidentes (presidentas no hace falta, es muy fácil) de la Generalitat desde el siglo XI... después de nuestra era, desde luego. No vale equivocarse, hacer señas o ir con apuntes. A pelo, de memoria.

Pero si es así cabría hacerse de nuevo una nueva pregunta: ¿y quién da autoridad a este X autoritario para determinar conjuntos y elementos? La respuesta no es fácil y, de entrada y salida, no sería aceptable apelar a la sentencia de don Félix Millet: *aquí, a casa nostra, manem realment unes 400 famílies! Tot allò altre és comèdia!* La cosa, dicha así, sería todo menos democrática. Así, pues, o infinitud o decisiones autoritarias. ¡Qué disyuntiva tan terrible! No parece un escenario envidiable.

Vale, podrán decir finalmente, nos acechan algunas inconsistencias pero, podrán añadir con valentía, sin miedo, ¡quién esté libre de pecado, que tire la primera piedra; ni hay ni habrá pedrea! Tal vez no... o tal vez sí. Pero hay inconsistencia e inconsistencias y las señaladas no son de orden menor. Y no son todas, hay muchas más. En el fondo, como escribió Antonio Gamoneda en una antigua versión de uno de sus grandes poemas: «Ferrocarril de Matallana»: *«Una tierra solo no es un país;/ un país es la tierra y sus hombres./ Y un país solo no es una patria;/ una patria es, amigos, un país con justicia». Eso: un país con justicia que no sea solo de boquilla.*

Eso es lo que muchos queremos, nuestro sueño no quimérico: un país libre y fraternal, hacia dentro y hacia fuera, donde impere la justicia y la equidad y se respeten todas sus lenguas y culturas democráticas, donde nadie sea más que nadie, donde seamos solidarios con los más desfavorecidos, con los más vulnerables, y donde no rijan las leyes inhumanas y salvajes del mercado (y sus conocidas consecuencias) como dioses omnipotentes y omniscientes.

En definitiva, aquello por lo que siempre lucharon maestros como Carlos Jiménez Villarejo, Miguel Candel, Martín Alonso, Luis Roca Jusmet y tantos otros. Los compañeros de ASEC/ASIC queremos abonar ese sendero de encuentro, justicia, libertad y amistad.

ECONOMÍA Y GLOBALIZACIÓN: ESTABILIDAD, CRECIMIENTO, JUSTICIA

Globalizacion y populismo

Jaime Malet[30]

Tal y como se explica en *El mundo que Viene*, excelente libro del exministro Josep Piqué, con el que tuve el honor de departir en el seminario organizado por *Societat Civil Catalana* el 15 de julio de 2018, los dos pilares sobre los que se ha asentado el mundo libre tras la Segunda Guerra Mundial —la democracia y el orden liberal internacional— se están transformando en algo diferente debido a una deriva de nuevas políticas poco ortodoxas cuyas causas vamos a intentar explicar aquí y cuyas consecuencias son, hoy por hoy, imprevisibles.

La mayor parte de los analistas siempre destacan la crisis financiera del 2008 como la principal causa del auge de los populismos. Es cierto que la crisis financiera terminó con el espejismo de progreso y confort de toda una generación. Una generación que tras el atentado del 11 de septiembre de 2001 ya intuía que la prosperidad y seguridad de Occidente —que había tenido los mejores años de su historia tras la caída del Muro de Berlín en 1989— había tocado a su fin. Si a partir del 11 de septiembre del 2001 las clases medias estadounidenses y europeas tomaron conciencia de su fragilidad física ante el terrorismo internacional, es a partir de septiembre de 2008 cuando perciben inequívocamente, tras la caída de Lehman Brothers, que la estabilidad y mejora de sus ingresos y patrimonios estará para siempre en riesgo.

---

[30] Jaime Malet es presidente de Telam y presidente de la Cámara de Comercio de Estados Unidos en España.

Sin duda alguna, la crisis financiera supone un antes y un después. La crisis aumentó el desempleo y la precarización del empleo hasta extremos de confrontación social en todo el mundo y muy especialmente en el sur de Europa, y radicalizó la posición de muchos líderes políticos y el resurgimiento de algunos nuevos que vieron la recesión como una gran oportunidad para ganar votos. La crisis financiera fue de tal intensidad que abrió la caja de los truenos, y es normal que muchas cosas cambiasen para siempre pues por primera vez en mucho tiempo la clase media tuvo la percepción de que las generaciones posteriores no iban a vivir necesariamente mejor que las presentes.

Pero la crisis financiera del 2008 es ya tiempo pasado y no lo explica todo.

En Estados Unidos la crisis se llevó entre el 2008 y el 2009 un 2,6% del PIB, el país alcanzó un nivel de desempleo de más del 10% y la bolsa se corrigió a la baja en un 45%. Pero desde entonces la economía ha crecido en nueve años casi un 20% del PIB, el desempleo es de tan solo el 3,7%, mínimos históricos, y el valor de las acciones de las principales empresas cotizadas del S&P ha aumentado un 325% y está en máximos históricos. Europa tardó más tiempo en salir de la recesión ante la resistencia del Banco Central Europeo a aplicar medidas monetarias expansivas heterodoxas (como las que sí se tomaron de forma inmediata por la FED), así como por la adopción de equivocadas medidas de expansión fiscal, descoordinadas entre los países y, muchas veces, a destiempo (el ejemplo paradigmático en España fue el Plan E). Pero también en Europa se ha ido saliendo de la crisis hasta el punto de que países muy castigados por la recesión como España o Irlanda han ido mejorando sus fundamentales y están hoy por hoy en una situación de crecimiento sostenido, al igual que países donde la crisis no fue tan nociva, como Francia o Alemania.

Sin embargo, los votantes de un lado al otro del Atlántico parecen no seguir las pautas de la economía y siguen percibiendo riesgos y buscando soluciones heterodoxas, con líderes fuertes, ideologizados en los extremos del espectro político, con una visión diferente sobre el funcionamiento de la democracia y de la geopolítica y con muchas ganas de romper con el pasado.

Una de las razones de este cambio es sin duda alguna la caída en picado de la confianza de los ciudadanos en las instituciones y los partidos políticos tradicionales. Las instituciones no estuvieron a la altura en la crisis. Permitieron las burbujas especulativas y luego reaccionaron tarde y mal. Los ciudadanos que lo pasaron mal durante la crisis les culparon con razón de no haber detectado los riesgos. Culparon y culpan a los gobiernos y a las agencias de control y también a los bancos, entidades de principal importancia para el funcionamiento normal de la economía, y con ellos a las élites políticas y empresariales tradicionales, algunas veces implicadas en sonados casos de corrupción, reclamando nuevos líderes bajo siglas diferentes.

Pero tampoco el efecto de la crisis financiera en la confianza de los votantes explica suficientemente un cambio tan drástico, y más teniendo en cuenta que las economías se han recuperado justamente desde dentro, gracias a medidas lideradas por las instituciones de siempre bajo liderazgos políticos más o menos ortodoxos.

El auge de los populismos tiene raíces más profundas y persistentes que tienen que ver con los efectos de la globalización y el desarrollo tecnológico en el comercio, las migraciones y la trasmisión de la información. La globalización comercial, migratoria e informativa son en realidad las causas de la nueva política. La crisis económica 2008 y la pérdida de confianza en las instituciones que le siguió tan solo fueron simples desencadenantes de algo que forzosamente tenía que venir.

Los orígenes del tiempo nuevo se encuentran en el año 2001. Ese año no fue solo el de los atentados del 11 de septiembre, sino principalmente el de la entrada de China en la Organización Mundial de Comercio, el 11 de diciembre. También es el inicio de una trasformación digital, que justamente comienza tras la crisis de las empresas tecnológicas, y que acrecienta el miedo al futuro, cambia la forma de trasmitir la información en Occidente y amplía la recepción de la misma en el resto de los países del mundo.

Hace tan solo 18 años, China era un país extremadamente pobre, con un PIB de 1,3 billones de dólares para una población de más de 1150 millones de almas y con una economía similar a la de Francia, con tan solo 65 millones de habitantes. Tras la entrada en la OMC, China, con sus reservas inagotables de mano de obra barata, se convirtió en la fábrica del mundo, protagonizando un crecimiento económico del 1000 por 100 en este cortísimo período. Nada igual ha pasado jamás en la historia de la economía. Nunca una nación tan importante ha crecido tanto en tan poco tiempo. Este paso increíble ha tenido luces y sombras. Por un lado, ha devuelto a China y a su laboriosa población al lugar que había perdido en el siglo XVIII tras la Revolución Industrial y el auge de Occidente. Y con ello, han salido de la pobreza y el hambre cientos de millones de seres humanos (entre China y otros países unos 800 millones de personas han dejado la pobreza extrema en poco más de una década).

Sin embargo, al mismo tiempo, una trasformación de esta envergadura ha causado distorsiones enormes en otras partes del mundo, que además tienen la fundada sospecha de que en su camino hacia el éxito China no ha jugado limpio a la hora de respetar la propiedad intelectual de las empresas extranjeras, financiar a sus empresas en el extranjero y mantener los mínimos estándares laborales y medioambientales. Es verdad que el resurgimiento de China y de otros países asiáticos, favorecidos por la globalización, ha beneficiado enormemente también a importantes actores de Occidente. Entre ellos, a los consumidores occidentales, que han visto descender el precio de los productos importados manteniendo la inflación a niveles históricamente bajos. También las multinacionales se han visto beneficiadas gracias a la eficiencia en la deslocalización de costes laborales que han mejorado sus resultados y pudiendo luego repercutir el beneficio a sus accionistas, empleados y directivos.

Pero las clases medias de las comunidades antaño industrializadas se han ido degradando. Ciudades enteras y zonas agrícolas industrializadas del Mid West americano, del norte de Inglaterra, de la cuenca del Rhur o del centro de Francia se han visto golpeadas por la globalización al irse desplazando la manufactura de una forma brutal a China y a otros países asiáticos (antes ya hubo una deslocalización más modesta al Japón y Corea del Sur). Este proceso titánico de *outsourcing* de puestos de trabajo industriales desde los países desarrollados a países en vías de desarrollo se centró al principio en productos de bajo coste para irse ampliando, poco a poco, a las industrias de automoción, farmacéutica, maquinaria agrícola, industria química, *hardware*, semiconductores, etc. Con ello Estados Unidos dejó en tiempo récord de ser el primer acreedor a nivel mundial para convertirse en el primer deudor, acumulando déficits monstruosos año tras año: con China 375.000 millones de dólares, con Alemania 65.000, con México 64.000 millones; 69.000 millones con Japón; 30.000 con Italia; 32.000 con Irlanda, etc.

De forma similar, el proceso de *outsourcing* también ha afectado a muchos países europeos, que han añadido a la competencia oriental la de los países del este de Europa. En definitiva, una presión bajista para los salarios de la manufactura en todo Occidente y una fuerte percepción de miedo por comunidades enteras de votantes de haber perdido el tren del futuro. A estos factores hay que sumar un desarrollo tecnológico sin precedentes (robótica, IA, impresoras 3D) que añade todavía más incertidumbre a las envejecidas clases medias occidentales. Se intuyen cambios bruscos en sectores enteros de la economía (transporte, logística, banca, manufactura), sin posibilidad alguna de reciclarse en un mundo, extraño, donde los robots sustituirán pronto a las personas y que, en realidad, ya está aquí.

Pero aun con todo, el análisis sobre el surgimiento de los populismos requiere de un elemento fundamental que tiene que ver con el tratamiento de la información y su difusión. En los últimos años del siglo pasado había un consenso sobre los efectos de Internet en la política que ha resultado ser totalmente equivocado. Que la información fuese barata y universal, se pensaba, permitiría a la población de todo el mundo ir tomando conciencia de las ideas más correctas y justas (democracia, separación de poderes, derechos humanos, etc.), de manera que poco a poco todos los países del mundo tenderían hacia un estadio de gobernanza más perfecto y harmonioso. Una Primavera Árabe edificante y de final feliz. Por desgracia, como ocurrió con la propia Primavera Árabe, parece que ha pasado justamente lo contrario. Los seres humanos no tendemos necesariamente a lo mejor, sencillamente porque mejor y peor son conceptos subjetivos y cada persona tiene sus creencias ocultas más allá de la capa de la civilización que se le ha impuesto, más allá de lo «políticamente correcto».

Así, en los años noventa, gurús políticos del Partido Republicano llegaron a la conclusión de que la forma de que George W. Bush llegara al poder era creando marcos mentales que tensasen a sus votantes a base de excitar sus sentimientos más profundos. Los votantes polarizados de un partido acudían a votar reforzados en la defensa de sus creencias sociales, religiosas, culturales, idiomáticas, económicas, etc., y los votantes del otro partido, hartos de tanta confrontación, se quedaban en casa. Esta forma de hacer política tuvo su éxito en las elecciones del 2000, de forma que pronto fue copiada por el Partido Demócrata. Así, ambos se polarizaron mutuamente y hoy en día el país de los consensos parece haber perdido muchas capacidades para alcanzarlos. Como todo lo que pasa en Estados Unidos, la fórmula pronto se exportó y se puso de moda en Europa donde cada vez más se hace política para excitar los sentimientos de los seguidores, para que vayan a votar, y desanimar a los contrarios, para que no vayan. Y como es bien sabido, la «excitación de los sentimientos profundos» es el campo donde el populismo se encuentra más cómodo.

Al mismo tiempo la mejora en la recepción de información por parte de las poblaciones de los países pobres hace anhelar más que nunca el «sueño de Occidente», generando un gran efecto llamada. Cientos de millones de jóvenes, antaño conformistas, de países castigados por la pobreza, la presión demográfica, las injusticias y, de forma cada vez más acelerada, el cambio climático, toman conciencia diaria en las pantallas de sus televisiones, iPads y iPhones de que existe otro mundo, de gran prosperidad, por el que vale la pena arriesgarlo todo. Y así las migraciones, descontroladas desde finales del siglo XX, son protagonizadas por personas cada vez más lejanas geográfica y culturalmente, y por lo tanto más difíciles de integrar. Y esa llegada masiva añade más miedo a las poblaciones occidentales, especialmente a las castigadas por la globalización comercial, que temen perder no solo sus trabajos sino también su identidad, y ese miedo retroalimenta una vez más el caldo de cultivo para reforzar políticamente a los que prometan una solución, sea la que sea, que ataje lo que estos políticos califican de «invasión».

Por último, la información ha dejado de transmitirse como antes. Hasta hace poco las élites culturales, económicas y políticas determinaban la información que se le trasladaba al pueblo, de forma que se conformaba un *mainstream* o varios pero con pocas opciones donde elegir. Pero con el *boom* informativo que supone la eclosión de Internet primero y de las redes sociales luego, los medios tradicionales van declinando en su poder de conformar corrientes de opinión. En el siglo XXI la información se atomiza. La información deja de ser escasa y se convierte en exuberante. Hay tanta, tan asequible y de tan diversa calidad que cada persona recoge su receta sobre lo que le interesa realmente y pasa por alto lo que no, creándose islas de afinidad ideológica que hacen divergir políticamente a gente en apariencia cercana aun cuando convivan en los mismos barrios, en las mismas familias, en los mismos partidos o, incluso, en las mismas religiones.

La atomización mediática permite a los nuevos líderes dirigirse al pueblo sin intermediarios. Ya no es necesario que los líderes se contengan para contentar a las élites. Por el contrario, se dirigen directamente a los corazones de sus votantes, exagerando al máximo los riesgos y prejuicios, particularizando los mensajes, buscando los deseos y aversiones más profundas. Las nuevas formas de trasmitir información sin intermediarios permiten electrizar a la opinión pública hasta la extenuación provocando la reacción o el cansancio del contrario. Y la utilización de sofisticadas técnicas digitales de análisis, difusión e inteligencia artificial, para segmentar y particularizar aún más, pasan a ser una parte importante del arsenal no convencional imprescindiblemente necesario para el éxito en este nuevo mundo de mensajes extremos.

Populismo económico y globalización en el siglo XXI

Stan Veuger[31]

El resurgimiento del populismo

El resurgimiento de varios movimientos y partidos populistas ha marcado la política electoral de la última década en la gran mayoría de las democracias. En Inglaterra, un plebiscito resultante de una promesa de campaña del exprimer ministro David Cameron ha llevado al país a un caótico proceso de partida de la Unión Europea. En Estados Unidos, un expresentador del programa Celebrity Apprentice ganó la presidencia rodeado de escándalo y a base de ataques furiosos e incontrolables. El desarrollo de la democracia en países del este de Europa, como Hungría y Polonia, ha dejado de ser un proceso imparable debido a los instintos autoritarios de los partidos populistas que controlan sus gobiernos. Continúa el auge de partidos organizados alrededor de la xenofobia y los sentimientos antiinmigración en Holanda, Alemania, Dinamarca, Francia, Suecia, e Italia. Y está llegando a su conclusión evitable pero natural el ciclo populista en Turquía y Venezuela, después de años de políticas monetarias deplorables y la centralización del poder en manos de unos pocos.

A la vez, son claramente distintas las circunstancias que rodean cada una de estas situaciones. Algunos de los políticos, partidos y movimientos populistas mencionados, como el chavismo venezolano, se originaron en la izquierda del espec-

[31] Stan Veuger es investigador residente en el American Enterprise Institute y editor del *AEI Economic Perspectives.*

tro político, mientras otros, como el orbanismo húngaro, provienen de la derecha. Su apoyo electoral también viene de segmentos distintos de la población: no son siempre los votantes con niveles de educación más bajos, o de zonas rurales, o más pobres, los que responden a la llamada populista. El núcleo espiritual de varios movimientos lo forman marxistas, musulmanes, católicos y protestantes evangélicos. En términos de políticas específicas, el enfoque principal también varía: de la obsesión con el islam de Geert Wilders a la impresión imparable de dinero en Venezuela.

Puede sorprender, entonces, que se use el término populista para todas estas agrupaciones. Son varios los motivos por los cuales existe esta tendencia. Primero, la gran mayoría de los grupos populistas se presentan o son percibidos como grupos que se oponen a la élite política, académica o cultural. Además, esa misma élite frecuentemente usa el término «populista» para evitar el uso de términos más controversiales como «xenófobo» o «racista» o «islamófobo». El hecho de que muchos de los movimientos mencionados anteriormente intentan explotar este tipo de sentimiento hace que allí también haya cierta comunalidad. Finalmente, hay una similitud en temas de política económica que indica, también, que sí existe cierto nivel de unidad tras toda esta diversidad de prioridades, tradiciones y apariencias. Esa similitud es el tema de este capítulo, que está divido en dos partes. En la primera vamos a definir el populismo económico y veremos cómo se presenta en la arena política. Después, en la segunda mitad del capítulo, analizaremos por qué varias prescripciones económicas no logran lo prometido por sus defensores.

El populismo económico[32]

Volvamos al año 1991. En el primer capítulo de su libro *La macroeconomía del populismo en Latinoamérica*, los economistas Rudiger Dornbusch y Sebastian Edwards (1991) identificaron tres aspectos cruciales que definen, según su análisis, el paradigma macroeconómico populista. En primer lugar, las

[32] Esta sección reproduce elementos de Veuger 2018.

tendencias populistas se originan en un descontento profundo con la situación actual. Este descontento es lo que genera la atracción hacia sus postulados políticos. Es decir, el paradigma populista procede del negativismo, de la idea de que no hay mucho que perder, que vale la pena tomar riesgos. Segundo, como respuesta a esta situación el populismo promete que su programa económico producirá un verdadero auge, un crecimiento espectacular e inmediato. La presión que genera esta promesa hace que los gobiernos populistas pongan un énfasis insalubre en los resultados a corto plazo. Además, sigue la promesa, el fruto de este crecimiento se podrá redistribuir de cualquier modo deseado. Y, por último, quizá el aspecto teórico esencial de todo populismo económico: el rechazo fundamental de toda restricción que dirima lo que es lógica o económicamente posible.

Investigando cómo esta exposición teórica se aplica a la actualidad contemporánea vemos con claridad que, a pesar de provenir de un lugar y una época específicos y claramente distintos, estos tres elementos dominan los programas políticos y las declaraciones públicas de la mayoría de líderes y movimientos políticos que englobamos dentro de los postulados populistas. Están presentes en las promesas de dinero extra e inmediato para el sistema de salud público llegado el caso de que Reino Unido abandonase la Unión Europea; también en la oferta de servicios veterinarios gratuitos de Berlusconi; y en el rechazo del libre comercio por parte de la izquierda valona. Sin embargo, si alguien encarna de manera ejemplar y mayúscula el discurso populista hoy, este es sin duda el actual presidente de EE. UU., Donald Trump.

La crónica de su campaña presidencial y primer mandato está repleta de ejemplos que sustentan esta afirmación. Ya desde el inicio, en enero de 2016, y en el mismo discurso de investidura, hacía referencia a la «carnicería americana» que respondía a una siniestra conspiración a dos bandas entre las élites académicas y financieras, por una parte, e inmigrantes violentos y parasíticos por otra. Aquí vemos el negativismo, la realización de la idea de que la situación actual es innecesariamente mala. Frente a esta amenaza se ha presentado consistentemente a sí mismo como la solución, el instrumento que haría devolver la grandeza —un concepto ambiguo, pero con connotaciones étnico-religiosas perceptibles— de Estados Unidos, con el objetivo principal de beneficiar al «hombre olvidado». «Y yo soy el único capaz de arreglarlo», afirmó en su discurso ante la convención nacional del Partido Republicano en la que recibió la nominación a la presidencia, ofreciendo precisamente esa solución simple que es el segundo elemento del populismo económico. Su receta consistía en la construcción de un muro con México, un recorte de impuestos que de modo mágico no repercutiría negativamente en el presupuesto y una fuerte dosis de proteccionismo.

No es nada obvio cómo esta combinación de iniciativas llegaría a doblar la tasa de crecimiento de la economía americana a largo plazo o cómo se beneficiaría la clase obrera de estas políticas económicas. Lo cierto es que a día de hoy sus promesas siguen sin cumplirse y es de prever que así seguirá siendo: el déficit fiscal se ha desbocado, el déficit comercial va en aumento y los salarios de la clase media no han variado significativamente de la tendencia de los últimos años —de hecho, si ha habido un cambio en la trayectoria del pago medio, ha sido un declive—. Y esto nos lleva a la última de las características fundamentales del populismo económico, del trumpismo al chavismo: conduce de manera inevitable al fracaso, como consecuencia natural de una serie de promesas imposibles de cumplir en un mundo con recursos limitados.

La tercera y última sección de este artículo presentará un par de mecanismos a través de los cuales este inevitable fracaso se manifiesta, pero es posible que el lector haya notado en este breve resumen otro aspecto más. Es un aspecto que resulta crucial hoy en Estados Unidos y en buena parte de Europa, y que también resonaba en el primero de los aspectos identificados por Dornbusch y Edwards, aunque va más allá de la esfera de la economía; reside en la ya mencionada idea de que la situación actual es *innecesariamente* mala, y que esta penosa situación se debe a grupos claramente identificables que fueron los que crearon o agravaron los problemas económicos. Para Trump, son la élite cultural, los inmigrantes mexicanos y los musulmanes. Para los separatistas catalanes, el resto de los españoles. Para los chavistas, los problemas económicos del país los causan los especuladores, los acaparadores. Esta dimensión del populismo es dañina no solo moralmente, sino también por sus consecuencias económicas. La estigmatización conlleva restringir el acceso a los lugares más productivos del planeta a grupos desfavorecidos y destruir los incentivos de las personas más productivas. Y así contribuye a la gran tragedia del populismo económico: reduce, a la larga, la prosperidad que todos compartimos.

La economía del populismo

Hasta ahora hemos analizado, más que nada, las dimensiones políticas del populismo económico. En esta sección mostraremos que la receta económica del populismo no funciona ni en la teoría ni en la práctica. Lo haremos investigando tanto el proteccionismo tan amado por la administración Trump, como la política monetaria *agresivísima* que ha llegado a ser el eje central de la política económica de movimientos populistas tan variados como el bolivariano de Venezuela o el islamista moderado de Erdoğan en Turquía.

Empecemos con la política de comercio exterior del actual gobierno estadounidense. Entre los principales argumentos del entonces candidato Trump estaban la idea de que el Tratado de Libre Comercio de América del Norte (TLCAN), el tratado de libre comercio entre Canadá, Estados Unidos y México, era el peor tratado comercial de la historia (Greenberg 2016), y que el planeado Acuerdo Transpacífico de Cooperación Económica (TPP) era «malo» y un ataque a la actividad comercial en Estados Unidos (Taylor 2018). Fijémonos aquí en la característica básica de los tratados que no le gusta al presidente Trump, el hecho de que eliminan los aranceles sobre varias categorías de productos y reducen otras barreras al comercio entre los varios países involucrados. Lo que le preocupa a Trump es que, según dice él, esta facilitación del comercio internacional hace que grandes números de puestos de trabajo se muevan fuera de Estados Unidos además de hacer crecer el déficit comercial del país.

La teoría económica contradice este análisis. El déficit comercial de un país es determinado por la diferencia entre los ahorros y las inversiones domésticas. Cambios en los aranceles sobre el comercio con Canadá y México o con el grupo de países participantes del planeado TPP no tienen efectos directos sobre ese déficit. El mercado laboral tampoco debería ser afectado demasiado en términos del número absoluto de personas empleadas. Los trabajadores que antes trabajan en las industrias protegidas pueden encontrar empleo en otros sectores, en los cuales Estados Unidos tiene una ventaja comparativa, y pueden recibir compensación si su nuevo sueldo es inferior. Esto último es posible porque la riqueza agregada del país sube, en general, después de una reducción coordinada de aranceles. Pero incluso si consideramos verdaderamente los cambios estructurales inducidos por un tratado comercial, es importante recordar que deshacerlo después de veinticinco años causaría una disrupción similar a la original.

En el caso del TLCAN, hemos podido observar en el pasado cuarto de siglo que estas predicciones teóricas son correctas. El efecto del TLCAN sobre la economía de Estados Unidos ha sido positivo (véase, por ejemplo, el análisis en profundidad de Caliendo y Parro 2015). La tasa de paro está en 3,9%, o sea, el porcentaje de trabajadores buscando empleo está por debajo de donde estuvo durante las dos décadas antes del TLCAN. Y finalmente, de momento ni el mismo presidente ha decidido abandonar el tratado por completo, habiendo aprendido más sobre las ventajas que ofrece. El caso del TPP es, hasta cierto punto, distinto. Todavía no había entrado en efecto cuando Trump fue inaugurado, y él decidió abandonarlo justo después de su inauguración. Pero en este caso también vemos que el razonamiento populista no convence ni a los más partidarios cuando consiguen más información: los once otros países participantes del tratado decidieron finalizarlo sin Estados Unidos, y Trump ya ha comenzado a expresar su remordimiento (Taylor 2018).

Cuando se implementan por completo las políticas económicas populistas hacen más daño. Unos ejemplos recientes con consecuencias graves vienen del área de la política monetaria.

La prescripción populista suele ser que en tiempos duros o en caso de limitaciones presupuestarias, la solución macroeconómica óptima es la impresión masiva de dinero. No es una prescripción nacida solamente de circunstancias desafortunadas: existe toda una rama de teorías monetarias que sustentan esta «solución», de interpretaciones radicales de lo que se ha acuñado la teoría monetaria moderna, pasando por la creencia del presidente turco Recep Erdoğan de que la inflación es causada por tipos de interés altos, hasta la idea chavista de que solamente los «acaparadores» sufren las consecuencias de la inflación.

La teoría económica ortodoxa aquí también contradice el ideario populista. En una situación de déficits fiscales persistentes, cada gobierno tiene tres opciones: reducir el gasto, recaudar más impuestos o imprimir más dinero. Esta última opción reduce el valor de la moneda, lo que crea inflación. También reduce el valor real de los impuestos recaudados si estos llegan al fisco con cierta demora, y esto, en turno, genera más necesidad para seguir imprimiendo dinero. La pérdida de valor de la moneda también debilita el tipo de cambio, lo cual también contribuye al crecimiento de la inflación a través de una subida del coste de las importaciones. Hasta el momento en que se reforme la situación fiscal o se adopte otra moneda, esta dinámica lleva al país hacia la hiperinflación.

En este caso también la realidad empírica, una y otra vez, ha confirmado lo que esperaban los oponentes del populismo económico. Los dos ejemplos recientes más claros han sido el de Venezuela después del derrumbe del precio del petróleo, que causó una reducción importante en los ingresos del régimen chavista, que habían financiado una importante expansión de los sistemas de redistribución (Lansberg-Rodríguez y Veuger 2015), y el de Zimbabue. Zimbabue, bajo la administración del dictador Robert Mugabe, no sufrió las consecuencias de un nivel de gasto insostenible combinado con un choque al precio de una comodidad esencial, sino de la destrucción casi al completo de su sector económico principal, la agricultura. Esta destrucción fue consecuencia de una redistribución radical de tierra que en nada reconocía las consecuencias de tal interferencia con el mercado libre, y la siguió, como en Venezuela, una hiperinflación que generó billetes de denominación absurda y un tremendo sufrimiento lamentablemente evitable.

Así es, entonces, cómo el populismo nos lleva al desastre económico. Existen otras dimensiones del populismo pero son, en cierto modo, extensiones y variaciones de lo presentado aquí en el ámbito económico. El resto de los capítulos de este libro identifica y analiza muchas de ellas. Notarán que el negativismo excesivo, la búsqueda de chivos expiatorios, la promesa de soluciones fáciles y, finalmente, la colisión con la realidad, vuelven a aparecer en todo tipo de formas y contextos.

Bibliografía

Caliendo, Lorenzo, y Parro, Fernando (2015): «Estimates of the Trade and Welfare Effects of NAFTA», *Review of Economic Studies* 82(1): 1–44, https://doi.org/10.1093/restud/rdu035

Dornbusch, Rudiger, y Edwards, Sebastian (1991): *The Macroeconomics of Populism in Latin America.* Cambridge, MA, EE. UU.: National Bureau of Economic Research, 1991.

Greenberg, Jon (2016): «Was NAFTA 'worst trade deal ever'? Few agree», *Politifact*, 29 de septiembre, https://www.politifact.com/truth-o-meter/article/2016/sep/29/NAFTA-worst-trade-deal-ever-few-agree/

Lansberg-Rodríguez, Daniel y Veuger, Stan (2015): «How Oil Killed Venezuela's 'Chavismo'», *The National Interest*, 14 de diciembre.

Taylor, Adam (2018): «A timeline of Trump's complicated relationship with the TPP», *The Washington Post*, 13 de abril, https://www.washingtonpost.com/news/worldviews/wp/2018/04/13/a-timeline-of-trumps-complicated-relationship-with-the-tpp

Trump, Donald J. (2017): «The Inaugural Address», The White House, 20 de enero, https://www.whitehouse.gov/briefings-statements/the-inaugural-address/

Veuger, Stan A. (2018): «El populismo económico y la economía del populismo», *Anuario Internacional CIDOB*, Julio.

Del neoliberalismo al secesionismo

Armando Fernández Steinko[33]

La acertada idea de insertar un coloquio sobre economía y globalización en un espacio como SCC nos obliga a reflexionar sobre la influencia que ha tenido la economía internacional en la situación creada en Cataluña, así como también en el conjunto de España y de Europa. De hecho, desde mi punto de vista, SCC tiene dos objetivos y no solo uno: parar y arrinconar el independentismo pero también convertirse en un espacio en el que los ciudadanos participen en la definición de un nuevo país de países, un nuevo «nosotros» que permita abrir una salida y debilitar aun más al independentismo. Tomar conciencia de la importancia de la economía internacional me parece esencial en este contexto porque lo que está sucediendo en Cataluña no es un caso aislado aun cuando tenga sus particularidades: se trata de un ejemplo más del intento de abordar la crisis social, política y económica que vive el mundo occidental desde hace bastante tiempo con salidas nacionalistas y argumentos irracionalistas cada vez más parecidos a los que conocemos de los años de entreguerras.

Lo que está sucediendo en muchas partes del mundo occidental es complejo pero resulta imposible entenderlo y hacer propuestas alternativas si no se comprenden los profundos cambios que se han venido produciendo desde que se cancelaron los grandes acuerdos políticos posteriores a la segunda posguerra mundial, y que incluían una regulación cooperativa del sistema financiero y del comercio internacionales. En rea-

[33] Profesor titular de Sociología de la Universidad Complutense de Madrid.

lidad, si nos basamos en las teorías ortodoxas de la economía internacional, lo que está sucediendo en Cataluña no podría haber sucedido pues, de acuerdo con ellas, la desregulación financiera y la rápida reducción de las barreras arancelarias de todos los países, incluidos aquellos con sistemas productivos más débiles, iban a crear una comunidad mundial relativamente armónica y equilibrada de países y actores privados con capacidad de mantener al nacionalismo contra las cuerdas de la historia.

Este análisis optimista de la globalización, tal y como esta fue propuesta en su día sobre todo por los sectores vinculados al mundo financiero, fue asumida de buena gana por las élites políticas españolas desde los años ochenta del pasado siglo: tanto por las socialdemócratas de la época como por las liberal-conservadoras. Su argumento era que, a pesar de que le iba a generar seguramente graves problemas al tejido industrial del país, al menos permitía modernizarlo, transformarlo en una sociedad «terciaria» y facilitar la creación del estado del bienestar pendiente. Pero, además, iba a permitir, así se pensaba, arrinconar al nacionalismo, en este caso sobre todo al vasco, que estaba hipotecando, o incluso poniendo en peligro, la Transición democrática a través del terrorismo de ETA. Ciertamente esto no ha sucedido y los proyectos de construcción nacional al margen de un orden constitucional común más bien se han consolidado hasta culminar en el Procés Pero ¿por qué?

Entre 1980 y 1990 participé en innumerables debates tratando de argumentar siempre lo mismo aunque quedándome casi siempre en minoría: por mucho que la Transición española haya generado un proceso democrático muy importante, la economía internacional que se va configurando a partir de principios de los ochenta está basada no en principios cooperativos, como lo fue en las décadas posteriores a la Segunda Guerra Mundial, sino en principios radicalmente competitivos que, poco a poco, empezaron a desvirtuar también el proyecto inicial de integración europea. En las tres décadas de posguerra las economías nacionales se fueron incorporando al mercado mundial con el fin de superar las políticas proteccionistas de los años treinta. Pero se trataba de una incorporación que poco o nada tenía que ver con lo que empezó a producirse en los ochenta y se radicalizó tras la caída del Muro de Berlín. Dicha incorporación era gradual y estaba regulada multilateralmente, con lo cual no exponía de la noche a la mañana a sociedades y sistemas productivos atrasados a otros muchos más desarrollados y productivos. Se trataba de una liberalización sí, pero dotada de «cojines protectores» como lo expresó el sociólogo liberal Ralf Dahrendorf que incluía una reducción lenta de los aranceles: «La economía era regulada políticamente orientándola al mercado exterior. Los mercados interiores son incorporados con cuidado y con cojines protectores a las leyes del comercio mundial y a su sistema monetario».

La razones de la incorporación de esos «cojines protectores» en el engranaje económico occidental no eran otras que los pactos políticos que la inmensa mayoría de los partidos políticos —desde la democracia cristiana hasta los partidos comunistas, aunque no los ultraliberales, organizados entonces en pequeñas sectas sin proyección política alguna— habían acordado. Según dichos pactos, esta vez, y a diferencia de lo que sucedió a lo largo de todo el siglo XIX y después de la Primera Guerra Mundial, también las clases populares iban a poder beneficiarse de los dividendos de la modernización y del crecimiento económico. En esos años, que no antes, los gobiernos crean los estados del bienestar en sus diferentes versiones, una de ellas, la alemana, llamada «economía social de mercado». Dicho pacto político, que se refleja en leyes escritas —por ejemplo algunas constituciones europeas— pero también en muchas otras no escritas, les permitió a los gobiernos desarrollarse social y económicamente hacia dentro: poner escuelas y oficinas de correos hasta en el más recóndito de los parajes, construir infraestructuras sanitarias, ordenar el crecimiento urbano y frenar la especulación. También llevó a aceptar que los trabajadores tienen el derecho a organizarse en sindicatos independientes con el fin de defender sus intereses y a desarrollar una rama del derecho aún virgen por aquel entonces: el derecho del trabajo.

Esta dinámica política y económica del consenso de posguerra permitió además a los gobiernos desarrollar una idea de comunidad nacional no basada en los grandes discursos patrioteros necesarios para organizar campañas militares en las que morían, sobre todo, las clases populares casi analfabetas, sino en otros valores, en valores humanistas: tu nación te protege y no solo te manda a la guerra, construye colegios para tus hijos y hospitales para ti y tu familia, lo hace no solo con los escasos impuestos que puedes pagar tú, sino también con los de aquellos que más tienen. Las escuelas y los cada vez más importantes medios de comunicación de masas se encargaron de transmitir estos valores, que se fueron transformando en un tipo de identidad nacional nueva también para las clases populares que eran las que, hasta ese momento, más desconfiaban con razón del estado y de las políticas de sus gobiernos.

Todo esto marca una diferencia fundamental con respecto a lo que sucedió a partir de 1980 y que conocemos como el paulatino triunfo del neoliberalismo. La economía internacional que se fue configurando hacia 1980 con la liberalización de los flujos financieros, la internacionalización de las cadenas de valor añadido y el rápido desarme arancelario, hizo retornar una serie de principios a la arena internacional que, con los años, obligó a los países y territorios a intentar atraer inversiones a toda costa quitándoselas al vecino. Esta dinámica, que recibe muchos nombres más o menos amables como la desregulación competitiva o la liberalización de la economía internacional, empezó a generar una presión creciente sobre los territorios menos competitivos exponiendo no solo sus sistemas industriales, sino también fiscales, ambientales, jurídicos y políticos a una presión cada vez más fuerte por parte de los actores y países industrial y financieramente más fuertes. Esta dinámica obliga desde entonces a poner todos los recursos al servicio de la competitividad con el fin de ser más y más atractivos que el vecino, un juego en el que, a largo plazo, tenían que salir perdiendo sobre todo las clases populares y los países con peor posición de salida pues implicaba la destrucción, más rápida o más temprana, de los grandes consensos y el espíritu de solidaridad de las décadas de la posguerra pues exponía, de la noche a la mañana, sus capacidades productivas a la competencia de los más fuertes.

Es lógico que las identidades nacionales, tal y como fueron construidas en esos años y que estaban basadas en la noción de ciudadanía antes que de etnia, en el deseo de superar los enfrentamientos nacionales del pasado, en la sustitución del *logos* por el *demos*, en definitiva en lo que Jürgen Habermas y otros intelectuales alemanes llamaron después el «patriotismo constitucional», empezaran a sufrir un paulatino desgaste. La rápida liquidación del tejido productivo en varios países del este de Europa, que dejó a sus poblaciones sin trabajo de la noche a la mañana, la constante precarización del empleo, el desempleo crónico en los países del sur, pero también la cancelación de las clases pudientes de sus compromisos fiscales con los países en los que residen gracias al uso de paraísos fiscales, y la imposibilidad de los gobiernos de atender las necesidades sociales de una parte creciente de sus poblaciones, dejó sin fundamento material la nueva forma de entender la nación que se fue construyendo después de la Segunda Guerra Mundial dándole alas a las identidades étnico-lingüísticas que ya conocemos de las décadas anteriores a la Segunda Guerra Mundial.

España no participó del ciclo político que inauguraron los grandes pactos políticos de la posguerra pues sus élites no se vieron forzadas a negociar con el resto de la sociedad un sistema fiscal progresivo como consecuencia de los resultados de la Guerra Civil, con lo cual el margen económico que tenía el Estado franquista era, literalmente, ridículo. La Constitución de 1978 tiene como modelo a dichos pactos que para muchos españoles tenían mucho que ver con la idea que tenían en aquel momento de Europa, lo cual los convirtió en profundamente europeístas. El drama de la democracia española radica, sin embargo, en que dichos pactos se firmaron en un momento en el que su base material, que dio pie al capitalismo de «cojines protectores» del que hablaba Ralf Dahrendorf, empezaron a hacer aguas justamente en los años en los que se estaba creando el nuevo estado del bienestar. La crisis del modelo de crecimiento de la posguerra y las respuestas que se fueron imponiendo, primero en el Reino Unido, luego en los EE. UU.

y cada vez más en el resto de los países, generaron así una contradicción entre objetivos democráticos avanzados y políticas económicas que hacían difícil su implantación.

El actual modelo autonómico español, ideado alrededor de 1980, se crea en medio de esos cambios históricos: intenta imitar un modelo político de tipo solidario pero sus gobiernos abrazan cada vez las nuevas doctrinas neoliberales, muchas veces como alumnos aventajados. Por un lado el modelo democrático español manifiesta su vocación de solidaridad interterritorial, pero por otro su arquitectura obedece a una lógica competitiva entre territorios que poco tiene que ver con el espíritu de desarrollo territorial solidario que se impuso en los demás países europeos después de la Segunda Guerra Mundial, y que resulta fácil de percibir viajando por las campiñas dichos países.

Las autonomías tienen fuertes incentivos, primero para competir políticamente entre ellas con el fin de hacerse con el máximo número de competencias; segundo para crear infraestructuras productivas y fiscales destinadas a quitarse inversiones las unas a las otras; y tercero para compactarse socialmente hacia dentro con el fin de competir mejor hacia los demás territorios, comunidades y países. Los políticos nacionalistas, que participaron en este diseño autonómico, pertenecen a las regiones con más recursos económicos y formativos de España y sabían ciertamente que iban a estar mejor situados en la carrera competitiva tanto dentro de España como en el conjunto de la Unión Europea. A largo plazo, su deseo como territorios más ricos iba a ser intentar desvincularse de los compromisos políticos que les unen con el resto de España. Aunque no sería justo echarles la culpa solo a ellos pues la mayoría de los partidos estatales colaboraron activamente en este diseño guiados por las nuevas doctrinas económicas, aunque esperando que la globalización económica solucionara, casi por sí misma, el problema de la configuración territorial del país. Había un problema político latente pero se dejó que fuera el mercado —incluido el «mercadeo político»— el que lo solucionara.

La caída del Muro de Berlín radicalizó las políticas ultracompetitivas y la creación del euro, diseñado siguiendo los intereses del socio más fuerte de la Unión, llevó a un desequilibrio comercial creciente entre Alemania y los países del sur de Europa. Los países del sur intentamos compensar esta dinámica, que generaba una fuerte destrucción de empleo, una crisis fiscal que empujaba al desmantelamiento del aún débil estado del bienestar, desarrollando los sectores de bienes no transaccionales, aquellos que son más inmunes a la competencia internacional tales como el de la construcción, el turismo, el sector de la defensa y otros directamente dependientes de las decisiones políticas antes que del mercado. La expansión del sector de la construcción exigía la desprotección jurídica de bienes inmuebles, una desprotección que colisionaba necesariamente con las leyes ambientales relativamente avanzadas que emanan del espíritu de la Constitución de 1978, lo cual llegó a muchos políticos locales a incumplirlas cometiendo delitos contra la ordenación del territorio. Esto favoreció una ola de corrupción urbanística de dimensiones sistémicas: era la única forma, aparentemente, de generar empleo y de capitalizar unos ayuntamientos infradotados en relación con las competencias asumidas.

Las consecuencias políticas eran de prever y el desplome de la burbuja inmobiliaria arrastró a muchos pequeños empresarios de la construcción a la ruina, la frustración y el irracionalismo. Si el modelo autonómico no estuviera basado en principios competitivos las cosas podrían haber transcurrido por otros derroteros. Pero varios gobiernos nacionalistas llevaban décadas construyendo un nuevo discurso identitario en las escuelas que preparó el terreno para una salida a la crisis como la que conocemos en la actualidad. De hecho, el porcentaje de pequeños empresarios de la construcción empobrecidos con la crisis del ladrillo en la provincia de Girona, es uno de los más elevados de España. Era un grupo social poco politizado, conservador y poco dado a las aventuras políticas. El Procés consiguió radicalizarlo y, desde entonces, busca una salida en el irracionalismo etnolingüístico.

Yo soy de los que piensan que hoy por hoy sigue sin haber alternativa a la construcción europea como salida a la crisis en la que está instalada la civilización occidental, al menos tal y como esta se ha venido definiendo a sí misma desde 1980 primero y, sobre todo, desde la caída del Muro de Berlín: una civilización basada en las libertades políticas pero que vuelve a descuidar, una vez más en los últimos treinta años, la necesidad de cimentarlas en un orden económicamente justo del que puedan beneficiarse también los que están más abajo. Creo que las políticas de austeridad no sirven, ni mucho menos, para explicar la situación en Cataluña. Pero lo que sí me parece que está fuera de dudas es que si los grandes países exportadores de la Unión siguen imponiéndole este modelo económico al resto de Europa, es imposible parar lo que, de forma demasiado imprecisa, se llama hoy «populismos». La dinámica competitiva ha ido escalando dentro de la propia Unión Europea y un grupo de escritores e intelectuales hemos mandado una carta a los responsables de la Comisión explicándoles las conexiones entre el secesionismo y las políticas económicas que imponen una cultura de la competencia entre países y territorios por encima de las políticas de solidaridad territorial que necesitamos para aislar a las fuerzas secesionistas dentro de España y también dentro del resto de Europa.

Sociedad Civil Catalana es un espacio plural en el que los ciudadanos mismos, en su lucha contra el secesionismo, tienen o deberían tener un protagonismo más que importante. Este espacio podría formar el germen de un proceso de reflexión ciudadana sobre el tipo de país que queremos, sobre cómo inventarnos un nuevo país de países y sobre los principios que deberían regirlo. Ciertamente no tenemos que empezar de cero: la Constitución de 1978 contiene muchos aspectos positivos que enlazan con los grandes acuerdos civilizatorios de la segunda posguerra europea. Pero también tenemos que aprovechar la crisis territorial que vive España para llamar la atención sobre la necesidad de apoyar los nuevos pactos políticos sobre bases económicas y éticas nuevas basadas en la idea de la cooperación, del humanismo y de la solidaridad antes que de la competencia a toda costa. Estas ideas tienen que ser válidas tanto para la relación entre los territorios de España como también para la relación entre los países europeos con superávit comercial y aquellos otros con déficit como España.

Va a ser muy difícil, yo diría que imposible, combatir el «populismo» si no creamos en Europa mecanismos financieros destinados a canalizar inversiones sostenibles en el sur. Entiendo que para algunos ultraliberales estas conexiones pueden resultar heréticas, pero la comunidad académica y parte de la comunidad política viene advirtiendo desde hace décadas sobre este desenlace: la globalización ultracompetitiva alimenta los nacionalismos y los «populismos», esto lo sabemos de sobra desde hace décadas. Creo que los liberales de ideas humanistas son otra cosa pues entienden, como lo entendieron en 1945, la importancia de rodear el mercado de «cojines protectores» de forma que pueden y deben ocupar un lugar preferente en la definición de una nueva civilización europea tal y como lo hicieron después de la Segunda Guerra Mundial, una civilización —repito una vez más— que no deje fuera a los que están más abajo y que adquiera conciencia de los profundos cambios que tenemos que hacer en nuestras vidas para arrostrar el cambio climático. El Procés podría, al menos, tener esa ventaja: la de obligarnos a abordar los problemas de forma más profunda y realista, y teniendo en cuenta las fuerzas económicas internacionales y sus efectos sobre nuestros sistemas políticos y nuestra convivencia.

EL PATRIOTISMO CONSTITUCIONAL COMO RESPUESTA A LA INVOLUCIÓN NACIONALISTA

El patriotismo constitucional hoy[34]

Juan Claudio de Ramón[35]

Buenos días a todos, *bon dia a tothom* y gracias a SCC por volverme a invitar a uno de sus actos.

El tema propuesto es el patriotismo constitucional y quizá lo mejor sea introducir el concepto a través de una conducta. La vuestra, sin ir más lejos. Porque me parece legítimo suponer que los catalanes de esta sala habéis mostrado estos años actitudes contrarias a la independencia, habéis votado opciones no independentistas, y, en definitiva, habéis alzado vuestra voz en defensa de la ciudadanía española. No solo la vuestra, sino la de todos, porque al defender vuestra ciudadanía democrática española, estabais defendiendo también la mía, y la de los españoles no catalanes, en esta sala y fuera de ella. Es decir, estabais prefiriendo una ciudadanía basada en la capacidad para compartir ciertos valores cívicos a la ciudadanía basada en los lazos de sangre, lengua o costumbre que os proponía el independentismo catalán. Por tanto, si hablamos de lo que es patriotismo constitucional, me resulta fácil decir que patriotismo constitucional sois vosotros.

Por lo demás, en el binomio patriotismo constitucional está ya contenido todo lo que queremos decir. Por un lado, el patriotismo; por otro, su objeto de devoción o lealtad, que es el orden constitucional. Hablemos un poco de lo que es patriotismo y hablemos un poco también, después, de lo que es constitución.

---

[34] Este texto reproduce —revisada— la intervención del autor en la escuela de verano La democracia constitucional en el siglo xxi, organizada por Societat Civil Catalana en Barcelona entre el 13 y el 15 de julio de 2017.

[35] Juan Claudio de Ramón es diplomático y escritor.

Lo mejor para entender lo que es el patriotismo es oponerlo al nacionalismo. Se trata en ambos casos de una pasión, pero dirigida a dos objetos diferentes. El nacionalista dirige su pasión a una comunidad de tipo natural, basada en lazos étnicos; en el pasado solían ser de tipo religioso y hoy son más bien de tipo lingüístico. Esa es la nación o la patria del nacionalista: la comunidad que antecede al derecho, porque está fundada en realidades que él cree más antiguas, casi naturales. La nación o patria del patriota constitucional no es esa; es otra: sencillamente el Estado libre al que pertenece en régimen de igualdad con los otros ciudadanos y el conjunto de leyes que lo protege. Lo dice inmejorablemente Maurizio Viroli, que es uno de los grandes estudiosos del patriotismo republicano: *la patria es la libertad en común.* Esta es una definición perfectamente ilustrada, y para demostrarlo, y de paso sacudirnos el tópico de una ilustración antipatriótica, vayamos a la entrada *Patria* de la *Enciclopedia* de Diderot y D'Alambert. Os leo: «Patria no significa el lugar donde hemos nacido, como cree la concepción vulgar; por el contrario significa Estado libre, del que somos miembros, y cuyas leyes protegen nuestra libertad y nuestra felicidad». Tenemos, por tanto, esa primera diferencia: Estado libre frente a comunidad natural de tipo más o menos etnolinguístico.

De esta primera diferencia podemos sacar otras. Por ejemplo, el patriota, al contrario que el nacionalista, no está obsesionado con la antigüedad de su nación: no cree que esta tenga mil años o más, porque para él la historia de la nación se confunde con la historia de la libertad, y la libertad política es algo reciente en nuestro mundo. Por eso, cuando Agustín Argüelles sale en 1812 ante la muchedumbre reunida en Cádiz con el texto de la Constitución, lo que les dice es «españoles ya tenéis patria». Ya la tenéis porque antes no la teníais; antes de Cádiz, España podía existir, pero no como patria en el sentido democrático y republicano, que es el de comunidad regida por la ley en régimen de igualdad y libertad para todos los ciudadanos. Otra obsesión que tiene el nacionalista pero no el patriota es el de la pureza del grupo humano al que pertenecen. El patriota no está preocupado primariamente porque todos hablen la misma lengua, tengan la misma fe o compartan las mismas costumbres, que son preocupaciones típicas del nacionalista. Lo que sí preocupa al patriota es fortalecer la cultura de la participación política para que los ciudadanos se impliquen en el cuidado de la comunidad.

Atención: sí hay algo que tienen en común nacionalista y patriota constitucional, y esto es algo delicado que se suele entender mal en España. En ambos casos, sus lealtades brotan de una emoción, de un sentimiento. Lo hemos dicho de pasada antes, ambos son pasiones. Es decir, el patriotismo constitucional no es un mero asentimiento racional a un conjunto de leyes, no es un mero *patriotismo administrativo*, sino una genuina emoción de pertenencia a una colectividad. Esto es importante, porque a través de la emoción el patriotismo constitucional se abre también a la dimensión estética de la política, es decir a los símbolos. Esto lo digo muy a propósito, porque en España a veces parece que ser patriota constitucional conlleva prescindir de los símbolos y que nuestras credenciales de patriotas cívicos quedarán canceladas por el mero hecho de sacar una bandera española. No es así: la bandera española es la constitucional y por tanto la que significa la libertad en común, y por todo ello, en los momentos críticos, es perfectamente lícito enarbolarla sin que eso te convierta en un nacionalista.

La emoción es importante porque solamente de la emoción brota *el deber de cuidado*. Si solamente nos rigiéramos por parámetros racionales, ante una agresión a la libertad, entonces a veces el cálculo del coste-beneficio no aconseja salir a defenderla, sino quizá sumarte a los agresores o sencillamente irse del país si uno tiene los medios para ello. Si nos quedamos y damos la batalla es porque la emoción de una pertenencia a una comunidad libre nos presta la fuerza para hacerlo.

¿Significa eso que el patriotismo está condenado a dejarse llevar, como el nacionalismo, por la pendiente de la irracionalidad? No. Porque este patriotismo nuestro se ha uncido a un elemento que le encadena a la razón y le contiene en unos márgenes de racionalidad irrebasables: la constitución, que es la otra parte del binomio que ahora vemos.

Qué es constitución es muy sencillo de explicar: constitución es el gran invento que nos hemos dado los seres humanos para proteger la libertad. A través de dos expedientes, sin los cuales no hay constitución: limitación del poder, tanto si ese poder es absoluto como si es democrático, porque cuando el poder se hace democrático no decae la necesidad de ponerle límite, y protección del individuo a través de una tabla de derechos fundamentales y libertades públicas.

La constitución es una construcción racional que participa de valores universales y al vincular nuestro patriotismo a esta constitución estamos dándole un amarre en la razón. El nacionalista carece de este amarre, porque la constitución es elemento secundario y subordinado a la comunidad prejurídica y de sangre a la que pertenece.

¿Está vigente el patriotismo constitucional? Yo creo que más que nunca, porque estamos en un momento en que Europa, en el mundo, las pasiones etnolingüísticas vuelven a estar a flor de piel y necesitamos una fuerza capaz de neutralizarla. En los momentos ordinarios, de calma institucional, el patriota puede retirarse a los problemas y placeres de la vida privada. Pero en los momentos de crisis en los que la comunidad está amenazada, no nos queda otra que ponernos el traje de patriota constitucional. Es otra de las diferencias con los nacionalistas, que lo suelen ser a tiempo completo mientras que los patriotas constitucionales solo se imponen deberes extraordinarios cuando la quilla del barco zozobra, que es cuando la libertad común está en riesgo.

Termino con una cita de Dolf Sternberger, el filósofo político alemán al que debemos el concepto de patriotismo constitucional. Sus discursos están disponibles en Internet y recomiendo encarecidamente leerlos. La cita dice así:

> Debemos a Aristóteles la frase: Aquella parte del Estado que desea que la constitución permanezca tiene que ser siempre más fuerte que la que desea lo contrario. Pienso y espero que los amigos de la constitución, los amigos del patriotismo, formen entre nosotros la parte más fuerte. Ellos tienen que manifestarlo, y hacerlo de forma perceptible.

En eso estamos. Muchas gracias.

Patriotismo constitucional: una experiencia personal[36]

Rafael Arenas García[37]

En esta intervención no entraré en la definición y características del patriotismo constitucional ni de la evolución de este concepto en las últimas décadas. De una forma mucho más modesta, me limitaré a compartir mi propia experiencia de lo que entiendo que es una manifestación del patriotismo constitucional. Se trata de una experiencia que se remonta a décadas atrás y que se ha manifestado de formas diversas, tal como intentaré exponer a continuación.

En mi caso el primer contacto con lo que podría ser patriotismo constitucional se produjo en una escuela de Asturias, cuando yo tenía 7 u 8 años; desde luego, antes de 1975. Entonces, todavía en la Dictadura, nuestro maestro en la aldea donde vivía nos hablaba de democracia, de libertad y de los sistemas políticos de los otros países europeos. Lo hacía en no pocas ocasiones, pero especialmente cuando llegábamos a la parte del libro de sociales en que se explicaban los principios estructurales del régimen franquista. Allí nos decía que cerráramos el libro y escucháramos lo que no estaba en él: que supié-

---

[36] Esta contribución recoge las ideas expuestas en la Escuela de Verano de Societat Civil Catalana el día 15 de julio de 2018. Se ha mantenido la estructura y estilo de la intervención oral, aunque se han introducido referencias a hechos ocurridos entre esa fecha y el momento en el que se escriben estas líneas (septiembre de 2018).

[37] Rafael Arenas es catedrático de Derecho Internacional Privado en la Universitat Autònoma de Barcelona. Fue presidente de Societat Civil Catalana.

ramos que más allá de nuestras fronteras había países en los que había partidos políticos y elecciones, en los que los derechos fundamentales estaban garantizados y en los que reinaba la separación de poderes; países en los que había prosperidad y libertad.

Lo que dicen los maestros importa y mucho. Todavía ahora, más de cuarenta años después lo recuerdo y creo que me ha marcado desde entonces. Lo que aprendimos entonces, aún en la época en que España no era un país democrático, es que había una serie de principios y valores que inspiraban a los países de nuestro entorno y que el destino natural de España era el de incorporar tales principios y valores; que nuestro objetivo debería ser construir una sociedad articulada sobre estos principios democráticos; un paso previo a nuestra incorporación a la entonces Comunidad Económica Europea, superando el aislamiento en el que había vivido España.

Creo que muchos españoles compartían entonces ese ideal, el de un país moderno y democrático que dejara de ser una excepcionalidad en Europa occidental. Pocos años después la Transición nos dio la oportunidad de poner en práctica ese plan. Durante unos años únicos en nuestra historia, españoles con distintas ideas políticas compartimos un proyecto común: la construcción de una España reconciliada que dejara atrás la Dictadura y se configurara como una democracia parlamentaria; un país que se modernizara y se incorporara a las organizaciones europeas. Democracia, modernidad, Europa: eran los objetivos claros del país en aquellos años.

Creo que deberemos estar siempre agradecidos a la generación de nuestros padres y abuelos por haber triunfado en su propósito. En la segunda mitad de los años setenta y la primera mitad de los años ochenta nuestros abuelos hicieron un ejercicio extraordinario de reconciliación tras una guerra civil y una posguerra que habían generado muertes, odio y división. Esa reconciliación de nuestros abuelos era imprescindible para que sus hijos fueran capaces de, en unos momentos difíciles (crisis económica, terrorismo, resistencias dentro de algunos sectores del franquismo), llevar adelante la democratización del país, una democratización que se plasma en la Constitución de 1978.

La consecución de este objetivo facilitó el siguiente: la incorporación de España a la Unión Europea, entonces Comunidad Económica Europea. Como muchos españoles de mi generación recuerdo el día en el que se cerraron las negociaciones de adhesión, el 19 de marzo de 1985, la firma del tratado de adhesión y la incorporación de España a la CEE el 1 de enero de 1986. Creo que aquella fecha cerraba el período de la Transición, pues se culminaba uno de sus grandes objetivos: poner fin a una España aislada del resto de Europa.

En aquellos años estos eran los valores que nos identificaban como sociedad. Más allá de la historia, de la lengua o de los elementos identitarios, de lo que nos sentíamos orgullosos los españoles era de participar en un proyecto que había sido capaz de superar las divisiones y el rencor, de ser ciudadanos de un país que era plenamente democrático y que había sido aceptado por el resto de Estados europeos, un país que se modernizaba y que gozaría de la misma prosperidad que los países a los que nos queríamos parecer.

Quizás entonces no éramos plenamente conscientes de ello; pero ahí comenzaba a construirse un patriotismo que ya no se correspondía con el recuerdo de gestas o batallas, sino con el compromiso de respetar los valores y principios que habíamos hecho nuestros.

Fue un gran logro que tuvo como metáfora los Juegos Olímpicos de Barcelona en 1992. Aquellos Juegos serían la prueba de la definitiva modernización de España. El punto final de los más de quince años anteriores en los que los españoles habíamos pasado de la dictadura a la democracia, del aislamiento a la participación en las instituciones europeas, de ser un país todavía en vías de desarrollo a convertirnos en un país desarrollado (y aquí, evidentemente, los beneficios derivados de la integración en Europa fueron determinantes para el desarrollo económico).

Mi generación creció en estos años, en ellos pasamos de la infancia a la edad adulta, y creo que esto nos ha marcado. Para nosotros, como digo, España no son historias de hace siglos, sino el país que hizo posible la Transición y la modernización.

Desde luego, para mí lo es, y esta identificación con los valores democráticos se encuentra ínsita en nuestra manera de entender la sociedad y la política.

En los años que siguieron a 1992 el país cambió. La crisis económica de comienzos de los años noventa, los escándalos que asolaron al PSOE, entonces en el Gobierno, la agria disputa con el PP y la pretensión de que era necesaria una «segunda Transición» enturbiaron el panorama político y los consensos que se habían tejido en los años setenta y ochenta se debilitaron. Los primeros años del siglo XXI acentuaron estas tendencias y ahora nos encontramos en una situación de una gran dificultad en el conjunto del país.

No entraré aquí en todas las manifestaciones de esa crisis de los consensos; sino que me detendré en la que me parece más grave y la que personalmente más me preocupa: la que resulta del desafío secesionista en Cataluña.

Seguramente el crecimiento de este desafío —no solamente en el último lustro, sino ya con anterioridad, desde prácticamente el comienzo del siglo— no es ajeno a la crisis de identidad que se deriva del debilitamiento de los consensos alcanzados durante la Transición; pero no entraré tampoco en ello; sino que me centraré en lo que me parece más preocupante en relación a este desafío: la quiebra que implica de principios democráticos básicos.

No soy partidario de la secesión de Cataluña. Creo que carece de justificación, no responde ni a la realidad catalana ni a la realidad española y nos coloca en una peor posición para abordar los problemas del mundo globalizado; pero no entraré tampoco en ello. Si el desafío secesionista no hubiera violentado nuestro marco de convivencia estaríamos en situación de debatir con argumentos sobre los presupuestos y consecuencias de la división del país desde la perspectiva económica, jurídica, sociológica y cualquier otra que se nos ocurriera; pero no es esto lo que ha pasado; sino que a lo que nos enfrentamos es a una situación de quiebra democrática grave como consecuencia de que los nacionalistas han antepuesto la consecución de sus objetivos políticos al respeto de los principios democráticos y de los derechos fundamentales.

No es una exageración mía. Las pruebas de lo que digo son aplastantes: los tribunales de justicia ya han declarado, por ejemplo, que la utilización por las administraciones públicas de símbolos secesionistas es ilegal, sin que esto haya implicado una modificación de la actuación de tales administraciones. El defensor del pueblo ha declarado recientemente que la presencia de símbolos de apoyo a los detenidos por el intento de golpe de Estado de septiembre/octubre de 2017 no es compatible con las exigencias de neutralidad institucional que es constitucionalmente exigible, pero su advertencia ha caído en saco roto. Esta toma de partido de las administraciones convierte a una determinada opción política en oficial, lo que implica una limitación de la libertad ideológica de quienes no comparten esos planteamientos; tal como han establecido también los tribunales cuando se ocuparon de la ilegalidad de la adscripción de administraciones o corporaciones de derecho público a asociaciones o plataformas que tienen como fin promover los planteamientos nacionalistas.

Pero no se trata solamente de que las administraciones favorezcan de manera ilegal un determinado planteamiento político; sino que se ha dado un paso más allá, comenzando ya a limitar de manera activa los derechos de quienes no comparten los planteamientos nacionalistas. De nuevo no son imaginaciones, sino que se trata de hechos. Recientemente los tribunales han condenado, por primera vez en democracia, a una universidad por haber vulnerado los derechos fundamentales de sus alumnos. En concreto se afirma que la expulsión de los estudiantes vinculados a Societat Civil Catalana de un directorio de colectivos en la UAB supuso su discriminación por razón de pensamiento, al no compartir los planteamientos nacionalistas, y que tal expulsión vulneraba la libertad ideológica y de expresión de los estudiantes; suponía la discriminación que acaba de ser mencionada y vulneraba también su derecho a la educación.

Esta misma limitación de derechos de quienes no comparten los planteamientos nacionalistas se aprecia en la prohibición de que Ciudadanos realice actos políticos en determinados ayuntamientos. Se trata de una gravísima vulneración de los derechos fundamentales que nunca hubiera imaginado en mi país. Que un partido político vea limitada su posibilidad de dirigirse a los ciudadanos para presentarle sus propuestas es profundamente antidemocrático y contrario a aquellos valores que deberían identificarnos como país.

Finalmente, en las últimas semanas hemos asistido a una escalada en la agresión a la democracia cuando la Generalitat ha recurrido a la policía, a los Mossos d'Esquadra, para amedrentar a los disidentes que retiran los símbolos nacionalistas ilegalmente ubicados en el espacio público y que, pese a su ilegalidad, son tolerados cuando no amparados por las administraciones autonómica y local.

A estas graves vulneraciones de los derechos fundamentales se une el sistemático incumplimiento de la ley y de las sentencias judiciales que se vive en Cataluña. Las decisiones sobre presencia mínima del castellano en la educación no son atendidas por la administración autonómica y las administraciones en poder de los nacionalistas hacen alarde de que incumplirán la ley cuando convenga a sus intereses; tal como ya hicieron con ocasión de la consulta del 9 de noviembre de 2014 y del golpe institucional de septiembre y octubre de 2017.

Para quienes no damos por sentado que la democracia es eterna, para quienes conocimos todavía, aunque fuera como niños, la dictadura; para quienes hemos visto nacer nuestro sistema actual de libertades y derechos; esta situación es extremadamente dolorosa. Que se produzca la quiebra de nuestros valores democráticos, que las administraciones en vez de ser garantes de nuestros derechos los vulneren, que el marco de convivencia que nos hemos dado no sea solamente cuestionado, sino directamente atacado provoca una enorme desazón que ha movido a muchos a dar un paso al frente en la defensa activa de nuestro sistema de valores.

Ser ciudadano es también una responsabilidad. En una democracia, adopte la forma de república o de monarquía parlamentaria, todos somos garantes de su pervivencia y en los casos de crisis como el que vivimos es preciso que seamos activos en la defensa de los valores que nos identifican. En los últimos años he conocido a muchos que me han transmitido la misma idea: no podían permanecer indiferentes mientras veían que se desmoronaba todo lo que hemos construido.

Creo que en esta lucha por la democracia la idea del patriotismo constitucional es esclarecedora. Como he intentado explicar somos muchos en mi generación que hemos crecido en el marco de un sistema de valores que nos identificaba y que en este sentido podría calificarse de patriotismo. Quizás nos ha faltado en estas décadas hacer más explícita la conexión entre tales valores y principios y los símbolos de nuestro Estado de derecho. A veces nos cuesta ver que símbolos como la bandera o el propio rey lo son de los derechos y libertades que recoge nuestra Constitución. Si fuéramos conscientes de ello no toleraríamos que tales símbolos fueran retirados de las administraciones y percibiríamos el auténtico alcance de su denigración.

Hace unos años, desde Societat Civil Catalana desarrollamos una campaña que se denominó «Nuestros símbolos, nuestros derechos» que pretendía, precisamente, llamar la atención sobre esta idea. La bandera española lo que representa es la Constitución de 1978 y lo que en ella se incluye, desde la soberanía popular hasta la garantía de los derechos fundamentales y el Estado de las autonomías. No es el símbolo de un pasado remoto, sino de aquello que nos ha hecho ciudadanos europeos en un país democrático y moderno. Los símbolos de España son los símbolos de nuestros derechos y la identificación con los mismos es también identificación con esos valores.

En España ha habido tradicionalmente una cierta reticencia a la utilización de la bandera. Podríamos entrar en las razones que explican esto, pero no creo que sea necesario aquí, asumámoslo simplemente como un hecho. Es necesario superar esa fase y lo vivido en el último año nos muestra el camino para ello. Cuando millones de personas no solamente en Cataluña, sino en toda España sintieron que su sistema de valores era desafiado por quienes querían quebrarlo fue necesario encontrar símbolos de nuestra voluntad y convicción, y en ese momento la bandera apareció para ocupar ese lugar. La bandera constitucional que incluye el escudo en el que están representadas muchas de las comunidades autónomas y que ha de estar presente en los edificios públicos de nuestro país es un símbolo de nuestro sistema de libertades. Cuando se retira se están retirando también nuestros derechos.

Esta idea era la que pretendíamos trasladar desde Societat Civil Catalana con la campaña «Nuestros símbolos, nuestros derechos» que acabo de mencionar. Entonces, cuando la lanzamos, en 2016, no éramos del todo conscientes de lo acertados que estaríamos. En aquel momento ya se advertían quiebras democráticas graves en Cataluña; pero en los últimos años la postergación del Estado por los nacionalistas ha conducido, como se acaba de indicar, a una situación de quiebra democrática profunda que debería preocupar a todos los españoles y especialmente al Gobierno de España y las altas instituciones del Estado. Se confirma que la desaparición de España es también la desaparición de la democracia.

Estamos en un momento difícil y una de las claves para la recuperación de nuestra democracia es la revitalización del concepto «patriotismo constitucional». En mi caso, tal como he explicado, esa identificación con los valores democráticos comenzó a construirse hace más de cuarenta años, todavía en tiempos de la Dictadura, en una escuela de Asturias. Luego, durante la Transición y en la época de modernización de España y de incorporación a Europa, esos valores se convirtieron en consustanciales en mi comprensión de este país y esta sociedad. En los últimos años he sido consciente de las exigencias de la ciudadanía que construyó la generación de mis padres. Creo que como yo somos muchos los que no permitiremos que lo que ellos levantaron sea destruido, y para evitar esa destrucción debemos defender con convicción un país y sus símbolos porque tales símbolos lo son de lo más preciado que ha construido la sociedad en los últimos siglos: la democracia y los derechos fundamentales.

El patriotismo constitucional para inventar una nueva convivencia

Armando Fernández Steinko[38]

El origen del patriotismo constitucional

La idea del Patriotismo Constitucional (PC en adelante) nace en el contexto de la reunificación de Alemania hacia 1990: dos países con el mismo origen étnico y la misma lengua pero culturas políticas muy distintas entre sí. Intentaba definir un espacio común de encuentro identitario entre las dos Alemanias sin tener que recurrir a contenidos étnicos ni lingüísticos que podían generar una vuelta a la idea de nación de los años del nacionalsocialismo. De hecho, el principio del derecho de sangre —la nacionalidad alemana se concedía en función de los ancestros— era aún el único vigente en este país hasta 1999 fecha en que se introdujo el derecho de suelo —*ius soli*— que concede la nacionalidad en función del lugar en el que se haya nacido tal y como sucede en Francia o los Estados Unidos desde hace ya mucho tiempo. La idea central del PC es que la nacionalidad o ciudadanía no se puede construir sobre lazos étnicos y culturales comunes sino en la práctica social y comunicativa de los propios ciudadanos, de un «plebiscito diario» como escribió Ernest Renan a finales del siglo XIX para —y esto es importante para entender el punto de vista de Renan— poder argumentar la pertenencia de Alsacia-Lorena a Francia, una región de origen étnico-cultural alemán incorporada a Alemania con la victoria militar del II Reich sobre Francia en la guerra de 1870/71.

---

[38] Profesor titular de Sociología, Universidad Complutense de Madrid.

Una idea central del PC es la necesidad de consensuar y respetar los procedimientos democráticos utilizados para llegar a posiciones y decisiones comunes. Esto es esencial pues sólo si se deciden previamente los procedimientos es posible conseguir que las decisiones tomadas en entornos pluralistas puedan llegar a ser respetadas por todos. Se puede decir, por tanto, que esta es una primera razón por la que los intentos de cambiar unilateralmente las reglas por parte de los protagonistas del procés es incompatible con la propuesta republicana del patriotismo constitucional.

Esto no es poca cosa pues el PC probablemente sea la única forma de crear hoy un espacio de identificación común en Europa, el continente con la mayor diversidad étnica, cultural y lingüística del mundo. Cabe hacerse la pregunta si la fórmula sirve para abordar también el problema identitario y territorial de España. Yo creo que sí aunque su efectividad pasa por tener en cuenta lo siguiente: (a) por comprender el propio fenómeno identitario para llevarlo al terreno de la racionalidad y poderlo articular políticamente; (b) por comprender las premisas y el contexto histórico en el que Habermas hace su propuesta y (c) por no reducir el PC a una propuesta destinada a regular comportamientos individuales al margen de toda idea de colectividad o comunidad.

¿Qué es la identidad y cómo se crea?

Pero ¿qué es la identidad y cómo se construye? Es verdad: estamos saturados de tanto discurso identitario y los que estamos aquí abrazando los ideales de la izquierda hemos tenido que asistir durante años a cómo el discurso de solidaridad y justicia social viene sucumbiendo en nuestras propias filas frente al discurso identitario. Pero esto no quiere decir que la identidad no sea importante o que resulte imposible definirla racionalmente, pues no es sino la forma que tiene cada individuo, y por extensión un grupo de individuos, de verse a sí mismo en relación con el resto de la sociedad. Es imposible que esta identificación obedezca sólo a principios racionales pues tiene que ver con un sinnúmero de aspectos, muchos de contenido emocional y afectivo. Pero esto no deja fuera la posibilidad de definir el fenómeno identitario de forma racional pues la visión que tiene cada individuo de sí mismo en relación con el resto no es nunca del todo arbitraria pues depende de las características objetivas de esa sociedad y también de las experiencias vitales del individuo: un desencuentro profesional o familiar profundo puede cambiar la naturaleza de esta relación pero también los cambios políticos y culturales que se viven en en el resto de la sociedad.

Las formas por medio de las cuales se crean y se transmiten las identidades dependen del tipo de sociedad de la que estemos hablando. En la sociedades tradicionales estas se traspasan de unas generaciones a otras a través de la familia y de la comunidad en un proceso espontáneo de transmisión cultural y lingüístico. Sus contenidos no son causales y tienen que ver con las formas de vida propias de estas sociedades: la agricultura tradicional, los espacios rurales, el pequeño comercio urbano, las pequeñas industrias familiares diseminadas por las comarcas, la familia estable y dotada de valores tradicionales, etc Las personas que nacen y viven en un entorno de este tipo sólo cambian muy lentamente, su identificación con el mundo que les rodea también porque dicho mundo cambia también sólo poco a poco. La identidad se percibe aquí como algo casi tan natural, eterno, certero y «objetivo» como las propias montañas, lo cual explica que a los gobiernos les resultara relativamente fácil convencer a las clases campesinas para que defiendan su «patria» con su vida y sin pedir nada a cambio. El radicalismo identitario de personajes como Torra o Puigdemont, que proceden de los espacios ideológicos más tradicionalistas de Cataluña. hacen alarde de esta fe casi ciega en la «objetividad» de su forma de sentir y de pensar lo que ellos entienden por Cataluña.

Sin embargo, en los estados modernos, particularmente después de la segunda guerra mundial, la producción y reproducción identitaria sucede de forma muy distinta. Ahora son los gobiernos y no las tradiciones heredadas, los que construyen las identidades de forma planificada y sistemática a lo largo de varias generaciones, y haciendo uso del sistema educativo y de los medios de comunicación. Hay un acuerdo, una decisión política que lleva a inventar, literalmente, identidades políticas nuevas, a plasmarlas en los libros escolares y a difundirlas. Se trata de un proceso enteramente político muy distinto del que se produce espontáneamente en los espacios tradicionales. Los gobiernos bucean en las tradiciones del país pero las reinventan haciendo, ademas, una lectura de la historia que sólo puede ser selectiva y en función de los valores que quieren resaltar para incorporarlos a las nuevas comunidades políticas.

Ninguna de las dos formas de producción y reproducción identitaria se salvan de ser construcciones históricas, de ser cosas que han sido creadas en un momento pero que se pueden volver a construir en función de los cambios del presente. Esto se refiere tanto a la identidad «española» como a la «catalana» o a cualquier otra. Pero muchas personas argumentan como si sus planteamientos identitarios no fueran productos históricos e incluso creaciones políticas, tienen una visión naturalista de su identidad, como si esta estuviera escrita en sus genes. El resultado es un choque identitario permanente alimentado, en este caso, por los inspiradores del procés dirigidos por los espacios identitarios más tradicionalistas apoyados por los grupos sociales con alto capital cultural vinculados, preferentemente, a la Generalitat. No tiene sentido sentido alguno responder a esta situación con otra identidad igual de cerrada e históricamente acabada por incapaz de incorporar a sectores amplios de la población catalana, vasca etc La salida está en abordar la construcción política de una nueva identidad compartida por todos que deje detrás lo que nos a llevado a la situación actual.

¿En qué medida nos podemos valer del PC para abordar los problemas de presente?

La propuesta de PC de Habermas tiene que ser insertada en su contexto histórico. Cuando habla de ella tiene en mente la situación creada en Europa después de la segunda guerra mundial, una situación que incluía la firma de una serie de pactos sociales y políticos en los que, por primera vez, también tenían cabida a las clases menos favorecidas. Estos pactos, que se tradujeron en procesos redistributivos y en la protección del trabajo frente al capital, sirvieron de base para la construcción política de una identidad basada esa vez no en la superioridad étnica y cultural de una nación frente a otra, sino en la idea según la cual todos son ciudadanos iguales independientemente de su sexo, religión o su adscripción étnica. Pero no sólo. Además son iguales independientemente de su clase social, que es lo verdaderamente nueva, la idea de ciudadanía incluye la ciudadanía social. Este aspecto venía siendo una reinvindicación de las izquierdas occidentales desde mediados del siglo XIX, pero sólo se consiguió imponer políticamente tras los dos desastres bélicos de la primera mitad del siglo XX.

La propuesta de Habermas es un intento de solución global del problema político-identitario pero se apoya en la idea de ciudadanía social. Su argumento es de calado: esta forma de ciudadanía es la única con capacidad de afrontar la creciente diversidad cultural, la progresiva individualización de las relaciones sociales o, incluso, el problema de los recursos —naturales, territoriales o energéticos— que son cada vez más escasos en el mundo, un problema que sólo puede solucionarse aplicando un criterio de ciudadanía válido para todas las personas que pueblan el planeta y no sólo para un grupo privilegiado de ellas pues, para que cada uno pueda ser autónomo y diferente, tiene que ser «igual» que el resto, tener asignado el mismo estatus en el mundo y en la sociedad, lo cual pasa por disponer de un mínimo de seguridad material, sanitaria y educativa. Por tanto sería sería un grave error ignorar las condiciones —económicas y sociales— requeridas para asegurar que el PC se siga asentando entre las poblaciones europeas como lo hizo durante tres o cuatro décadas, para que no sufra una erosión política como la que está sufriendo ahora. De hecho, la idea del PC no ha permitido evitar el auge de la ultraderecha en Alemania nacido de la ira y la frustración de la población alemana provocada por el desmontaje del su sistema de bienestar a partir de finales de 1990 (el programa «Harz IV»), y por la indignación provocada por el uso del dinero de los contribuyentes para rescatar a los bancos, un dinero que aparentemente no existía para ayudar a las víctimas de la crisis de 2008 que, a diferencia de estos últimos, no tenían ninguna culpa de la misma.

Existe, por tanto, efectivamente el peligro, de que el PC pierda apoyos si un tercio de la población no tiene un empleo mínimamente digno, cuando los estados redistributivos encargados de hacer realidad sus premisas materiales se siguen viendo debilitados por la desregulacion financiera y otros factores, o cuando, en definitiva, el riesgo y la inseguridad siguen instalados en las vidas de cada vez más personas. Existe, por tanto, el peligro de hacer una lectura del PC que, si bien se apoya en la idea de la igualdad política, se muestre insensible a los recursos necesarios para conseguir que esa se haga una realidad palpable para la mayoría de la población. Por mucho que uno se posiciones frente a los llamados «populismos»: cuando esta insensibilidad persiste se favorece el avance de los mecanismos identitarios de base tradicional pues muchos encuentran en ellos un refugio para preservarse de un sistema económico que no les tiene en cuenta. Esto no quiere decir que las cosas vayan a cambiar realmente, pero la imaginación de comunidades y lazos sociales que no van a volver nunca proporcionan un anhelo de seguridad y de certeza que puede llegar a ser muy intenso en momentos de crisis alimentando procesos tan irracionales, antidemocráticos e imposibles como el procés.

Otro error sería interpretar el PC como una especie de construcción teórica abstracta que no tiene en cuenta los sentimientos de las personas, reducir, en definitiva, el problema identitario a un problema de distribución racional de recursos en una sociedad entendida como la mera suma ordenada y civilizada de individuos aislados siguiendo la tradición de John Locke. Desde luego esta no es la concepción de ciudadanía de Habermas, aún cuando algunos lo interpretan así. Lo que propone es un proyecto de convivencia en la que los individuos se conciben a sí mismos como parte de un conjunto del que no sólo participan pagando sus impuestos civilizadamente a cambio de servicios públicos, sino de un conjunto que además resulta constitutivo de su propia identidad individual, de la forma que tienen de verse a sí mismas las personas en relación con el resto. Para Habermas los ciudadanos deben participar plena y democráticamente no sólo para poder vivir sin conflictos nacidos de opiniones discordantes, sino además porque entienden que su participación en la esfera de lo público es la condición, incluso la esencia de su propia libertad: lo de todos no es ajeno y exterior, sino que forma parte de lo de cada uno. Esto quiere decir que para que se cumplan las premisas del PC, el individualismo debe dar paso a la reciprocidad. «Nadie» escribe Habermas «puede reivindicar la autonomía política para sí mismo para alcanzar sus intereses particulares sin tener en cuenta que esta autonomía sólo se puede llegar a realizar de forma colectiva a través de la práctica intersubjetiva. La posición jurídica del individuo se conforma así a través de una red de relaciones igualitarias basadas en el reconocimiento recíproco. Le exige a cada uno que adopte la perspectiva de la primera persona del plural -nosotros- antes que la perspectiva de un observador externo que sólo pretende alcanzar su propio éxito individual». En definitiva: el PC pasa por la construcción de una comunidad, de un «nosotros» y no por la mera organización racional de una suma de individuos iguales pero aislados los unos de los otros, y que consideran «lo de todos» como un algo ajeno a sí mismos, un algo con lo que se relacionan de forma comparable a lo que sucede en las transacciones mercantiles, un algo, incluso, susceptible de ser apropiado individualmente en beneficio propio.

Mi argumento es que tenemos que construir en España un nuevo «nosotros» que deje atrás los diferentes «nosotros» actualmente nos separan. Sus piezas no pueden incluir las tradiciones antidemocráticas, la violencia ejercida contra los inocentes, el autoritarismo en todas sus variantes o el sexismo, sino otras tales como la solidaridad entre clases y territorios, una suerte de plurilingüismo en todo el territorio que le permita acceder a todos los ciudadanos desde niños al menos a dos de las tres culturas lingüísticas de la «periferia», una visión preservadora de los recursos naturales, culturales y artísticos que se han ido acumulando a lo largo de los siglos, etc. No tenemos que empezar desde cero pues la Constitución de 1978 es una referencia democrática fundamental en la historia de este país de países pero debemos completar la reforma del Título VIII con el diseño colectivo de un relato común de país, y que parta de las experiencias democráticas compartidas a lo largo de la historia, de la tradición regeneracionista y republicana que colocó a España a la cabeza de la cultura de la paz, de la democracia, de la ciencia y de las artes europeas, de la experiencia de tolerancia religiosa en la Edad Media hispana en medio de una Europa vandalizada, o también del acerbo civilizatorio acumulado por la cultura mediterránea que sugiere un espacio de diversidad cultural y encuentro único en el mundo etc, En ningún caso se trata aquí de combinar o encajar de otra forma «naciones» y «nacionalidades» ya existentes y consideradas acabadas históricamente, como sostienen tanto los nacionalistas al norte y al sur del Ebro, como los que apuestan por una especie de confederación. Por el contrario, se trata de construir política y culturalmente algo nuevo que sea algo más que una mera suma de lo que ya existe por separado. Los gobiernos de la España constitucional de 1978 no abordaron esta tarea, bien porque pensaban que la globalización la hacía obsoleta, bien porque no había posibilidad de consenso que fuera más allá de un «borrón y cuenta nueva» impuesto por el hecho, de que muchos le atribuían aún el régimen de Franco una elevada dosis legitimidad. Hoy esos son ya muy pocos, lo cual abre una oportunidad histórica para la construcción de un nuevo relato de país de países consensuable basado en experiencias de democracia, de libertad y de justicia comunes. El enfrentamiento identitario al que el procés ha colocado a toda la sociedad puede ser una oportunidad pues ha hecho evidente, en toda su crudeza, la naturaleza insostenible que lo que se ha venido fraguando desde 1978 en términos identitarios en España. El trauma producido puede llevar a muchos a dar el primer paso para romper con las lealtades identitarias que han venido funcionando hasta ahora con el fin de crear espacios para un nuevo espacio que mire al futuro y al mundo del siglo XXI. En realidad, se trata de una tarea que no sólo tienen que abordar los ciudadanos españoles sino los del conjunto de la Unión Europea pues, si se quiere seguir apostando por la UE hay que construir un relato europeo común basado en la parte humanista, democrática y tolerante de sus tradiciones, así como en el rechazo activo de todas aquellas que apunten en el sentido contrario: solo así se podrá evitar una reedición de las experiencias de entreguerras.

Elogio del patriotismo

José María Marco[39]

El patriotismo, sobre todo así, a secas, no tiene muy buena prensa. Lo identificamos con actitudes estrechas o demasiado cómodas, miedo o desconfianza ante un mundo sin barreras, fórmulas que nos impiden apreciar lo que nos resulta ajeno. Se diría que el patriotismo nos vuelve algo provincianos, en contraste con la vocación cosmopolita que nos lleva a querer ser ciudadanos del mundo y hermanos de todos los seres humanos que pueblan la tierra.

A los reparos clásicos sobre el patriotismo, en España se añade la herencia, todavía viva cuarenta años después, de la larga manipulación del patriotismo realizada por la dictadura. Nacionalista en algunos momentos, conservadora en otros, la dictadura anegó el patriotismo en fórmulas ideológicas que lo neutralizaron como elemento vital de la ciudadanía. (La crisis venía de antes, de cuando se hundió el crédito del liberalismo y de los regímenes constitucionales para los que el patriotismo no planteaba ningún problema, pero esa es otra historia.) Así que durante cuarenta años de dictadura y otros tantos de democracia, los españoles han vivido su condición de españoles sin plantearse la cuestión de aclarar el significado y los efectos de la lealtad y del amor al país del que forman parte.

En términos personales, ha estado muy extendida, entre las elites, una cierta vergüenza de ser españoles y la casi imposibilidad de expresarlo. En términos políticos, construimos una

---

[39] José María Marco es escritor, columnista en *La Razón*, profesor del Departamento de Relaciones Internacionales de la UPCO, Madrid.

democracia liberal sin nación que la sustentara: sin reflexión sobre su realidad política y evitando, cuando no reprimiendo, nuestra relación con ella. Hemos sido españoles por accidente, y no se establecía relación alguna entre la vida, en la que la presencia de lo español es abrumadora —como es natural—, con una esfera política en la que las realidades tienen validez porque son universales.

Las consecuencias políticas de esta ficción, porque eso es lo que era, se fueron viendo a lo largo de todo el primer período democrático que cubre el reinado de don Juan Carlos, muy en particular en cuanto al nacionalismo. Ante el terrorismo nacionalista vasco, la condena de la violencia era firme en el conjunto de la población, pero resultaba imposible engarzar esa actitud de repudio con la esfera política porque se había neutralizado la realidad nacional que el terrorismo nacionalista atacaba con tanta dureza. En cierto sentido —no en el de la respuesta policial, claro está—, los españoles habían quedado sin capacidad de respuesta ante el terrorismo.

Después de 2012 se empezó a evaluar otra de las consecuencias de aquella ficción, como ha sido el intento de secesión de Cataluña, cuando los nacionalistas decidieron dar por terminado el proceso de construcción nacional que se venía llevando a cabo por la Generalidad desde su restauración, sin respuesta seria por parte de los sucesivos gobiernos centrales, fuera cual fuera el color político de estos. (En el País Vasco se ha llevado a cabo otro proceso de similares características, también sin respuesta.)

Así que el resultado paradójico del olvido, o la censura, de la lealtad nacional como afecto y virtud política llevó a la perpetuación del nacionalismo, algo que durante décadas constituyó la máxima excepcionalidad política española en el conjunto de los países europeos, donde era el nacionalismo el que estaba desterrado después de lo ocurrido en los treinta primeros años del siglo XX. Aquí ha ocurrido al revés. Se apartaba el patriotismo, y se aceptaba, cuando no se elogiaba y se promovía, el nacionalismo.

Una de las lecciones que se pueden sacar de lo ocurrido en España es precisamente que la ausencia de patriotismo ha conducido al auge del nacionalismo. Los nacionalistas no han conseguido inculcar sui ideología al conjunto de la sociedad, ni siquiera en una parte mayoritaria, pero sí lo ha hecho en un porcentaje importante de la población, hasta crear el problema enquistado, y sin aparente solución, del que somos testigos hoy en día en Cataluña. La contrapartida es la asombrosa —cualquier adjetivo se queda corto— incapacidad de los partidos nacionales para llegar a un acuerdo acerca de la forma de gestionar democráticamente una crisis que atañe a la existencia misma del país. El patriotismo sigue siendo piedra de escándalo para las elites españolas.

***

Uno de los motivos de la desconfianza ante el patriotismo procede de la naturaleza de este. El patriotismo no es una ideología, como sí lo es el nacionalismo. El patriotismo, efectivamente, es una virtud cívica, aquella que nos lleva a aceptar dedicar una parte considerable de nuestro esfuerzo y de nuestra vida al bien común, entendido este en su formulación nacional. Antes que eso el patriotismo es un sentimiento, que consiste en amar el país propio. Como tal sentimiento, y también como virtud cívica, el patriotismo convive con ideologías muy diversas, que lo pueden utilizar para sus propios fines. Así ocurre con el nacionalismo, que aprovecha las emociones del amor o la lealtad al propio país para fundamentar y dar contenido a su propio proyecto de construcción nacional. Más difícil parece en el caso del liberalismo, pero también el liberalismo aprovechó el patriotismo, en particular en el siglo XIX, para crear nuevas naciones políticas que, a diferencia de las naciones nacionalistas que vendrían después, se esforzaban en proyectar lo propio hasta una esfera propiamente humana y modelaban la lealtad nacional en términos de respeto a los derechos universales del ser humano. Es lo contrario de lo que se esfuerza por conseguir el nacionalismo.

La posible manipulación del patriotismo no nos debería llevar, sin embargo, a abandonar cualquier intento de comprender en qué el patriotismo es una virtud, o un sentimiento positivo.

Una primera observación se puede referir a la naturaleza del ser amado. Como siempre en el amor, también hay aquí una parte importante de idealización, algo sobre lo que volveremos más adelante, pero lo fundamental es que no se elige consciente ni voluntariamente el objeto de este, ni tampoco las cualidades del ser amado. El patriotismo no elige, ni tampoco excluye, por tanto, en cuanto al objeto de su afecto. No hay una patria ideal compuesta de aquellos rasgos que a cualquiera de nosotros le resulten más amables. La patria, como escribió Roger Scruton, no es un objeto ideal. Es la patria real, tal como es aquí y ahora, con sus maravillas y sus virtudes, pero también sus muchos defectos e incluso, por decirlo así, sus pecados, que en toda comunidad política, como en cualquier persona, son abundantes.

Por eso el patriotismo acepta la totalidad del legado de la nación, sabiendo que forma parte de un pasado que aspirará a no repetir, en los casos en los que este pasado viola los derechos humanos, pero sabiendo también que esas realidades han determinado la realidad actual del país al mismo título que lo que sí resulta apreciable.

Tampoco podemos elegir a nuestros compatriotas. En nuestro caso, tan españoles son las víctimas como los terroristas nacionalistas. Tan españoles son las mártires de la persecución religiosa de entre 1936 y 1939 como sus verdugos, e igual de españoles son los represaliados, los encarcelados y los asesinados por sus posiciones prorrepublicanas como aquellos que los condenaron o los ejecutaron. Por mucho que repudiemos a unos, y por mucho que estemos en la obligación de evitar la repetición de esos hechos, no podemos despojar a sus autores de su condición de españoles, ni podemos construir una historia o una idea de nuestro país en la que queden evacuados. La historia no es ejemplar, ni un relato inventado a medida de nuestras convicciones o necesidades políticas. Es la realidad que sustenta el espacio de convivencia común. Tampoco el presente de nuestro país es inteligible sin tener en cuenta esa historia y quienes la hicieron en su momento: todos, nos guste o no nos guste lo que hicieron.

Y porque el país que es el objeto del amor del patriota no es un país ideal sino el país real, el patriotismo es la base del pluralismo que define las naciones modernas. Es la idea de patria, el hecho de que seamos compatriotas, el que impide cualquier intento de aniquilar el adversario. Siempre compartimos más de lo que nos distingue, y así se llega a esa realidad según la cual solo la nación Estado, fundamentada en un sentimiento de pertenencia común, permite que nos gobierne quien no piensa como nosotros en la seguridad de que no nos va a destruir. El patriotismo va situado en un plano propio, allí donde las diferencias en cuanto a ideologías, preferencias, gustos o formas de comprender la vida buena, no son relevantes. O, desde otra perspectiva, contribuyen, precisamente en virtud de su diversidad, a aumentar nuestro amor a la comunidad política.

Ninguna ideología ni ninguna forma política pura integran la nación. En cambio, eso es lo que pretende el nacionalismo: trasladar lo que considera propiamente nacional al terreno más estrecho de la política, y fijar lo nacional en función de criterios ideológicos —o históricos o morales, lingüísticos, religiosos, étnicos, culturales...—, estableciendo así una jerarquía y una línea de exclusión. Habrá buenos y malos nacionales, o nacionales auténticos o falsos según estén de un lado o de otro de la raya. Y sabemos bien la suerte que les espera a quienes se encuentren del otro lado. De hecho, la nación nacionalista se crea con la depuración de esos falsos nacionales, tanto más peligrosos cuanto más sutil sea la distinción entre lo auténtico y lo que no lo es.

En el patriotismo no hay nada de eso, y todos somos nacionales —en nuestro caso, españoles— siempre que se cumplan los criterios jurídicos establecidos por la legislación. Todos somos españoles exactamente al mismo título, ya descendamos de los godos o acabemos de obtener la nacionalidad, y ya seamos antinacionalistas o militemos en una organización nacionalista vasca o catalana. Y al revés: no son concebibles los partidos políticos que definen su programa en función de un supuesto bien común nacional que todos deberíamos compartir. No hay partidos exclusivamente españoles, porque lo español no es una ideología. Es la base de la convivencia y por tanto admite, e incluso incita, las diferencias de criterio acerca del contenido de ese mismo bien común. El patriotismo, la lealtad o el amor a la propia nación, puede ser manipulado por el nacionalismo, pero también es la base más segura para contrarrestarlo y evitarlo.

***

Por eso mismo, el patriotismo no está reñido con el cosmopolitismo, entendido este no como una ciudadanía universal que nunca ha llegado a realizarse, ni existe en la actualidad, sino —siguiendo a Michael WALZER— como la capacidad para sentirse comprometido con realidades que trascienden las fronteras nacionales: ya sean injusticias, situaciones de opresión y de violencia o ataques por razones de ideología, de creencia o de cualquier otra clase. Es posible incluso que aquel que se siente vinculado con la realidad más próxima sea quien más sensible se muestre a esos otros hechos que afectan a personas más allá de las fronteras de lo nacional.

En vez de plantear la elección entre una y otra realidad, entre la razón universal y lo propio, se puede afirmar la compatibilidad de los dos, en particular porque la lealtad a lo nacional implica asumir la seguridad de que existen otras formas de enfrentarse a la realidad y escalas de valores distintas, compatibles todas ellas con la nación. El patriotismo acepta y negocia desde el primer momento con las diferencias. Y se complace en ellas, en su realidad concreta. Eros —apunta Robert PINSKY en un fino ensayo— forma parte de ese amor que es el patriotismo, como no lo podría soñar nunca un cosmopolitismo empeñado en dar por equivalentes todas las realidades. Aquí solo se alcanza al amor solitario, frente a un espejo que nos devolvería nuestra imagen, o al que contempla las cosas desde fuera. No es seguro que un mundo así entendido, de llegar a existir, fuera mejor que aquel en el que vivimos ahora.

Tampoco el patriotismo invita a conformarse con la realidad tal como la recibimos, o con la tradición que nos ha sido legada. En la idea misma de nación, a diferencia de otras formas de comunidad política que se viven como perfectas en sí mismas, está presente una tensión temporal que lleva al nacional a preocuparse por el mundo que viene, el mismo que dejará a quienes vengan detrás de él. La nación, al ser una comunidad pluralista por esencia, lleva inscrita la idea de avance y mejoramiento, y compromete a los nacionales cuando estos se encuentran vinculados con la nación por ese lazo sentimental que es el patriotismo.

No hay un criterio único que defina ese progreso, y el patriotismo es compatible con muy diversas formas de concebirlo, como es compatible con diversas perspectivas acerca de la naturaleza del bien común. Esta realidad, al tiempo sencilla y compleja, se entiende bien en esa forma de expresión que el patriotismo ha desarrollado y que son los símbolos nacionales.

Los símbolos nacionales deben su prestigio casi sagrado al hecho de que representan el conjunto de la nación, sin límites ideológicos ni de ninguna otra clase. Son la viva imagen de aquello que es la nación: la plasmación del bien común. Por eso son incompatibles con cualquier forma de apropiación partidista, y también por eso, para evitar posibles manipulaciones, su aparición y su despliegue requieren reglas y formalidades estrictas. (A cambio, la aparición de los símbolos ciudadanos en la vida cotidiana suele ser una señal de civismo.)

Pero si se trata a los símbolos nacionales con especial atención es también porque representan una dimensión particular de la nación. Si los participantes en una ceremonia o en la entrega de alguna clase de premio se emocionan ante la aparición de los símbolos nacionales, es porque los símbolos encarnan en ese momento lo mejor de ellos —y por tanto de nosotros mismos—. El símbolo representa lo que nos une a los demás —a nuestros compatriotas— y significa nuestra contribución a lo que es común a todos: contribución que por su propia naturaleza, y porque se produce como un gesto de agradecimiento, solo puede ser aquello que valoramos en más alto grado.

Los símbolos nacionales, lejos de significar un hecho puramente abstracto o excluyente, hacen visible esa vinculación tan particular que nos une a nuestro país: lo mucho que le debemos (es decir, que le debemos a los demás) y nuestra contribución a lo que es común a todos. La emoción surge de la intuición de que ahí se ha alcanzado uno de los puntos más altos de la vida personal.

Todo esto es lo que se ha hurtado a los españoles durante los muchos años en los que estuvo vigente el tabú del patriotismo y, con él, el de los símbolos nacionales. El tabú se quebró mediante un movimiento espontáneo de la ciudadanía que tras el discurso del rey don Felipe el 3 de octubre de 2017, decidió hacer explícitos el amor y la lealtad a su país mediante la exhibición pública de la bandera nacional. Lo que esas banderas indicaban no era, como a veces se ha dicho, una exaltación nacionalista española simétrica a la ofensiva del nacionalismo catalán. Es la manifestación de la voluntad de seguir juntos. También fue una petición a los dirigentes políticos para que dejen de ignorar aquello que constituye la base misma de la convivencia y de la acción política, y salgan de la atmósfera envenenada que caracteriza hoy en día la política nacional.

Bibliografía

Abascal, S. y Bueno, G. (2008): *En defensa de España. Razones para el patriotismo español.* Madrid, Encuentro.

González Quirós, J. L. (2002): *Una apología del patriotismo.* Madrid, Taurus.

Marco, J. M. (2011): *Una historia patriótica de España.* Barcelona, Planeta, 2011.

Marco, J. M. (2015): *Sueño y destrucción de España. Los nacionalistas españoles, 1898-2015.* Barcelona, Planeta.

Noonan, P. (2008): *Patriotic Grace,* Nueva York, Collins.

Nussbaum, M. *et al.* (1999): *Los límites del patriotismo. Identidad, pertenencia y «ciudadanía mundial».* Barcelona, Paidós.

Pinsky, R. (1999): «Eros contra esperanto», en Nussbaum, M. *et al.*, *Los límites del patriotismo.* Barcelona, Paidós.

Primoratz, I. y Pavkovic, A. (2007): *Patriotism. Philosophical and Political Perspectives.* Burlington, Vermont, Routledge.

Scruton, R. (2004): *England and the Need for Nations.* Londres, Civitas.

Uriarte, E. (2003): *España, patriotismo y nación.* Madrid, Espasa.

Viroli, M. (1997): *Por amor a la patria.* Madrid, Acento Editrial.

Walzer, M. (1999): «Esferas de afecto», en Nussbaum, M. *et al.*: *Los límites del patriotismo.* Barcelona, Paidós.

COMUNICACIÓN Y POLÍTICA EN EL SIGLO XXI

Las noticias falsas como síntoma: ¿de una racionalidad baja en información a la liquidación de la utopía deliberativa?

Fran Jurado[40]

Una racionalidad política matizada

El panel de discusión Hacia una opinión pública libre y crítica en la era de las *fake news*, dentro de las jornadas de Societat Civil Catalana La democracia constitucional en el siglo xxi, inspira este artículo. El título elegido para el debate sugiere dos ideas básicas: por un lado, la caracterización del momento actual como etapa de hegemonía —o, al menos, de influencia sustantiva— de las noticias falsas. Por el otro, la concepción de una opinión pública en crisis: el deseo que se expresa de una condición futura de libertad y capacidad crítica para la misma implica que tal condición dista de ser la actual. De fondo, y en juego una vez más, la noción esencial de la teoría democrática que reclama, para el funcionamiento óptimo y la justificación de nuestros sistemas, unos *media* que proporcionen la información veraz que el ciudadano-elector necesita para hacerse juicios razonados sobre los que asentar preferencias políticas y decisión de voto. Tal concepción prescriptiva, ideal, es cuestionada de nuevo hoy con fuerza por la evidencia de los hechos, en tiempos de un populismo y una posverdad que han convertido en tópico la idea de un ciuda-

---

[40] Fran Jurado es politólogo y periodista.

dano tributario de lo emotivo e incluso de una presuntamente sobrevenida irracionalidad.

Sin embargo, lo que vivimos como revelación parece menos novedoso si recordamos que, ya en 1922, en su clásico *Public Opinion*, Walter LIPPMANN trazó el camino de investigación para la futura ciencia política, al anticiparse veinte años en su intuición sobre los límites cognitivos de la ciudadanía. Su perturbadora afirmación según la cual *ni siquiera en el caso* de que la prensa fuera capaz de proporcionar una información estrictamente orientada a hechos y sin sesgo el ciudadano podría lograr eficacia en esos juicios razonados —por su incapacidad de aprehender los matices necesarios para una decisión fundamentada pero, sobre todo, por la influencia en su psique de lo emotivo—, representa la demolición del supuesto optimista subyacente en la citada teoría democrática, en su dibujo de la interacción entre tres grupos de actores —medios, políticos, electores—, cuyo equilibrio y racionalidad se convierte en el fundamento normativo de la democracia liberal. Un supuesto que, paradójicamente, se mantiene como idealización para coexistir con el ambiente desazonado por la abrumadora evidencia de lo emotivo y lo sentimental en el comportamiento político. En este contexto, es útil recordar la síntesis ecléctica a la que ha conducido más de medio siglo de investigación de la conducta política desde la politología: una reformulación a la baja de lo que deberíamos considerar como *racionalidad política*. A la vez, esta vía nos puede conducir a juicios más afinados —o más bien, a interrogantes— sobre el problema concreto de las *fake news*. El fundamental: ¿podrá sostenerse siquiera tal visión *posibilista* de la racionalidad si cristaliza en la psicología ciudadana este imperio reforzado de la falsedad y la mentira en la información política?

En realidad, el debate emerge y se oculta desde hace décadas sin que seamos del todo conscientes. Como mínimo, ocurre desde ese año 1922 en que LIPPMANN, desde su genuina preocupación democrática, certificó la insuficiencia de los hechos para decantar preferencias a partir de una lógica estrictamente racional. La ya célebre afirmación de la asesora presidencial norteamericana, Kellyanne CONWAY, acerca de los *hechos alternativos* debería impactarnos por el cinismo con que se presenta y por el ámbito desde el que se expresa, no por su supuesta novedad. ¿A qué conclusión había llegado la politología, en su área de estudio del comportamiento y las preferencias ciudadanas? Puede ser de interés empezar con la reflexión, *contraintuitiva* en apariencia, que nos brindan CARMINES y HUCKFELDT (1996), al recorrer las conclusiones de décadas de análisis experimental desde la psicología política: para los individuos *políticamente sofisticados*, «la información imparcial es a menudo menos útil y de aquí que sea menos influyente».

En efecto, la evidencia empírica ha llevado a formular esa sofisticación de modo distinto a como la lógica nos permite deducir desde una aproximación normativa, es decir, desde la prescripción de la teoría democrática. El ciudadano concernido por la política difícilmente se halla dispuesto a reunir toda la información significativa para formar su opinión. Desde el precursor análisis de Anthony DOWNS, en su *Una teoría económica de la democracia* (1957), sabemos que, en realidad, tal cosa implicaría asumir costes *irracionales* de tiempo y atención, dada la limitadísima posibilidad que con el propio voto se tiene de ser decisivo en el resultado electoral final y obtener la deseada *utilidad*. Por ello, se evitan los costes excesivos a través de atajos *heurísticos*, estrategias cognitivas que permiten integrar un volumen limitado de información que se hace funcional por la vía usual del reforzamiento de los sesgos y preferencias previas. Los autores citados enumeran esos atajos: el *uso de estereotipos* para hacer valoraciones políticas (de nuevo, la intuición de LIPPMANN se había anticipado al definir por primera vez la idea de estereotipo y su funcionalidad psicológica); la *heurística de la semejanza*, o tendencia a atribuir *a priori* nuestras propias opiniones a los partidos que nos agradan y las contrarias a los partidos a los que nos oponemos; las *indicaciones iniciales*, o uso de la opinión de líderes valorados para formar nuestra propia opinión. Todas estas estrategias constatan, en efecto, la menor utilidad, para la mayoría de ciudadanos políticamente activos, de una información imparcial o exenta de sesgo. A la vez, nos indican que lo esencial para el comportamiento político no está en tratar de discernir y valorar a partir del procesamiento de la información, sino en ser políticamente operativo a partir de unas preferencias preexistentes. Para rubricar con LIPPMANN, «no percibimos primero y definimos después, sino al contrario».

Esta racionalidad *baja en información*, que se halla, asimismo, en el trasfondo de las distintas y complementarias tentativas de explicación del comportamiento de voto —voto económico, voto retrospectivo, voto temático, la popularizada *spatial theory* del propio DOWNS, etc.— no implica, sin embargo, la reducción de los costes de información al nivel *racional* que disolvería la paradoja planteada por este último autor: una vez más, que dada la negligible influencia del propio voto, lo verdaderamente racional sería, no ya dejar de emplear tiempo y recursos en informarse sobre política, sino incluso no molestarse en perder unos pocos minutos la jornada de las elecciones. La evidencia contraria —la gente vota y se informa— obligó a la psicología política a integrar los *factores expresivos*, que tienen que ver con una *utilidad* no planteada en términos estrechos de coste-beneficio, dentro de su consideración general de lo que constituye un ciudadano medio real, concienciado, operativo y *racional* en una democracia. La noción de *utilidad* esperada, así pues, se amplia e incorpora consideraciones de índole ética, como es el mero placer de interesarse y participar en los asuntos públicos.

CARMINES y HUCKFELDT arguyen que las tres escuelas clave de análisis del comportamiento desde la politología —psicología política, sociología política, economía política— convergen, finalmente, en el trazado de un *modelo empírico de ciudadano democrático cuya característica* es su *intencionalidad y su motivación instrumental*. De tal modo, la politología certificaría una reconciliación razonable entre las capacidades reales exigibles al ciudadano y los requisitos teóricos —satisfechos por esa dimensión ética que se añade— de los enfoques normativos sobre la política democrática. Lo esencial de este modelo más realista de ciudadano es, por tanto, su actuación intencionada «sobre la base de sus propias metas, ambiciones y necesidades».

Noticias falsas: ¿qué puede estar cambiando?

Podemos preguntarnos, primero, si el modelo descrito de ciudadano, tan *expresivo* como racional, intencionado y motivado, que sesga la información y reajusta juicios para compensar incómodos momentos de disonancia cognitiva, es el mismo que se publicita popularmente hoy como sentimental y emotivo. Es posible que solo estemos ante una diferencia en las palabras, ante etiquetas afortunadas, y que, del mismo modo que al trazar la línea hacia atrás nos encontramos con un diagnóstico psicológico tan actual como el de LIPPMANN, el *sentir* que algo ha cambiado en nuestras sociedades de hoy nos confunda al percibir una psicología tan súbitamente distinta a la presuntamente dejada atrás. Quizá solo emerja de forma llamativa lo ya reconocido, y se reafirme de modo radical. Sin embargo, también pudiera ser que esa propia intensidad nos haga deslizarnos a cruzar un umbral hacia *algo* diferente: lo que emerge como nuevo muchas veces proviene de una exacerbación de lo anterior.

La coyuntura de crisis de legitimidad de nuestras democracias —en origen, crisis de legitimidad *por resultados*, económica, que dispara la insatisfacción y una politización que busca en formas participativas radicales la vía de regenerar, relegitimar y *reproveer*—, la incidencia de tecnologías de la información que acentúan ciertos rasgos en la psicología política, la irrupción populista con su dialéctica *a la contra* (CARRILLO, 2017), la hipertrofia de la comunicación política y el inevitable *storytelling* visto como panacea de tipo *neoconductista* al servicio de una clase política volcada en el sondeo del corto plazo, todo parece sumar en esa exacerbación que nos *descubre* al ciudadano emotivo e irracional. Pero entonces ¿qué es lo de verdad significativo? ¿La irrupción de las *fake news* o esa servidumbre voluntaria y previa de todos nosotros, políticos, medios, ciudadanos, a *lo emocional*?

AMORÓS (2018) define el *storytelling* como «el arte de estructurar la realidad a partir de historias que nos vinculan emocionalmente a los hechos», y, acto seguido, sostiene que las *fake news* estructuran esa realidad «a través de noticias que nos vinculan emocionalmente a mentiras». Esta pertinente distinción, sin embargo, podría hacernos obviar lo capital, si se trata de mantener el mismo foco que venimos proyectando: *en relación con la psicología de la conducta política, no existe diferencia sustantiva entre vincular emocionalmente a «hechos» y vincular emocionalmente a «mentiras», siempre y cuando la falsedad de la noticia permanezca oculta para el receptor-reemisor de la misma.* Por un lado, lo crucial permanece en propiciar desde ambos discursos la misma adscripción emocional. Por el otro, los *hechos* a que Amorós alude —en oposición a las *mentiras*—, precisamente por su incardinación en un discurso intencionado, no son inocentes: el *storytelling* no se relaciona con los hechos del ideal periodístico —que, ya se vio, no bastaban por sí mismos para decantar actitudes—, y su funcionalidad es bien distinta de la buscada por este.

Sin embargo, lo anterior no implica que, desde la perspectiva general de la salud ética de una democracia, la presencia masiva y cotidiana de la mentira declarada deje de ser un claro agravante. Por ello, cabe celebrar las medidas sectoriales —que focalizan, por separado, en el comportamiento de los medios y de los consumidores de información, pero menos en el de los políticos— propuestas para reducir el tráfico e impacto de las falsedades. Amorós las resume en sus páginas: necesidad de que el usuario trate de verificar antes de *rebotarlas* en redes; *fact-checking* en la práctica de un periodismo que recupere su calidad —investigación, vinculación a hechos—; castigo del lector a la práctica periodística vinculada a falacias; acción contra las *fake news* desde plataformas clave como Facebook o Google —reprogramación de sus algoritmos de búsqueda—. No obstante, a pesar de su interés, toda esta serie de acciones sugieren un cierto voluntarismo.

La invasión de la esfera pública por parte de la falsedad continuará mientras prevalezca indiscutido en política el imperio redescubierto y refundado de lo emocional. Y, sin embargo, como se afirmaba en el resumen inicial, hay un peligro que se relaciona de modo específico con las propias *fake news*, imputable a su protagonismo normalizado, que podría afectar de modo significativo a la noción de ciudadanía, a esos *mínimos* que la politología como ciencia experimental ha definido para mantener en pie la teoría democrática: *la indiferencia ciudadana ante la mentira y su uso de la información falsa a sabiendas de su falsedad.* Hay que pensar si seguiría siendo lo mismo el ciudadano perfilado arriba, con sus sesgos y preferencias, con su racionalidad baja en información, y este perfil que amenaza con extenderse. Porque quizá no sea lo mismo, desde la perspectiva de la psicología política, reenviar de modo impulsivo una noticia falsa que tomamos por cierta, que hacerlo con la conciencia clara de que es un fraude. Acaso tampoco que sintamos malestar o solo indiferencia tras descubrir que la pieza que hemos *rebotado* era un *fake.* ¿Puede ser considerado, en realidad, *ciudadano* aquel que, más que responder a notables limitaciones cognitivas, practica un cinismo político de nuevo cuño? ¿Será capaz la ciencia política de mantener esa ciudadanía *de mínimos* si la dimensión *expresiva* que incorporó para compensar déficits en racionalidad se desboca en tal sentido? Para visualizar la estación de llegada basta con recordar —y así comparar— lo esencial de la concepción de Habermas sobre la esfera pública, el papel básico de la información política como base de legitimidad de las democracias y, sobre todo, el tipo de ciudadano que el filósofo alemán tenía en mente —su psicología, su moral— en el esquema normativo trazado en su *teoría de la acción comunicativa.*

El célebre modelo de democracia deliberativa de Habermas —más útil como patrón de comparación que como proyecto viable por el nivel extremo de exigencia ética y racional que plantea— incluye un tipo de esfera pública muy distinta a la de nuestras democracias, acéntrica, compuesta de una miríada de focos de discusión ciudadana de los que se quiere hacer emerger, para una integración posterior, la voluntad democrática. Como apunta Macías (2018), su modelo, que pugna por una estricta formalización de procedimientos, se basa en el papel capital de la información política y en una comunicación sin coacciones y *orientada al entendimiento.* En una moral ciudadana que implica supuestos como la discusión desde el raciocinio, la búsqueda explícita de valores como la solidaridad y el consenso o, finalmente, la disposición a modificar la propia opinión. El riesgo, bien cierto, de que normalicemos la mentira en provecho propio, ¿no nos conduciría a una ética y a una psicología *estrictamente contrarias* a las de un modelo como el de Habermas? Si la moral republicana es aquella que concibe el Estado como comunidad ética, el imperio de las *fake news* ¿no significaría el abandono de toda concepción de esta naturaleza?

Epílogo: una hipótesis de actuación

Es difícil imaginar una remisión de la influencia de las *fake news* si la política no reconduce antes su hipertrofia de *lo emocional*, y esta reconducción, a la vez, no da signos de ser prioritaria para nadie. La única posibilidad creíble para un cambio de paradigma podría venir de la mano de un agravamiento de los problemas que las democracias occidentales reconocen como novedad de nuestro tiempo: escisiones aún mayores en las comunidades políticas, con subsiguientes crisis de gobernabilidad y/o de legitimidad; aumento del peso del populismo, tanto por la acción corrosiva de su mensaje como por la consecución de más ámbitos de poder. Estos factores podrían retroalimentarse en una crisis sistémica que aboque a la necesidad de repensar aspectos esenciales de nuestras democracias representativas. Ello implicaría, como en momentos no tan lejanos de la historia, un consenso de las fuerzas del espectro democrático-liberal.

Tal dirección debería incluir numerosas formas de pedagogía. Entre ellas, la transmisión, *a edad temprana*, de actitudes favorables a una ética de *adhesión a la verdad* que diera frutos en el futuro sería esencial y, como parte integral de la misma —sorprende, hoy, la falta de debate sobre su necesidad—, una formación sólida en la metodología de las ciencias experimentales. ¿Por qué tal formación y por qué a esas edades? La politología ha demostrado la influencia duradera de los valores transmitidos por los entornos próximos al individuo durante su socialización primaria: es evidente que si se quisiera avanzar, tendencialmente, hacia otro tipo de ciudadano, para así rebajar el *termómetro emocional* de nuestras democracias, cualquier impacto se debería focalizar en las edades tempranas.

En cuanto a la formación científica, el método experimental, puesto en práctica por las ciencias sociales, implica un innegable componente ético que, si es puesto en valor e incorporado a su pedagogía, puede tener retornos positivos en lo político: es el campo para transmitir el rigor de pensamiento, la necesidad de demostrar las relaciones de causa y efecto y no aceptar tales relaciones de modo irreflexivo, que es, a fin de cuentas, lo que precisamente pretende que hagamos buena parte del discurso político *sentimental.* En definitiva, sería una forma de invertir en un plausible contrapeso, siquiera parcial, a la hipertrofia de lo *emocional* en nuestras democracias, de aumentar la conciencia de la necesidad de rigor en el propio pensamiento y, por ello también, de poner algo más difícil las cosas a la política falaz y a las prácticas impropias del periodismo. El ciudadano tendería a una mayor percepción de sus sesgos y a su eventual reducción, la clase política a convivir con un elector más volátil y menos ideologizado y el hoy omnipresente *storytelling* perdería parte de su eficacia. No se pretende descubrir ninguna panacea, porque la parte *sentimental* de nuestro cerebro político no será nunca neutralizada, pero invertir en pensamiento racional para bascular en sentido contrario al imperante parece, hoy más que ayer, la única vía razonable.

Bibliografía

Anduiza, Eva y Bosch Agustí (2012): *Comportamiento político y electoral,* Barcelona, Editorial Ariel Ciencias Sociales.

Amorós, Marc (2018): *Fake news. La verdad de las noticias falsas.* Barcelona, Plataforma Editorial.

Arroyo, Luis (2015): *El poder político en escena. Historia, estrategias y liturgias de la comunicación política.* Barcelona, RBA Libros S.A.

Carmines, Edward G. y Huckfeldt, Robert (2001): «Comportamiento político: una visión general», en *Nuevo manual de ciencia política (Tomo I).* Madrid, Ediciones Istmo S.A.

Carrillo, Fran (2017): «El relato del miedo: la construcción del discurso a la contra», en *El porqué de los populismos.* Barcelona, Deusto.

Cahuc, Pierre; Zylberberg (2018): *El negacionismo económico.* Barcelona, Centro Libros PAPF, S.L.U.

Downs, Anthony (2014): «Teoría económica de la acción política en una democracia», en *Diez textos básicos de ciencia política,* Barcelona, Editorial Ariel Ciencias Sociales.

Lippmann, Walter (2003): *La opinión pública.* Madrid, C. de Langre.

Macías Rodríguez, Pedro (2018): *Esfera pública y democracia. Una síntesis de las ideas de Arendt y Habermas.* Barcelona, Editorial UOC.

Miller, Warren E. (2001): «Comportamiento político: lo viejo y lo nuevo», en *Nuevo manual de ciencia política (Tomo I).* Madrid, Ediciones Istmo S.A.

Urban Pappi, Franz (2001): «Comportamiento político: votantes racionales y sistemas multipartidistas», en *Nuevo manual de ciencia política (Tomo I).* Madrid, Ediciones Istmo S.A.

Retórica y democracia

Juan Milián[41]

La retórica no es adornar discursos. Es un medio para conseguir un objetivo. Según Sam Leith «es el arte de la persuasión: el intento de un ser humano de influir en otro mediante palabras» (2017: 13). Es convertir el lenguaje en un eficaz instrumento para la transmisión de mensajes. Y aunque para muchos sea un embuste adornado, la retórica también ha servido a las más nobles causas, como la de aquel Winston Churchill que «movilizó la lengua inglesa» para ganar la Segunda Guerra Mundial.

La retórica no ha desaparecido de la política. No hace tanto triunfaban en YouTube y otras redes los discursos de Barack Obama que alimentaban la esperanza de una gran parte de la población estadounidense gracias a la musicalidad de las aliteraciones —«Land of Lincoln, let me express…»—, a las épicas repeticiones que son las anáforas y las epíforas —«Yes, we can…»— o a las bellas imágenes que son las metáforas —«la «antorcha» que heredó de otros presidentes como J. F. Kennedy o Ronald Reagan—. La retórica sigue ahí, en la política y en todos los ámbitos de la vida, pero se ha transformado adaptándose a los nuevos medios y a los nuevos públicos.

Las metáforas siguen teniendo su jerarquía por su capacidad para condensar un mensaje en las pocas palabras que permite el titular. Recordarán a un político catalán que siendo aficionado a la metáfora marinera puso Cataluña en «rumbo de colisión», si bien las bélicas y las deportivas también han sido y son metáforas recurrentes para connotar confrontación. Es el

---

[41] Juan Milián es politólogo. Ha sido diputado en el parlamento catalán entre 2011 y 2017. Es autor de *El acuerdo de el seny. Superar el nacionalismo desde la libertad*, Unión Editorial, 2014.

signo de los tiempos. Con todo, no ha habido mejor dardo contra la tontería solemne que una buena ironía, pero, cuidado, abusar de ella conduce fácilmente a la frivolidad. Es un arma de doble filo. No todo el mundo tiene el don o domina su gracia. Además, los más burdos, lejos de la inteligente ironía que da a entender con elegancia lo contrario de lo que se dice literalmente, se quedan en el simple y malicioso sarcasmo.

De todos modos, y sin despreciar otros recursos retóricos, podemos señalar que estamos sumergidos en la era de la hipérbole. Y eso es una mala noticia. Si bien es cierto que una hipérbole en el momento apropiado eleva el espíritu de los oyentes —recuerden a Robert Kennedy y su exagerada afirmación: «Todos los hombres podrán llegar a ser todo aquello en lo que sean capaces de convertirse»—, hoy reina la exageración del tuit. Las hipérboles actuales suelen tener funciones poco edificantes: generar ruido o maquillar la realidad, entre ellas. Los que hacen negocio electoral del sufrimiento de la población exageran las malas noticias, así como los nacionalistas exageran las humillaciones. La hipérbole lo simplifica todo. Imposibilita el progreso y el reformismo al quedar todo impugnado e imposibilita la política al convertir al adversario en el enemigo. No hay matices para la hipérbole. Así pues, podemos afirmar que los recursos retóricos, como las ideas, tienen consecuencias. La actual retórica de la exageración fomenta la confrontación y hace que estos sean malos tiempos para la lírica del encuentro y, menos aún, de la reconciliación.

Y es que somos prisioneros de nuestras palabras. Nos lo recuerda Stefan Zweig en su biografía de Fouché cuando define a Robespierre como una víctima de sus propios discursos. El uso de un lenguaje criminal contra sus adversarios hizo que sus seguidores le exigieran que actuara en consecuencia. Sin ir tan lejos, si un nacionalista catalán fundamenta sus discursos en un supuesto maltrato secular, llegando a hablar de expolio fiscal o genocidio cultural, no es de extrañar que en el momento en el que a este le interese un mínimo de distensión se vea sin margen de maniobra, porque cualquier matización podría ser calificada por los suyos como alta traición.

La continua exageración es, pues, autodestructiva. Sin embargo, la política actual está repleta. ¿Por qué? ¿Por qué tantos políticos tropiezan con la misma piedra? Porque «la exageración es una droga», sugiere Mark THOMPSON en *Sin palabras*. «Proporciona un subidón instantáneo, pero puede tener efectos perjudiciales a largo plazo» (2017: 377). Todo parlamentario ha sentido sus efectos. La exageración es adictiva. Cuando la usas y llama la atención de los medios o las redes sociales proporciona una repentina sensación de euforia. Una sensación que pronto se desvanece y que si se quiere mantener se necesitará, como con las drogas, una dosis mayor. Los incentivos psicológicos son, pues, a seguir y seguir exagerando hasta que, como con las drogas, dejas de ser tú mismo y te conviertes en un personaje sin sustancia, en un charlatán sin credibilidad.

La adicción a la exageración puede destruir carreras políticas, pero también tiene un claro y negativo impacto colectivo. En tiempos de hipermediatización y campaña electoral permanente no es raro que el pactismo sea una rareza. El diálogo sincero es una utopía cuando los medios priorizan el entretenimiento a la información y cuando las redes sociales anteponen el impacto de las emociones a la reflexión. Los hechos se convierten en opinables y lo que no es opinable, lo que se da como cierto, es la absoluta maldad del adversario al que se tiende a ridiculizar para obtener más retuits y, así, llegar al mayor número de lectores posible, confundiendo impacto con influencia.

Así, se inician absurdas competiciones, incluso dentro de los propios partidos políticos. Es lo que hemos visto en el separatismo. Quien no exagera no asoma la cabeza y, además, corre el riesgo de parecer impuro. Los individuos tienen incentivos cortoplacistas para actuar de este modo, pero el resultado colectivo suele ser bastante penoso, porque conduce a los partidos a una radicalidad ni prevista, ni deseada. Y es que, como concluye THOMPSON, «la exageración gana menos elecciones de lo que creen sus devotos e, incluso, cuando las gana, las cosas suelen venirse abajo enseguida» (2017: 378). Tampoco el periodismo escapa a estas dinámicas, a esta competición por la notoriedad y por los clics en el enlace, lo que abre las puertas a la plaga de las *fake news*. De la exageración a la mentira la distancia es tan corta y tentadora como lo es dar ese paso hacia el abismo.

De este modo, la degeneración de la retórica, del lenguaje de los partidos y de los medios, es un síntoma de la fragmentación y polarización de nuestras sociedades. Y es al mismo tiempo uno de sus mayores potenciadores, convirtiéndose en un círculo vicioso que amenaza la estabilidad de nuestras democracias. Solo hay que echar un ojo a la literatura que se está publicando para ver que tenemos un problema: *El camino hacia la no libertad, Sobre la tiranía, Para combatir esta era. Consideraciones urgentes sobre fascismo y humanismo, El pueblo contra la democracia, El orden moral en un mundo dividido, Fascismo, Cómo mueren las democracias, La gran degeneración, La edad de la ira*... cuentos de terror en la sección de política de cualquier buena librería.

Las últimas portadas del influyente semanario *The Economist* no son menos pesimistas. Todas parecen indicar que los cimientos de la democracia y de la libertad se corroen a marchas forzadas. No es de extrañar, que en un reciente editorial de la revista *Foreign Affairs* —titulado, cómo no, *Is democracy dying?*— clasificara a los expertos en salud democrática en dos grupos: los que dicen que sufrimos la peor crisis política desde los años treinta, siendo estos los optimistas, y el resto, que apunta que ya nada se puede hacer más que dar la democracia por finiquitada. Cabe señalar, ante tanta desesperanza, que ser conscientes del problema es un primer paso para hacerle frente, aunque, de momento, esa consciencia apenas salga de la torre de marfil de los académicos.

Las generaciones que hemos nacido en democracia tendemos a pensar que esta va a perdurar independientemente de nuestras ideas políticas y de nuestros comportamientos electorales, como si fuera un estado natural. Sin embargo, la democracia es frágil y puede degenerar con facilidad si se da por supuesta. Es frágil, porque no solo depende de las leyes escritas y de las instituciones que estas definen. Necesita algo más. La supervivencia de la democracia requiere que ciertas ideas y ciertos valores sean mayoritariamente aceptados en la sociedad. Requiere una ecología moral o, como me gusta definirlo, una cultura de la libertad, a saber, responsabilidad, tolerancia y respeto al Estado de derecho. En este sentido, la buena salud de la opinión pública es clave para el futuro de la democracia.

Sin lugar a duda, si las ideas tienen consecuencias, estas solo pueden ser negativas si aquellas surgen de un mal análisis de la realidad, fundamentado en mentiras, desinformaciones o propaganda.

Solo hay que observar lo sucedido en Cataluña durante los años del denominado Procés para darse cuenta del poder de las malas ideas. Es necesario, pues, descifrar las causas y los catalizadores que impulsaron una retórica peligrosa con sus consecuentes ideas perniciosas en una sociedad tan próspera y vanguardista como la catalana. Cómo es posible que personas con comportamientos racionales en cualquier otro ámbito de la vida actúen de manera autodestructiva en política. Cómo se ha llegado a un punto en el que se es capaz de creer cualquier cosa leída en Internet si esta sirve para fortalecer prejuicios y dar comodidad psicológica. Por qué, en un mundo interconectado como el nuestro, resurge una mente tribal capaz de destruir la democracia en nombre de la propia democracia.

En este sentido, autores como Yascha Mounk —en su indispensable libro *El pueblo contra la democracia*— apuntan a la inseguridad provocada por los cambios económicos, sociales o tecnológicos como causa primordial en la corrosión de los pilares de la democracia liberal. Cuando arrecia la ansiedad, resurgen las miradas hacia pasados idealizados. Se desea un «regreso» a aquella pequeña comunidad que garantiza el sosiego de lo homogéneo. La tolerancia y la contención, virtudes necesarias en una democracia plural, retroceden. Y algunos empezamos a sospechar que la democracia liberal no es una tendencia natural, sino, más bien, una excepción histórica, un raro logro de la civilización sin garantías de continuidad.

La globalización ha abierto las puertas de la prosperidad a cientos de millones de personas en todo el mundo. Un balance global de las últimas décadas solo puede ser positivo. Sin embargo, individualmente, no valoramos nuestro futuro personal a partir de las grandes tendencias mundiales. El análisis es micro, miramos nuestro entorno más inmediato. Por esta razón, es lógico que, desde el inicio de la crisis financiera de 2008, en las clases medias de los países desarrollados cunda el desasosiego respecto a su futuro. Entre estas clases medias, que han aupado y sustentado los sistemas democráticos y el estado del bienestar, puede correr la sensación de formar parte del grupo de los perdedores de la globalización.

Lo que genera inseguridad, y rabia, es la percepción de que las oportunidades que ofrece el mercado laboral van disminuyendo con las deslocalizaciones, los cambios tecnológicos o las migraciones, de que el futuro se oscurece y de que nuestros hijos lo van a pasar peor. Es esa inseguridad, y no la pobreza o la desigualdad, la que explicaría en gran medida cómo sociedades prósperas se echan en brazos de demagogos que prometen cerrar fronteras y levantar muros para que las empresas no se vayan y los inmigrantes no entren. Es esa inseguridad la que alimenta discursos simplistas, de falsas soluciones y falsos enemigos, entre personas que no solo forman parte de sociedades prósperas, sino que se sitúan entre las clases más prósperas de esas sociedades. Es el «Espanya ens roba» o su precedente, el «Roma ladrona». Es la retórica de la hipérbole aliñada con posverdad, es decir, con mentiras.

También la sensación de una creciente complejidad social alienta esa inseguridad y lo hace, sobre todo, entre las personas menos acostumbradas a la diversidad. Señala Mounk que el conflicto se exacerba cuando las sociedades más homogéneas entran en contacto con extranjeros. Así se entiende la paradoja de que el surgimiento nacionalista, o lo que él denomina «rebelión contra el pluralismo» (2018: 171), se recrudezca lejos de las grandes ciudades. Entre otras razones, estas «atraen a muchos habitantes jóvenes y de alto nivel formativo, para quienes la diversidad es atractiva». Por el contrario, los discursos contra la inmigración que impulsaron tanto el Brexit como a Trump calaron, fundamentalmente, en las áreas más homogéneas, menos urbanas. Son las mismas percepciones que alimentan los miedos en países con tan poca inmigración como Polonia o Hungría.

Y es que el miedo tiene más que ver con la percepción que con la realidad. También aquí podemos encontrar un paralelismo en Cataluña, donde los instintos excluyentes del nacionalismo se concentran con mayor fuerza en el interior más homogéneo, donde los catalanoparlantes son la gran mayoría, y tienen su punto débil en las grandes ciudades y las áreas con mayor diversidad lingüística, más favorables a la sociedad abierta y más sensibles a cuestiones como la fuga de empresas que ha provocado el Procés o la salida de la Unión Europea en caso de una hipotética independencia. Sin ir más lejos, ningún partido independentista, de esos que suelen hablar en nombre de toda Cataluña, ganó en ninguna ciudad de las diez principales ciudades catalanas, las que tienen más de 100.000 habitantes, en las elecciones autonómicas del 21 de diciembre de 2017.

No obstante, no son solo las migraciones lo que ha incrementado la sensación de una creciente complejidad social. Cada vez son más los colectivos que hacen oír con fuerza sus reivindicaciones, a veces buscando legítimamente justicia y otras veces estimuladas por unas políticas de identidad fragmentadoras, que crean nuevas injusticias y estimulan resentimientos y odios. Así empieza a ser ya denunciado desde la propia izquierda por clarividentes pensadores como Mark LILLA o Jonathan HAIDT. Sea como sea, una parte de la población siente que le han cambiado el país o que su barrio ya no es como antes. Temen, en el fondo, un cambio de jerarquías en su sociedad. Temen convertirse en irrelevantes o ser los nuevos marginados. Estas son, pues, percepciones que debemos tener en cuenta si queremos entender el ascenso de la retórica de la demagogia.

Y finalmente, tras la inseguridad económica y la creciente complejidad social, MOUNK, entre otros, identifica a las nuevas tecnologías de la comunicación como un elemento polarizador de las opiniones. Nada nuevo bajo el sol. Los grandes cambios en los medios de comunicación siempre han comportado grandes convulsiones sociales, desde la imprenta hasta la radio y la televisión. Hoy no es diferente. En tiempos pasados, los medios de comunicación de masas creaban visiones compartidas. Entrar en el mercado de los medios de comunicación tenía un coste tan elevado que solo se lo pedían permitir aquellos grandes grupos que tenían incentivos a mantener una opinión pública a favor de los grandes consensos, es decir, a favor de la democracia liberal.

Actualmente, sin embargo, crear un perfil en las redes sociales es gratis y radicalizar los discursos es una manera de ganar espacio en el debate público. Como advierte uno de los pioneros de la realidad virtual, Jaron LANIER (2018: 34), «las redes sociales tienen sesgos, no hacia izquierda o derecha, sino hacia abajo». Favorecen las opiniones más radicales y las emociones más negativas. Se favorece, así, la polarización y la fragmentación de la opinión pública en tribus morales que viven en burbujas desconectadas unas de otras. Es muy difícil luchar contra las desinformaciones porque hoy ya no hay referentes comunes, leemos mundos diferentes en cada uno de nuestros muros de Facebook o Twitter. Y, de esta manera, los peores prejuicios se van reforzando con un debate cada vez más emocional y con una retórica cada vez más hiperbólica.

En definitiva, la retórica es consecuencia de los fenómenos políticos, económicos, sociales y tecnológicos, pero también es una de las causas de que estos puedan convertirse en problemas o soluciones. Las inseguridades económicas y culturales y las nuevas tecnologías están llevando a nuestras sociedades a una mayor fragmentación y polarización. Facilitan el auge de la retórica de la exageración, que sobredimensiona los peligros e inflama los odios. Y recordemos que los conflictos se inician con palabras, palabras que deshumanizan al otro, palabras que hablan de «bestias con forma humana». Son retóricas que convierten a nuestros vecinos en enemigos y, por lo tanto, desgastan las virtudes cívicas que sustentan la democracia.

No se trata de ser pesimistas u optimistas. Se trata de ser responsables. Debemos, por tanto, reforzar la cultura de la libertad, de la libertad bien entendida, la que fomenta la responsabilidad y la cooperación. Es con más libertad, y no con menos, como preservaremos la democracia. Si los miedos vienen por el futuro económico y social, necesitaremos más integración y más oportunidades; ni nacionalismos cerrados, ni Estados esclerotizados. Y si las nuevas tecnologías nos dividen, no nos limitemos solo a acusar a los algoritmos, sino luchemos para no dejarnos arrastrar por las emociones adversativas.

Nada solucionaremos dejando nuestro futuro en manos de demagogos o enfrentándonos a nuestros vecinos. La solución está, más bien, en tomar conciencia del problema, en ser exigentes con el debate público. Exigentes con nosotros mismos, a la hora de informarnos y a la hora de compartir información. Porque, como aconseja THOMPSON, «el sueño de la retórica como arte de la persuasión crítica y razonable depende por encima de cualquier otra cosa del surgimiento de un público crítico» (2017: 399). Los políticos degradarán la democracia solo si nuestra actitud como ciudadanos les incentiva a ello. Así pues, si queremos garantizar el futuro de la democracia debemos reforzar nuestro compromiso con la reforma, no con la demolición, de nuestras instituciones, y, el primer paso, es ser ejemplares en el uso de las palabras.

Bibliografía

HAIDT, Jonathan (2013): *The Righteous Mind. Why Good People Are Divided by Politics and Religion.* Ed. Vintage, Nueva York.

LANIER, Jaron (2018): *Diez razones para borrar tus redes sociales de inmediato.* Ed. Debate, Barcelona.

LEITH, Sam (2017): ¿Me hablas a mí? La retórica de Aristóteles a Obama. Ed. Taurus, Barcelona.

LILLA, Mark (2018): *El regreso liberal. Más allá de la política de la identidad.* Ed. Debate, Barcelona.

MOUNK, Yascha (2018): *El pueblo contra la democracia.* Ed. Paidós, Barcelona.

THOMPSON, Mark (2017): *Sin palabras. ¿Qué ha pasado con el lenguaje de la política?* Ed. Debate, Barcelona.

ZWEIG, Stefan (2004): *Fouché. Retrat d'un home polític.* Ed. Quaderns Crema, Barcelona.

Guerra contra el periodismo en Cataluña

David Alandete[42]

En contra de lo que pueda parecer, España no ha quedado a salvo de la marea populista y antisistema que ha azotado en años recientes ambos lados del Atlántico. Que de momento no haya irrumpido con fuerza en la política nacional una formación xenófoba o reaccionaria, como ha sucedido en Francia, Alemania o Italia, no es prueba de inmunidad alguna. El Estado español vive, en realidad, los momentos más críticos desde su entrada en democracia, gracias al pulso lanzado por los separatistas catalanes. Se trata de una verdadera crisis de «posverdad», alimentada por una campaña de desinformación en la que han tenido un papel primordial los medios de desinformación rusos.

Esa desinformación no emerge en el vacío. Para crear noticias falsas es necesario hacerlo sobre un material preexistente, como la insatisfacción de un gran número de británicos con la Unión Europea; el repunte del sentimiento xenófobo en Alemania, Francia e Italia, o el viejo anhelo de una parte de los catalanes de conseguir un Estado independiente.

En este último caso, los medios de agitación rusos encontraron un campo especialmente fecundo para difundir sus noticias falsas. Mucho antes de que se celebrara el referéndum ilegal de independencia de octubre de 2017 había ya en Cataluña

---

[42] David Alandete fue director adjunto del diario *El País* entre 2014 y 2018. Hoy es corresponsal en Washington de ABC. Es además autor del libro *Fake news. La nueva arma de destrucción masiva.* Deusto, 2019.

un nutrido número de políticos y votantes dispuestos a creer prácticamente cualquier cosa con tal de romper con el resto de España.

¿No es acaso una noticia falsa en toda regla el mito fundacional del Procés? En todo tipo de diadas, discursos institucionales, enciclopedias subvencionadas, libros de texto y reportajes en la televisión pública se ha narrado la batalla de 1714 como la derrota de una Cataluña reprimida y humillada frente a una España opresora y expansionista. En realidad, como muchos historiadores han demostrado, se trató de una guerra de sucesión entre españoles, por un lado los partidarios de los borbones y por otro, los de los habsburgo, perdedores estos últimos.

Esta realidad histórica no le impidió a Quim Torra, que llegaría a presidente de la Generalitat, describir en 2013 el museo del Born, consagrado a aquella derrota y que entonces dirigía, como «la zona cero de los catalanes», como si entonces aquella España autoritaria y sangrienta hubiera cometido crímenes tan macabros como los de Al Qaeda en 2001.

En esos mismos términos suelen describir los medios públicos rusos las diadas. Baste este ejemplo de RT de 2012: «Muchos catalanes aprovechan tradicionalmente el 11 de septiembre, fiesta oficial de la comunidad autónoma catalana, para expresar sus deseos independentistas o soberanistas. Y no es casualidad, ya que la derrota infligida al pueblo catalán ese día en 1714 fue el principio de su pérdida de soberanía y derechos dentro del territorio español». Podría haberlo firmado el mismo Torra.

Apreciar esos matices, sin embargo, es hilar muy fino en este tipo de campañas, que suelen ser francamente burdas. Estos son algunos titulares publicados por los medios rusos en el fragor del referendo de octubre de 2017: ««Tanques en las calles de Barcelona»: España y Cataluña al borde de un desenlace violento»; «Cataluña elige su destino entre porras y balas de goma»; «Cataluña: Francisco Franco, el dictador, ha regresado victorioso»; «España reprime por la fuerza la primavera catalana», o «Efecto dominó: Si Cataluña se independiza, hasta 45 nuevos países podrían surgir en Europa».

Los titulares suelen ser la punta de lanza de la desinformación rusa, algo que queda patente en los ejemplos de la crisis catalana. Suelen ser llamativos y sensacionalistas, a veces explosivos y siempre engañosos. Un ejemplo clarísimo es el de «Tanques en las calles de Barcelona», publicado por RT. Está claro que en las calles de Barcelona no hubo en octubre de 2017 ningún tanque. En realidad la afirmación surge de unas declaraciones de un analista de segunda fila, habitual en RT y Sputnik.

Según dice la nota:

> Por su parte, el analista John Wight opina que los líderes del movimiento separatista catalán están siguiendo un camino peligroso en esta última instancia, ya que Madrid ha demostrado su determinación de «desatar la violencia contra civiles desarmados». Aunque Wight resalta la importancia de la Constitución en este caso, se opone a su uso como «justificación» para atacar a la población. El analista asegura que España y Cataluña claramente se dirigen hacia un conflicto. Para evitar «tanques en las calles de Barcelona» ambas partes deben dar un paso atrás, subraya.

Y todo eso le permite a RT proclamar, sin más, «Tanques en las calles de Barcelona», en una nota que logró 11.800 interacciones en Facebook en cuestión de horas. En ella encontramos el segundo elemento central en las campañas de desinformación: la manipulación de las fuentes. Normalmente estas son la columna vertebral del periodismo. Son ellas quienes le permiten al periodista encontrar y revelar información desconocida u oculta. El requisito es que digan la verdad y sean relevantes. Ninguna de ambas condiciones se cumple en este y en los otros ejemplos de la desinformación rusa.

Primero, el que pudiera haber tanques en Barcelona no es una verdad sino la opinión de un analista, John Wight, que en sus redes sociales se define como autor de varios libros y novelista que ganó experiencia como extra y doble de cine en Hollywood, además de portero de discoteca. Segundo, y aún más importante, nada indica que el tal Wight tenga los conocimientos o el poder de prometer o predecir que en Cataluña va a haber una intervención militar. La prueba es que no la hubo.

Ese es el universo de RT, Sputnik y sus medios hermanos: analistas desconocidos, adscritos a universidades y *think tanks* de segunda y tercera fila, citados como si fueran líderes mundiales o académicos de indudable prestigio. Sus credenciales suelen ser bastante sencillas: casi siempre, por sistema, suelen expresar puntos de vista que de una forma u otra benefician al Kremlin y su política expansionista y antioccidental.

Otro ejemplo, de RT, es la información «El nuevo mapa de Europa: ¿Quiénes apoyan la independencia de Cataluña?». Viene acompañada de un mapa en el que se asegura que Dinamarca, Suiza, Noruega, Finlandia, Suecia, Letonia, Lituania, Estonia, Reino Unido, Irlanda, Bélgica y Eslovenia han mostrado apoyo oficial al Estado catalán. En Facebook, el perfil en español de la cadena rusa publicó la nota con la afirmación: «El proceso de independencia catalán ha conmocionado no solo a España, sino también al resto del continente. Varios países han dado muestras de apoyo a los independentistas». Como es habitual en RT, el titular y el contenido de la nota cambiarían a lo largo de las semanas posteriores, para intentar matizar la mentira y la manipulación. La nota original, sin embargo, logró 6.300 interacciones en Facebook.

Esa es la realidad de las noticias falsas procedentes de Rusia: los titulares cambian, los textos se retocan, las informaciones desaparecen y casi nunca hay fe de errores. Por no haber no hay ni firma. La mayoría de esas notas carecen de autor reconocido, algo que en los medios serios es una garantía de rigor, pues el periodista se juega su prestigio con sus afirmaciones.

¿Qué permitió que en los meses álgidos de la crisis catalana esos medios serios compitieran en igualdad de condiciones con toda una maquinaria de desinformación afincada en Moscú? En realidad lo mismo que sucedió en la campaña del referéndum del Brexit o las elecciones presidenciales de EE.UU. en 2016: la constatación, traumática, de que los medios de comunicación han perdido el monopolio de la distribución de información.

El modelo de comunicación de masas está roto. Hasta la irrupción de Internet, primero, y los motores de búsqueda y las plataformas sociales, después, las noticias se transmitían por canales muy estrictos. Unos editores seleccionaban las informaciones más relevantes, las imprimían y las distribuían a los kioscos. Si acertaban y hacían un producto de calidad, vendían más y el negocio era beneficioso. Lo mismo sucedió con los informativos de televisión y radio, que lograron audiencias mucho mayores.

Ahora, sin embargo, un editor selecciona una noticia y la lanza al mundo digital por varias vías. Algunas veces las controla, otras no. Puede publicar una nota en su página web y distribuirla también en Facebook y Twitter. Además, permite, por regla general, que motores como Google la indexen para ofrecerla en sus resultados de búsqueda. En resumen, una información tiene más vida fuera que dentro del medio. Y en esa existencia, los algoritmos son una nueva selección natural.

Un algoritmo es un método de cálculo que las grandes plataformas de distribución en Internet emplean para personalizar el contenido que ofrecen a los usuarios de Internet. Es la razón por la cual a dos personas que busquen los mismos términos en Google les aparecerán resultados diferentes, o el motivo por el que a cada perfil de Facebook se le muestran contenidos noticiosos distintos dentro de la misma plataforma. Sus posibilidades son enormes y desde luego han hecho del mundo un lugar más conectado y cercano.

El problema es que esos mismos algoritmos son susceptibles de ser manipulados. Las razones son múltiples, pero suelen reducirse al hecho de que no son más que cómputos, operaciones y fórmulas que no saben distinguir si un contenido es falso o real, si es injurioso o sarcástico y si quien lo comparte es una persona de verdad, un *trol* contratado para difundir bulos o un *bot* conectado a una red que se activa para propagar desinformación.

La manipulación de los algoritmos es la segunda fase en la gran estrategia de desinformación rusa. Primero, se crea el contenido. Luego se le da vida. Cuanta más difusión tengan estas mentiras, mejor. Ahí entra el concepto de «viralidad», es decir, conseguir que un contenido sea visto y compartido miles de veces. Para ello se pueden activar redes de *bots*, ejércitos de cuentas automatizadas, o se puede optar por titulares bombásticos e imágenes dramáticas que son más susceptibles de ser compartidas por usuarios reales.

Los estudios más recientes demuestran, de hecho, que la desinformación se propaga mejor y más rápido cuando son los usuarios reales, los internautas de a pie, quienes creen un titular y deciden compartirlo con sus amigos y conocidos porque lo consideran relevante. En ese sentido, tiene mayor potencial un titular como «Tanques en las calles de Barcelona» que cualquier noticia verdadera sobre el enésimo capítulo de las estratagemas legislativas de los defensores y detractores del Procés.

Todo este contenido falso se crea a escala industrial. RT está ya presente en más de 30 países y tiene canales de vídeo y portales *online* en inglés, español, francés y alemán, entre otros. Sputnik, por su parte, opera en más de 100 países. Ambos son de propiedad pública rusa, su presupuesto supera los 300 millones anuales y sus propios directivos los han definido, en infinidad de ocasiones, en términos militares. Es el caso de Margarita Simonián, que dirige ambos. En una entrevista concedida en 2012 al diario ruso *Kommersant*, titulada «No existe la objetividad», se expresó en términos abiertamente militares:

—Pregunta: ¿Por qué necesita esto el país? ¿Por qué debería el contribuyente apoyarlo?

—Respuesta: Bueno, por la misma razón por la que el país necesita un ministerio de Defensa. ¿Por qué usted, como contribuyente, lo necesita?

—Pregunta: ¿De verdad? ¿Estamos en guerra con alguien en este momento?

—Respuesta: En este momento no estamos en guerra con nadie. Pero en 2008 estábamos en guerra. El ministerio de Defensa estaba en guerra con Georgia, y estábamos llevando a cabo una guerra informativa, y lo que es más, contra todo el mundo occidental. ¡Es imposible comenzar a fabricar las armas solo cuando la guerra ya comenzó! Es por eso que el ministerio de Defensa no está en guerra con nadie en este momento, pero está listo para defenderse. Ahí entramos nosotros.

No hace falta añadir mucho más. RT y todos sus sucedáneos son armas, para defenderse y para atacar, con el fin de mantener el *statu quo* en Rusia y debilitar al adversario. No hay crisis lo suficientemente grande o pequeña en la que este entramado no pueda entrar si así lo desea.

Entre marzo de 2014 y junio de 2018 fui director adjunto del diario *El País*. Publiqué en él una serie de informaciones sobre esta campaña rusa en Cataluña. Una de las preguntas que me solían dirigir los independentistas, siempre escépticos en este ámbito, era: ¿qué se le puede haber perdido a Rusia en Cataluña, si allí el independentismo está penado con cinco años de cárcel? Estoy convencido de que nada. No se trata de una afinidad ideológica o política. Es otro el motivo, completamente diferente: la oportunidad de recordarle a la OTAN y a la UE, a través de un país miembro, que Occidente tiene sus propios problemas, como los tiene Rusia. Y que hay fronteras geopolíticas que se deben respetar.

¿La prueba? El mismísimo Vladímir Putin se pronunció sobre el independentismo catalán el 19 de octubre de 2017, en el foro Valdái, un Davos eslavo que se celebra en el mar Negro. El título de la conferencia era «Destrucción creativa: ¿Emergerá un nuevo orden de los actuales conflictos?».

«La situación en España muestra claramente cuán frágil puede ser la estabilidad incluso en un estado próspero y establecido. ¿Quién podría haber esperado, incluso recientemente, que el debate sobre la situación de Cataluña, que tiene una larga historia, dé lugar a una grave crisis política?», dijo Putin, para reiterar formalmente su postura de que «todo lo que está sucediendo es un asunto interno de España y debe resolverse de acuerdo con la legislación española y las tradiciones democráticas». Pero eso no era todo:

> En el caso de Cataluña, vimos que la UE y otros estados condenan unánimemente a los partidarios de la independencia. Pero no puedo dejar de resaltar que deberían haber pensando en esto mucho antes. ¿Nadie estaba al tanto de estos desacuerdos centenarios dentro de Europa? Lo sabían, claro. Sin embargo, en un momento dieron la bienvenida a la desintegración de varios Estados en Europa sin ocultar su alegría. ¿Por qué fueron tan irreflexivos, motivados por intereses políticos fugaces y su deseo de agradar, lo expresaré

sin rodeos, a su hermano mayor en Washington, al proporcionar su apoyo incondicional a la secesión de Kosovo, provocando así procesos similares en otras regiones de Europa y el mundo? Puede recordarse que por algún motivo no se vio con buenos ojos que Crimea también declarara su independencia, y luego, después del referéndum, su decisión de formar parte de Rusia. Ahora tenemos el caso de Cataluña. Hay un problema similar en otra región, Kurdistán. Quizás esta lista no es exhaustiva. Pero tenemos que preguntarnos, ¿qué vamos a hacer?

Hacer, Rusia ya había hecho bastante. Solo basta revisar los titulares citados más arriba. Huelga decir que esos medios rusos se sumaron a las ya de por sí exageradas mentiras del Procés después del fallido referéndum: los mil heridos, los presos políticos, el gobierno en el exilio. Su labor es la prueba de hasta qué punto está malherido el periodismo. Tradicionalmente, los periodistas hemos sido administradores de un derecho que no nos pertenece: el de una sociedad a estar informada, requisito esencial para la salud de una democracia. La pregunta es quién lo administrará si nos convertimos en víctimas de una guerra —digital, es cierto— que deberíamos estar cubriendo.

Discursos efectivos ante el secesionismo

Fernando Carrera[43]

Antes de pretender tejer cualquier tipo de discurso o argumentación es importante prestar atención al tipo de público al que nos dirigimos y tener muy claro el objetivo que perseguimos. En muchas ocasiones, varios de nuestros políticos son ejemplo de ello, caemos en aquello de hablar mucho y razonar poco. Caemos en repetir mantras que chocan frontalmente contra los mantras de quienes no piensan como nosotros y de esa confrontación no sacamos absolutamente nada.

Tendría sentido pensar que nuestro objetivo como constitucionalistas contrarios al independentismo no debe ser la confrontación constante, no por el hecho de que no se deba confrontar, que se debe, sino por mero cálculo estratégico. Si el objetivo es conseguir que aquellos que consideramos están equivocados cambien de opinión debemos ceñirnos a aquello que nos ayude a conseguir eso y alejarnos de aquellos modos que nos alejan del objetivo. Muchas veces los debates son tan pasionales que parece muy difícil no acabar discutiendo encarecidamente, pero hacerlo de ese modo no nos ayuda a conseguir convencerlos de nada.

Determinar cómo es el independentista que tenemos delante es fundamental para no equivocarnos y para no perder el tiempo. El mundo independentista no es homogéneo por más que en muchos casos se esfuerce en parecerlo, y muchas veces caemos en el error de no advertir las diferencias que existen

---

[43] Fernando Carrera es profesor de retórica, analista en diversos medios de comunicación y autor de *Las mentiras del independentismo.*

entre ellos. Esto nos suele llevar a considerarlos a todos como personas radicalizadas en su idea que rechazan de forma automática todo razonamiento esgrimido por aquellos que tenemos una idea contraria a la suya. Esto no es cierto en la mayoría de casos. De serlo, deberíamos entonces asumir que el conflicto no tiene solución posible, y yo me niego a considerar ese supuesto.

Evidentemente nos podemos encontrar con mucha gente con la que es mejor no debatir nada, y mi consejo cuando vemos a alguien muy radicalizado es ni intentar conversar, pero eso no implica que no haya mucha gente que a día de hoy todavía pueda cambiar de opinión. ¿Y por qué digo esto? Porque estoy convencido de que muchos independentistas siguen creyendo racionalmente que la independencia es la mejor opción para nuestra comunidad. El ser humano tiene la capacidad de razonar, y aunque a veces algunos debates rezumen visceralidad y emocionalidad se pueden encauzar hacia el debate racional, que es el terreno que nos interesa.

El sistema de propaganda tejido por el independentismo y del que han sido cómplices muchos medios de comunicación ha dado sin duda sus frutos, generando un porcentaje de «abducidos» más que considerable. Para que nadie se lleve las manos a la cabeza, considero abducidos a todos aquellos que repiten únicamente mantras sin estar instalados en un razonamiento propio y fundamentado y que rechazan todo aquello que les suena distinto a la versión de la realidad que han decidido «comprar» en un momento determinado. Desgraciadamente a día de hoy, hay unos cuantos. Detectarlos es relativamente sencillo incluso sin necesidad de identificarlos en función de lo que cada uno lleva en su solapa.

Durante años el nacionalismo ha buscado un enemigo «exterior» que le permitiera justificar la mediocridad de sus acciones, y se han escudado siempre en lo mal que gestiona todo el mundo (excepto ellos) generando en la población una sensación de rechazo por todo lo que consideran externo. Esta idea se ha ido enconando y ha ido mutando hacia una radicalización de todo un colectivo. Desde la órbita independentista se han lanzado afirmaciones que tienen mucho éxito debido al fuerte impacto emocional que en ellas reside. Por ejemplo, hablar de dignidad es algo que llevan haciendo desde hace tiempo. Da igual lo que haya sucedido, el independentismo lo considera siempre vulneración de su dignidad. Si consideras que el castellano debe tener más presencia en las aulas vulneras la dignidad de la lengua, si se te ocurre afirmar que no consideras que haya presos políticos y que confías en la justicia te dirán que eres cómplice de la represión del Estado y te atacarán diciendo que no es posible que no muestres lástima por los presos porque tienen hijos, si consideras que el referéndum ilegal fue una chapuza eres un demofóbico, y claro, a nadie le gusta sentirse constantemente fascista, demofóbico, represor ni vulnerador de dignidades. Siempre será mucho más atractivo considerarse demócrata y defensor a ultranza de la libertad y la dignidad. La tergiversación de términos y la falta de desarrollo argumental hacen que no sea necesario dar motivos de un determinado posicionamiento, sino que simplemente etiquetando al resto uno tiene suficiente para sentirse bien si tiene la suerte de encontrarse en el «bando de los buenos».

En estos últimos años se ha producido el fenómeno de la «futbolización de la política». Para explicarlo me gusta poner un ejemplo que es muy sencillo de entender. Los seguidores del RCD Español seguimos al club con independencia de quien sea su entrenador, de lo buenos o malos que sean sus jugadores y de la posición en la que quedemos en la liga. Por más que veamos los errores que comete el club somos seguidores incondicionales del mismo y bajo ningún concepto nos convertiríamos en seguidores del «otro equipo de la ciudad» por más títulos que gane. Cuando hablamos de política uno podría esperar un comportamiento distinto, premiando a aquellos dirigentes que gestionan y dirigen con acierto y penalizando a aquellos que defraudan. Sin embargo en los últimos años la política y el fútbol se parecen demasiado. Banderas colgadas estilo bufanda, fe ciega en el «equipo» e inasequibles al desaliento los fieles seguidores de una ideología son incapaces de plantearse el cambiarse de equipo. Este cambio es imposible entre los que participan del clima de fervor presente, aderezado con manifestaciones y muestras de rechazo a todo lo español organizadas por la ANC y compañía. Entidades que siguen intentando de forma machacona decirle al mundo que los causantes de todos los males que nos azotan son los españoles, practicando una hispanofobia de la que participó también el actual presidente de la Generalitat, Quim Torra.

Desde un punto de vista racional, intentando hacer un análisis político relativamente sencillo se podría afirmar que el independentismo ha defraudado en muchísimas ocasiones en los últimos años. Sus dirigentes han huido, no han cumplido con ningún plazo de los que han prometido y para colmo se han escudado en la gente (literalmente en algunos casos) para mantener la llama de un proyecto basado en mentiras y alentado por la confrontación constante contra un supuesto enemigo que ni lo es ni pretende serlo para seguir demonizándolo.

El independentismo no se ha mantenido por sus aciertos políticos, sino por sus aciertos retóricos. Los medios de comunicación no han sido la causa de este movimiento, pero sí han sido un elemento necesario para el mismo. Sin medios afines el movimiento independentista no habría tenido ningún recorrido. Todos conocemos a gente de nuestro entorno que sin ser independentistas radicalizados simpatizan con los conceptos y con los marcos mentales que han generado. ¿Cómo no hacerlo? Recordemos lo que decía un poquito más arriba sobre la dignidad o la democracia. La creación de estos marcos y el consumo constante en los diferentes medios de comunicación han sido claves. La manida idea de que España nos roba, el mantra de que España no es un estado democrático, aquella frase que repetían sin cesar hace unos meses de «votar no es delito», la cantinela de que España es un estado represivo y un largo etcétera que podría glosar todo aquel que esté familiarizado con los medios catalanes.

Para dar respuesta al secesionismo es imprescindible no solo saber que lo que dicen es mentira, sino que debemos saber cómo desmontar esas argumentaciones falaces. Para ello tenemos cantidad de libros publicados que pueden servir de ayuda, como por ejemplo el de *Los cuentos y las cuentas del independentismo catalán*, de Josep Borrell, o —a otro nivel— el que yo mismo escribí junto a dos compañeros, Pedro Pérez-Cuesta y Fernando Roca, *Las mentiras del independentismo catalán*. Es importantísimo saber refutar las mentiras que vierte el independentismo, pero también es importante saber cómo hacerlo. La parte más importante de entrada es tener argumentos suficientes para decirle a quienes tienes delante que quizá hay un punto que no ha tenido en cuenta o una evidencia que está obviando.

En nuestro celo por luchar contra la mentira secesionista olvidamos muchas veces la parte emocional, y en todo lo que está sucediendo es imprescindible. Cuando nosotros mismos estamos muy convencidos de una idea, da igual sobre qué temática sea, en el momento en que alguien nos lleva la contraria, por más razón que tenga, tendemos a llevarlo francamente mal. En grupos de trabajo podemos ver incluso cómo hay gente que defiende la idea que ha propuesto a capa y espada, por más que vea que no es la más acertada, simplemente porque es suya. Esto que sucede a mucha gente en entornos laborales o en meras discusiones sucede del mismo modo cuando el tema que se debate es un tema político.

La clave está normalmente en introducir dudas razonables. Más que entrar en confrontación argumental que muchos se acaban llevando al terreno personal es más inteligente cuestionar los puntos más débiles de la argumentación contraria, no por contraposición, sino estableciendo dudas. Por poner un ejemplo muy sencillo, en el momento en que nos hablaban de que una Cataluña independiente pasaría a formar parte automáticamente de la Unión Europea era mucho más efectivo preguntar «¿qué te parece que el presidente de la Unión haya dicho lo contrario?» sin entrar a argumentar nada más. Tras esa pregunta no es necesario entrar a argumentar con los reglamentos de la Unión Europea bajo el brazo. Si la persona con la que hablábamos no era consciente de ese dato la pregunta le suponía la duda suficiente como para al menos informarse y cuestionar lo que creía hasta el momento. Sin embargo, si lo sabía y no le daba importancia ya nos dejaba claro que no valía la pena seguir hablando sobre el tema. Claro que debemos después saber dar razones sobre las palabras del presidente de la Unión, o del presidente de la Comisión Europea, pero en muchos casos las evidencias se explican por sí mismas y no es necesario más que hacerles caer en eso para generar el inicio de un cambio.

Es mucho más efectivo, aunque más lento, ir dejando dudas en sus argumentaciones y dejar que hagan mella que debatir con el contrincante y acabar discutiendo y perdiendo la efectividad por su rechazo emocional. Por este motivo soy partidario de participar en tertulias de Catalunya Radio y TV3, donde encontramos un porcentaje muy importante de audiencia que sabemos que no comparten nuestra forma de ver el mundo. Mientras me sigan llamando seguiré asistiendo. Debemos seguir esgrimiendo dudas razonables ante las mentiras que esgrimen algunos políticos.

Debemos ser intransigentes con la mentira, pero sin olvidar nunca que por encima de todo tenemos relación personal con nuestros entornos cercanos, y no podemos permitir la ruptura que estamos viendo desde hace tiempo. Por encima de todo somos personas. Personas que vivimos en un mismo entorno, que compartimos aficiones y espacios comunes. No podemos permitir que el independentismo nos imponga nada, debemos luchar contra la injusticia, pero debemos entender que esta guerra es una guerra de persuasión, es una guerra de mayorías, y ser antipáticos y maleducados con el que piensa diferente escudados en la supuesta legitimidad de estar en posesión de la verdad nos hace perder más que ganar. Todos tenemos amigos independentistas, familiares independentistas, y por lo tanto todos podemos ser piezas importantes de la gran solución que debe conformar la sociedad civil. Cada día que pasa tenemos más evidencias de que el movimiento independentista no puede mantener el ritmo. La irresponsabilidad de mantener a parte del pueblo «enchufado» con una idea imposible pasará factura a quienes están cometiendo esta irresponsabilidad antes o después.

Una de las grandes bazas del independentismo era aferrarse a una supuesta comunidad internacional que iba a ver no solo con buenos ojos el proceso independentista sino que lo iba a apoyar. La realidad cada día es más evidente. Quienes nos encargamos en su momento de establecer las primeras dudas razonables sobre las respuestas de la comunidad internacional debemos ver con una sonrisa el resultado a día de hoy. Nadie en el mundo más allá de cuatro extremistas como la extrema derecha flamenca o los racistas de la Lega de Salvini está apoyando al independentismo. Todos los países del mundo se han desmarcado y las afirmaciones de todas las instituciones europeas van en la misma dirección. El pasado 11 de septiembre en TV3 la periodista que realizaba entrevistas en la manifestación de la ANC preguntó a Quim Torra por la poca implicación de la comunidad internacional en el proceso independentista. La respuesta no pudo ser mejor para quienes no comulgamos con sus ideas. «Los países no han hecho nada (...) pero la gente está con nosotros». La única parte de la afirmación cierta es la primera, los países no apoyan los delirios independentistas, y es bastante sencillo comprobar que «la gente» de la que habla el presidente de la Generalitat ni está ni se la espera.

Las evidencias son cada día mayores, y las evidencias acaban haciendo mella incluso cuando se vive únicamente de la gestión de las emociones. Podemos desactivar parte del movimiento independentista. No se trata de lograr que todos los independentistas dejen de serlo. Es suficiente con desactivar a parte del movimiento. Es mucha la gente que se ha sumado al carro del independentismo por inercia, por falta de alternativas o simplemente porque ha comprado lo que le han dicho hasta la fecha, pero los movimientos no viven solo de palabras. Viven también de hechos, y los hechos llevados a cabo por el independentismo han sido un desastre que nos ha llevado a escenarios que muy probablemente no han sido los que muchos queríamos. La paciencia será fundamental en esta contienda. El tiempo juega a nuestro favor. El mundo no está ciego ante la realidad de lo que sucede en Cataluña, por lo que nuestra labor debe ser la de seguir defendiendo los valores que han hecho de nuestro país lo que es a día de hoy. Las evidencias cada día son más irrefutables. No les demos excusas emocionales. Refugiémonos en evidencias y razonamientos.

Ante la irracionalidad, racionalidad, dudas razonables. El tiempo hará el resto.

LA IZQUIERDA ANTE EL RETO NACIONALISTA

El marxismo y la cuestión nacional

Miguel Candel[44]

Contra lo que pudiera parecer, a la vista de la vulgarización del marxismo hoy imperante, no hay en la tradición marxista una línea clara y unívoca en la cuestión nacional.

Tenemos, por una parte, la actitud del mismo Marx ante ciertas guerras entre países con diferentes grados de desarrollo, en cuyo caso llegó a defender el sometimiento del país menos desarrollado justamente para favorecer su modernización (caso de la guerra entre los EE. UU. y México de 1847-1848).

Por otro lado, es conocida la defensa hecha por Lenin, en torno a la Primera Guerra Mundial, del derecho de autodeterminación de lo que él llama «naciones», y que Lenin identificaba, en el caso del imperio de los zares, con los grupos etnolingüísticos claramente diferenciados existentes en su seno (polacos, ucranianos, judíos, entre los que él cita expresamente; a los que podríamos añadir finlandeses, armenios, azeríes, georgianos, tártaros, uzbekos, kazakos, etcétera).

En contraste con la posición de Lenin, la dirigente socialista alemana Rosa Luxemburgo, de origen polaco, solo veía en las reclamaciones de independencia de esos pueblos o naciones una estrategia de las élites (que tanto Lenin como Luxemburgo llamaban, generalizando, «burguesías nacionales») para ejercer mejor su dominio. Fue este un punto de fuerte fricción entre Lenin y Luxemburgo.

---

[44] Miguel Candel es profesor emérito de Historia de la filosofía en la Universidad de Barcelona.

Pero el propio Lenin, aun siendo partidario de la autodeterminación, al menos por lo que se refiere al caso del Imperio ruso, distó mucho de reconocer sin más y en cualquier circunstancia la legitimidad de su ejercicio. De entrada, porque tenía un concepto peyorativo (heredado en parte de Marx) del derecho y de los principios jurídicos abstractos, que dentro de la visión historicista propia del marxismo solo podían considerarse válidos cuando se apoyaban en procesos históricos concretos. Y los procesos históricos seguían, según él, la tendencia general a utilizar y reforzar la homogeneidad cultural como condición necesaria del desarrollo económico.

Así, podemos encontrar en los escritos de Lenin pasajes como este:

> En el mundo entero, la época de la victoria definitiva del capitalismo sobre el feudalismo ha ido unida a movimientos nacionales. El fundamento económico de dichos movimientos es que la victoria completa de la producción mercantil exige la conquista del mercado interior por la burguesía, la unión dentro de un mismo Estado de los territorios cuya población habla la misma lengua y la eliminación de todo obstáculo que pueda obstaculizar el desarrollo de esa lengua y su consagración en una literatura (*Sobre el derecho de las naciones a disponer de sí mismas*, publicado en la revista *Prosvéchtchénié* nº 4 de 1914).

Ahora bien, dado que se trataba —según afirma el propio Lenin— de un proceso dirigido por las burguesías para promover la expansión de la economía de mercado, era lógico que los movimientos nacionales fueran vistos con recelo desde la óptica de un movimiento como el socialista, que aspiraba a emancipar a las clases trabajadoras del dominio del capital. Es decir, que los trabajadores no podían apoyar sin más un proceso que los liberara de unos explotadores para caer en manos de otros.

En efecto, en otros textos de Lenin leemos, por ejemplo: «La consigna de la democracia obrera no es la «cultura nacional», sino la cultura internacional del democratismo y del movimiento obrero mundial». O bien:

> A las querellas nacionales que libran entre ellos los diferentes partidos burgueses por cuestiones de lengua, etc., la democracia obrera opone la reivindicación siguiente: unidad absoluta y fusión total de los obreros de *todas* las nacionalidades en *todas* las organizaciones obreras sindicales, cooperativas, de consumo, de educación y otras, contrariamente a lo que predican todos los nacionalistas burgueses. Solo una unidad así y una fusión semejante pueden salvaguardar la democracia, salvaguardar los intereses de los obreros contra el capital —el cual se ha hecho ya, y cada día más, internacional— salvaguardar, en definitiva, los intereses de la humanidad en evolución hacia un modo de vida nuevo, ajeno a todo tipo de privilegio y de explotación (*Ibíd.* N° 10 de 1913).

A más de cien años de aquel momento histórico en que los más importantes dirigentes de los movimientos políticos inspirados en las ideas de Marx discutían estas cuestiones introduciendo todo tipo de matices y cautelas —eso en una época en que todavía se podía hablar, en muchos territorios, de poblaciones étnica y lingüísticamente homogéneas a la vez que carentes, en la mayoría de los casos, de libertades políticas— resulta difícil comprender que haya en bastantes sectores de la izquierda actual una inercia intelectual tan grande como para seguir hablando con total convicción del «derecho de los pueblos a la autodeterminación» como un derecho universal sin restricciones. Eso sin tener en cuenta que la homogeneidad étnico-cultural es ya prácticamente inexistente, al menos en Europa y América, y que la mayoría de los Estados de esos y otros continentes se rigen por sistemas políticos democráticos, al menos en lo que respecta a los derechos políticos y civiles (aun cuando muchos de ellos tengan notables déficits en materia de derechos sociales).

Los movimientos nacionalistas que aspiran a la secesión de territorios que consideran su solar patrio exclusivo (aun cuando en muchos casos no sean mayoritarios en esos mismos territorios) encuentran un magnífico aliado o compañero de viaje en esa izquierda que sigue reivindicando dogmáticamente una política que hace cien años bien podía considerarse legítima —dada la situación colonial o semicolonial de muchas poblaciones— mientras que hoy, para una izquierda que aspire a profundas transformaciones sociales en beneficio de la gran mayoría, la repetición mecánica de aquellos planteamientos supone poco menos que arrojar piedras sobre su propio tejado al dividir artificialmente a poblaciones objetivamente interesadas en hacer valer unidas sus derechos.

En todo caso, lo mínimo que se les puede pedir a los promotores de esa política es que el nombre de los clásicos del marxismo no lo tomen en vano. Si más no porque, al hacerlo así, faltan gravemente a la verdad y se arriesgan además a hacer el ridículo. De hecho, al oír algunas de las cosas que dicen, parece como si hubieran confundido al Marx de nombre Carlos con otro conocido Marx de nombre Groucho.

De la nacionalización del antifranquismo al derecho a decidir: un recalcitrante extravío en la izquierda

Martín Alonso[45]

Según el hilo narrativo de estas páginas, el secesionismo catalán del Procés comparte, a pesar de la diferencia inconmensurable que supone la violencia, elementos significativos con el abertzalismo del «conflicto», como muestra la estrecha colaboración entre sectores de ambos extremos de los Pirineos. La asunción del derecho a decidir —un término engendrado al albur de las expectativas decrecientes de ETA— como buque insignia de las reivindicaciones y la movilización de un victimismo producto de la deformación de la historia, es el principal. Las diferentes expresiones del victimismo, que alcanzan su formulación superlativa en la invocación del genocidio en ambos espacios, se ejemplifican en la tesis de la opresión nacional diferencial sufrida en el franquismo.

La difusión de ese relato ha sido posible por un proceso de nacionalización del antifranquismo que se opera a partir de los años sesenta, poco después de que la izquierda, que es quien había puesto los muertos, los presos y los torturados, presentara desde el PCE la idea de la reconciliación nacional. Y que se prolonga hoy. Naturalmente este relato no hubiera cuajado sin la contribución de una parte de las izquierdas autóctonas y el desistimiento de las otras; contribución deudora de una recal-

[45] Martín Alonso es autor de *El catalanismo, del éxito al éxtasis. El Viejo Topo*, 3 vols. 2014-2017.

citrante fascinación por los nacionalismos vasco y catalán. El franquismo como capital negativo, como deuda histórica impagada e impagable del «Estado» a estas comunidades prósperas, es el argumento principal y recurrente en las reivindicaciones soberanistas. La nacionalización del antifranquismo es una pieza crucial para entender algunas de las principales disfunciones de la España democrática, en especial esa extraña situación en la que los supuestos oprimidos resultan ser los ricos, los que disfrutan de mayor reconocimiento y poder institucional.

El derecho a decidir, producido en Euskadi, patentado en Cataluña

La falta de atención a la conexión vasco-catalana en la construcción de un relato justificador del secesionismo es llamativa. No solo por las afinidades discursivas, también por la estrecha colaboración entre los nacionalistas de ambos lados. El profesor nacionalista vasco Mario Zubiaga resume así la conexión:

Las primeras referencias en la prensa vasca aparecen en los noventa del pasado siglo: «el «derecho a decidir» es todavía un sinónimo del derecho de autodeterminación. Posteriormente, lo que era una mera licencia estilística se convierte en eufemismo en el proyecto del lehendakari Ibarretxe. [...] Una vez frustrada esa vía, el término es acogido en Catalunya, donde se convierte en bandera movilizadora por medio de la Plataforma pel Dret a Decidir (PDD). A partir de ahí, académicos vascos y catalanes, entre los que destaca Jaume López, han impulsado una rica evolución doctrinal» (*Gara*, 05/02/2015).

El medio elegido dice algo. Unos cuantos años antes el mismo autor había descalificado las movilizaciones de Ermua en respuesta al asesinato de Miguel Ángel Blanco con este sólido argumento: «No era fácil encontrar ciudadanos que pudieran expresar su opinión en euskera» (*Egin*, 16/07/1997).

Hay muchos ejemplos de la fertilización cruzada entre ambos espacios. En dirección sur, una cierta batasunización del Procés en sus últimos compases; en dirección norte la cadena humana de Gure Esku Dago en junio de 2018 no solo mimetizaba la de la diada de 2013 sino que mezclaba ikurriñas y esteladas. Pero hay más. El 22 de febrero de 2017 Juan José

Ibarretxe organizó una conferencia en San Sebastián en la que intervino Artur Mas. Se titulaba «El derecho a decidir. El proceso en Catalunya».

El derecho a decidir (DaD) nace en los años finales del siglo. El atentado de Hipercor, el más letal de ETA, había alentado la formación del Pacto de Ajuria Enea, que constituyó el empeño más sólido contra la banda. Las movilizaciones de Ermua alentaron al PNV de Arzalluz, que viendo peligrar su hegemonía prepara un frente nacionalista que se plasmó en la denominada vía Ollora, por el nombre de su impulsor, miembro del PNV y de Elkarri. Al pacto democrático de Ajuria Enea le sustituyó el pacto nacionalista de Estella (1998). Que Ezker Batua se apuntara a esa operación es difícil de explicar. Tan difícil que destacados líderes de CC. OO. como Santi Bengoa (doce años al frente de CC. OO. de Euskadi, amenazado por ETA), se dieron de baja en el PCE. La cristalización de la vía Ollora se encuentra en la ponencia soberanista del PNV del año 2000 titulada «Ser para decidir», cuya música informa el plan Ibarretxe, ahora reverdecido en los dos extremos españoles de los Pirineos.

¿Fueron los nacionalistas los mártires de la dictadura?

En su prefacio al libro de Gisèle Halimi sobre el proceso de Burgos, Sartre calificó de «pueblo mártir» al vasco. Asumía así la tesis del genocidio que había elaborado el nacionalismo ya al final de la guerra pero sobre todo en el exilio. Algo parecido ocurrió en Cataluña donde Josep Benet patentó la idea del «genocidio cultural» que Torra extendió hasta 1714 al referirse al Born como la zona cero de los catalanes. Victimismo militante, irredentismo emocional y falsificación histórica se trenzan. Hubo represión de las formas culturales específicas, desde luego, pero no de una manera distinta a la que afectó a otras expresiones de pluralismo. La Antiespaña no era la España nacionalista sino la España roja. La represión se ensañó con ella. La represión en el País Vasco no llegó a la décima parte de la de Andalucía. En 1944 no quedaba ningún nacionalista vasco en prisión.

Solo desde finales de los sesenta, con motivo de las movilizaciones obreras y los atentados de ETA, la situación empezó a cambiar. El mismo trato preferencial tuvieron los nacionalistas catalanes según el testimonio del tristemente famoso comisario franquista Antonio Juan Creix, en palabras de Antoni Batista: «[A finales de los cincuenta] Creix continuaba implacable con los comunistas, pero comenzó a bajar la guardia con catalanistas, estudiantes e intelectuales» (Batista 2018). Que estos datos hayan quedado opacados es un buen ejemplo del éxito de la nacionalización mental.

Esta apropiación de la memoria antifranquista queda de relieve en una noticia reciente referida a las estribaciones del franquismo. Un medio vasco titulaba: «Europa pide a España que «restañe» las heridas del 3 de marzo en Vitoria» (*El Correo*, 12/07/2018). El artículo respondía a la presencia de una delegación vasca en la Eurocámara en relación a los cinco trabajadores asesinados en 1976. La reclamación entraba en el corsé victimista de España contra Euskadi y mostraba el empeño de internacionalizar el victimismo. ¿Quiénes presidían la delegación? Gorka Urtaran (alcalde del PNV en Vitoria) y Mirren Larrion (portavoz municipal de EH Bildu). Ninguna presencia de la izquierda. Y repárese en la diferencia entre la onomástica de los demandantes citados y la de los asesinados a los que reivindicaban: Pedro María Martínez, Francisco Aznar, Romualdo Barroso, José Castillo y Bienvenido Pereda. Un buen ejemplo de cómo una reivindicación obrera es instrumentalizada por el nacionalismo y blandida como agravio ante la mirada internacional. Y para la cuestión del doblete que sirve de hilo conductor: el Ayuntamiento de Vitoria presidido por Gorka Urtaran homenajeó en marzo de 2016 a Lluís Llach por haberles dedicado una canción en 1976.

Esta diálisis de la historia que ha permitido la nacionalización del antifranquismo tiene su punto de inflexión en el Proceso de Burgos, que conoció una réplica parcial en la Asamblea de Montserrat. Vale la pena transcribir las palabras con que las que lo formula el historiador Javier Corcuera:

> Burgos es el comienzo de la *nacionalización* del antifranquismo: ETA demuestra la desmesura de la opresión hecha a los vascos como tales, porque nadie, en caso contrario, se jugaría la vida por

> nada; simétricamente, por parte de los partidos de izquierda no nacionalistas, ETA es ocasión de intentar conquistar carta de ciudadanía vasca que rompiera el histórico foso entre nacionalismo y socialismo, y que posibilitara la ampliación del movimiento contra el régimen. En esa dinámica, la lucha emprendida desde organizaciones obreras (que en lo fundamental habían sido las únicas actuantes hasta entonces) se convierte en lucha de los obreros vascos, o sea, en lucha de los vascos, o sea, en lucha vasca contra el franquismo, o sea, en lucha que demuestra la vitalidad de los vascos contra la opresión nacional, o sea, de una opresión tan grave que ha dado lugar al nacimiento de ETA (Corcuera 1994: 22).

Hay que completar este lado interno con el exterior. Porque, como sentencia atinadamente el historiador José Antonio Pérez, Burgos no solo lo cambió todo en el País Vasco sino que contribuyó también a cambiarlo todo dentro de una izquierda antifranquista española que, a partir de ese momento, identificó la lucha de ETA con la lucha (con la causa) del pueblo vasco. Hasta el punto de que si un antifranquista vasco era detenido perdía automáticamente su condición de izquierdista para convertirse en un «vasco represaliado».

Ser vasco se convirtió en una identidad de prestigio dentro del antifranquismo. La llegada de un militante de CC. OO. o de un socialista a una asamblea de cualquier esquina de España era recibida con expectación. «Ha llegado el vasco». Y se le consideraba portador de una herencia casi mítica como representante cualificado de una comunidad superior. La condición de prestigio provocó un efecto llamada hacia el abertzalismo radical de muchos inmigrantes que podían así evitar el estigma de ser considerados invasores, *cacereños, coreanos* o *maketos*. Los datos recogidos por Fernando Reinares muestran un significativo aumento desde 1970 en la proporción de terroristas sin apellidos autóctonos o con uno solo de ellos (REINARES 2001: 170-176)[46].

El análisis de la usurpación operada en el Proceso de Burgos por J. Corcuera es impecable. Solo que no fue el comienzo. Diez años antes Josep Benet había puesto en marcha la Campanya

---

[46] Para más detalles, cfr. FERNÁNDEZ SOLDEVILLA y Raúl LÓPEZ ROMO (2010).

Jordi Pujol a partir de Els Fets del Palau, destinada a subrayar que la principal oposición al franquismo venía de los nacionalistas católicos. Así lo refleja esta carta al senador demócrata norteamericano John Brademas recogida por Jordi Amat en la que señala que Els Fets eran:

> La manifestación externa de que la política de oposición, en Cataluña, está protagonizada en gran parte por las nuevas generaciones, las que no intervinieron en la Guerra Civil, y que en esta oposición hay grupos de católicos jóvenes que combaten en vanguardia. Es el país joven que lucha contra el viejo y por razones biológicas, al menos, son los que triunfarán.

El «compromiso histórico» entre Montserrat (al que tan vinculado estaba Benet, el teórico del genocidio cultural, el muñidor de la campaña Volem bisbes catalans! e impugnador de Solé Tura) y el PSUC (Enric Juliana *dixit*) explica que Benet fuera cabeza de lista del PSUC a la Generalitat. El proceso de nacionalización del PSUC sigue una pauta que acaba desalojando de la dirección a los castellanohablantes, como ha explicado con detalle Thomas Miley. Un proceso paralelo ocurre en el PSC. Y por arrastre en las cúpulas sindicales.

La Operación Ogro y el Proceso 1001

Lo que llamo teorema de Hoffer consiste en neutralizar una reivindicación social mediante otra de carácter identitario. Como se ha señalado más arriba, el Proceso de Burgos, que concitó un apoyo lógico de toda la izquierda dentro y fuera de España, sirvió para poner el foco en ETA, a la que se atribuyó un protagonismo contra la dictadura en perjuicio de las luchas obreras. Seguramente la expresión más ajustada de quienes fueron los principales protagonistas del antifranquismo fue el Proceso 1001, contra los dirigentes de CC.OO. Reléanse sus nombres, para hacer un equivalente con las movilizaciones de Vitoria señaladas. Recordemos que los elegidos para asistir a la reunión por Cataluña, que se libraron casualmente de la detención, eran Cipriano García (Ciudad Real), Armando Varo (Melilla) y José Luis López Bulla (Granada).

El Proceso 1001 había suscitado un enorme interés nacional e internacional; ponía el foco de la lucha antifranquista en su punto tras el Proceso de Burgos. Prueba de ese interés es que la plaza de las Salesas de Madrid estaba llena el 20 de diciembre de 1973 poco antes de las diez cuando debía comenzar el juicio. Pero el juicio se suspendió y la plaza fue desalojada porque media hora antes ETA había hecho explotar el coche de Carrero Blanco. Hay quienes sostienen que fue una coincidencia; CC. OO. no. Con independencia de las intenciones, ETA consiguió al menos dos cosas en detrimento de CC. OO.: atraer la atención de los medios que se habían desplazado a Madrid con motivo del juicio y poner en cuestión la tesis en que legitimaba su acción terrorista, a saber, que no era posible acabar con la dictadura por la vía pacífica.

Como ha señalado Nicolás Sartorius, uno de los procesados, ETA se apropiaba así el protagonismo de la oposición al franquismo, truncaba la movilización en curso y castigaba a los sindicalistas con el aumento de penas (dato avalado por otros testimonios). Pero sin duda lo importante para ETA estaba en que, como señala Sartorius, de las dos formas de oposición al franquismo, una pacífica y democrática y otra violenta, «ese día esta segunda forma cercenó momentáneamente las posibilidades de la primera» (*El País*, 19/12/1998). Por si quedaran dudas sobre la sensibilidad obrerista, los asesinatos de miembros de CC. OO. durante la democracia dejan poco espacio para ellas.

Tampoco cabe dudar de un dato fundamental: la presión añadida que supuso para la Transición la acción terrorista de ETA, que multiplicó los asesinatos de 11 en 1977 a 68 en 1978. La estrategia continuó después de las elecciones, siendo 1980 con 98 asesinados el más letal de la historia de ETA (vísperas del 23-F).

Los ricos acumulan los agravios y escriben la historia

Se dice que la historia la escriben los vencedores. En los tiempos posmodernos parece que hay que invertir los términos: los vencedores son quienes consiguen establecer *su* historia como versión canónica del pasado. Una de las piezas que ayuda a penetrar esta mistificación es la constatación de que las preferencias secesionistas se acumulan en el vértice de las variables estratificacionales: renta, nivel de estudios, lugar de residencia, apellidos nativos (origen). Para poner cifras del CEO de junio de 2017: solo el 32% de los catalanes con ingresos inferiores a 900€ son independentistas frente al 54% de los que ganan más de 4000.

No parece este un dato irrelevante cuando hablamos de izquierda y derecha, de arriba y abajo. Que la agenda étnica haya desbordado a la social es un buen indicador de quienes son los vencedores. Que una alcaldesa de la nueva izquierda como Ada Colau asegure que el 1 de octubre pasado fue el día más terrible de los últimos cuarenta años (TV-3, 22/10/2017), da cuenta de la magnitud de los estragos cognitivos que provoca el nacionalismo, como anticipaba el juego de palabras del ensayo de Mario Onaindía (*Los perjuicios que causan los prejuicios nacionalistas*). La incapacidad para identificar la naturaleza de ETA es heredera en parte de la deriva de los últimos años del franquismo cuando la izquierda confunde las reivindicaciones identitarias (comprensibles en la dictadura) con el programa de la democracia y la emancipación. Y esto mismo explica una segunda ceguera no menos cargada de consecuencias: la que impidió percibir y responder a la patrimonialización nacionalista por la que abertzales y catalanistas modelaron las instituciones autonómicas a su medida. Así se mantiene vigente el tabú de la virginidad democrática de la inmersión lingüística; porque no se ha calibrado en su justa medida el calado de la homogeneización nacional (*Gleichschaltung*).

Si hay un rasgo que caracteriza los análisis desde una perspectiva social es la prioridad que conceden a los factores estructurales. Si ordenamos las regiones por el PIB per cápita, Cataluña se sitúa en cuarto lugar (28.590 euros), con un 19,3% por encima de la media, solo detrás de Madrid, el País Vasco y Navarra. De modo que de acuerdo con estos datos las comunidades nacionalistas que se quejan del trato de España figuran entre las más ricas. La correlación positiva entre opresión y riqueza es inédita en los anales históricos y solo explicable por la poderosa ingeniería social que manejan los tribalismos plutocráticos. Esto resulta más visible en términos comparados.

Podemos fijarnos, en primer lugar, dentro del mismo marco estatal, en la otra comunidad histórica, Galicia. Ocupa el décimo lugar en PIB per cápita, situándose un 10,9% por debajo de la media. El dato no resulta probablemente irrelevante para entender cómo en Galicia no ha arraigado el *derecho a decidir*, pero es indispensable cambiar la lente que han patentado los supuestos agraviados para percibir el contraste. Los datos resultan igualmente concluyentes comparando los casos vasco y catalán a ambos lados de los Pirineos, pero no puedo detallarlos aquí.

Si las variables duras (las condiciones objetivas) no explican la respuesta social, hay que acudir a las blandas, los procesos de ingeniería social que enmarcan la acción colectiva; lo que pone el caso catalán en el rubro de fenómenos como el Brexit, la elección de Trump, las últimas elecciones italianas o el referéndum colombiano. Estamos pues ante una mezcla de chauvinismo de ricos y populismo del bienestar. Es el monopolio de capital simbólico y la hegemonía sobre la infraestructura de resonancia (medios, academia, instituciones) lo que permite explicar el Procés como resultado de una nacionalización intensiva que se ha traducido en una radicalización de los sectores mejor situados y la patrimonialización de la calle.

Es significativo que las de los ricos sean las identidades de más prestigio en el conjunto de España. Lo muestra un factor compartido: la dirección de las transliteraciones (los cambios en los nombres) es uniforme hacia el euskera o catalán. Parece que en el caso de la vasca fue determinante para el prestigio la fascinación que la violencia ejerció en una parte de la juventud y el efecto de los primeros resultados electorales. La identidad de prestigio catalana debe más a la condición, en buena parte justificada hasta hace poco, de vanguardia cultural. En este sentido el *derecho a decidir* sería una suerte de contraprestación diferencial a ese estatus superior que, por pudor, se envuelve en emulsiones esencialistas (derechos históricos, darwinismo social); es lo que rezuma la dualidad entre ciudadanía y nacionalidad en el texto del nuevo estatus de PNV-EH Bildu, para el País Vasco, o las apreciaciones del President Torra:

> Ahora miras a tu país y vuelves a ver hablar a las bestias. Pero son de otro tipo. Carroñeros, víboras, hienas. Bestias, no obstante, con forma humana, que gorgotean odio. [...] Están aquí, entre nosotros. Les repugna cualquier expresión de catalanidad. Es una fobia enfermiza. Hay algo freudiano en estas bestias. O un pequeño bache en su ADN. ¡Pobres individuos! (TORRA 2012).

De modo que es acuciante la tarea de subsanar este desajuste cognitivo heredado del franquismo. No es únicamente cuestión de la reparación de estragos del pasado. Porque los beneficiarios no solo se han servido de esta manipulación del antifranquismo para blanquear su pasado, sino que la invocan ahora como argumentario para esos proyectos insolidarios enmascarados en el humo conceptual del derecho a decidir. Sobre los estragos cognitivos se expresó con meridiana claridad un historiador acreditado afincado desde 1983 hasta 2010 en Barcelona y uno de los firmantes del Foro Babel, Gabriel Jackson:

> Lo que hace único el caso vasco, y lo que me choca como historiador, es que el terrorismo político vasco de los últimos veinte años desafía cualquier explicación racional, a menos que uno desenrede la historia real de la historia mitificada y de la falsa antropología. [...] cualquier imagen de que los vascos han sido oprimidos (más que los demás) por los gobiernos españoles, es, literalmente, mitología pura (*El País*, 25/01/2000).

Si nos quedamos en la manipulación de la historia y de la antropología, sus palabras son extensivas a lo que conoce hoy Cataluña. Previó lo que ocurriría al mostrarse escéptico sobre el encaje de los partidos nacionalistas en el sistema constitucional, «porque es imposible satisfacer a estos partidos» (*El País*, 20/08/1998).

Pero para el núcleo de este escrito importa recordar a los doblemente perjudicados, por la realidad del franquismo y por el relato nacionalizado del antifranquismo, y lo hago con las palabras del historiador José Antonio Pérez, de la Universidad del País Vasco:

> Sin embargo, después de casi cincuenta años, buena parte de aquellos militantes del movimiento obrero que participaron en las protestas que paralizaron las fábricas desde comienzos de la década de los años sesenta y llenaron la calles —y las cárceles— durante las protestas obreras, incluidas las que se organizaron en solidaridad con los procesados en Burgos, viven hoy con una evidente decepción y con un punto de amargura la apropiación de la memoria del antifranquismo a la que ha procedido el nacionalismo, presentándose ante la sociedad vasca como el gran artífice y protagonista de aquellos años en la lucha contra la dictadura (Pérez 2013: 42).

También esto es aplicable a Cataluña. Sirvan estas consideraciones de mínima reparación a aquellos militantes frente a ese múltiple y recalcitrante maltrato.

Bibliografía

Batista, Antoni (2018): «Antonio Juan Creix, el gran torturador franquista», en *Sapiens*, 21/6/2018: https://www.sapiens.cat/epoca-historica/historia-contemporania/guerra-civil-i-franquisme/antonio-juan-creix-el-gran-torturador-franquista_10386_102.html

Corcuera Atienza, Javier (1994): «Prólogo» a J. Aranzadi, J. Juaristi y P. Unzueta: *Auto de Terminación*, Madrid, El País/Aguilar.

Fernández Soldevilla, Gaizka y López Romo, Raúl (2010): «¿Enemigos internos o nuevos aliados? Los inmigrantes y el nacionalismo vasco radical (1959-1979)», *Alcores*, 10, pp. 193-217.

Pérez Pérez (2013), José Antonio: «Historia (y memoria) del antifranquismo en el País Vasco», *Cuadernos de Historia Contemporánea*, vol. 35, 2013, pp. 41-62.

Reinares, Fernando (2001): *Patriotas de la muerte. Quiénes han militado en ETA y por qué*, Madrid, Taurus, 2001.

Torra, Quim (2012): «La llengua i les bèsties», *El Món*, 19/12/2012. https://elmon.cat/opinio/5052/elcinefil.cat

Epílogo

De la confrontación irracional a la convivencia respetuosa

Un diálogo entre Anna Balletbó[47] y Facundo Guardado[48]

ANNA BALLETBÓ: Es la segunda vez que me invitáis y prometí que volvería si me llamabais y aquí estoy. Os quiero felicitar por el encuentro. Me han dicho que es todo un éxito y que tenéis una asistencia muy masiva. Pero sobre todo os quiero dar las gracias por permitirme estar con Facundo Guardado, que es un personaje de la historia. Creo que su ejemplo y su trayectoria vital y política nos demuestra hasta qué punto al final pactar es el único camino. Ponerse de acuerdo es la esencia de la democracia. Ciertamente, cuanto más polarizadas están las personas, cuanto más radicalizados están los grupos, más cuesta lograrlo. Porque la misma dinámica del colectivo hace que aquellos que creen, como fue el caso de Facundo, que había llegado el momento de hablar, de encontrar una salida a un conflicto y de parar la sangría de muertos en el caso de su país, son tachados de traidores.

El miedo a la acusación de traidores hace que muchos procesos se atasquen. Eso os lo digo porque seguro que nos evoca

---

[47] Anna Balletbó es periodista y presidenta de la Fundación Internacional Olof Palme. Fue diputada en el Congreso de los Diputados por el PSC desde 1979 hasta el año 2000.

[48] Antiguo dirigente del Frente Farabundo Martí de Liberación Nacional en El Salvador. Primero ejerció como líder guerrillero. Posteriormente, fue decisivo en las negociaciones de paz y fue candidato del FMLN a las elecciones presidenciales.

muchas cosas, que afortunadamente no son de la envergadura que vosotros vivisteis en El Salvador, pero que nos inspiran porque estos procesos de resolución de conflictos son siempre similares. Pero antes de empezar, Facundo, me gustaría que nos hicieras un pequeño repaso de tu trayectoria vital. Tú eres de una familia de diez hermanos con un padre muy vinculado a los movimientos sociales. Pero cuéntanos tú.

Facundo Guardado: Sí, mi padre fue el fundador de la Democracia Cristiana en El Salvador. Gracias por la invitación. Es un placer, Anna, estar aquí también contigo. Yo me vínculo muy joven, a los 18 o 19 años, a los movimientos sociales, que terminan siendo la oposición real en El Salvador a los gobiernos militares, después de los inmensos fraudes electorales contra la oposición política y electoral que era la Democracia Cristiana. Y esto desemboca en la guerra civil de doce años. En resumen, la guerra civil de El Salvador y también la de Nicaragua —con el conjunto de la guerra con «la contra»— han sido las guerras más cruentas después de la guerra de independencia.

Anna Balletbó: Por fraude electoral. Esto se destapa por fraude electoral. Es decir, hay una victoria clara de Duarte en aquel momento y no hay reconocimiento. Y entonces toda la gente joven que había puesto tantas esperanzas en un cambio político os veis frustrados y traicionados.

Facundo Guardado: Sí, es un fraude, sí. O sea la guerra nuestra, la guerra civil, se genera por falta de espacios de participación. Nadie se va a una guerra civil de doce años, de ochenta mil muertos, con todo el sacrificio que significa porque no tiene que comer en casa. Nosotros éramos una generación de jóvenes que ya habíamos pasado por la escuela y que todos teníamos qué comer en casa. Es la gente de la naciente clase media baja que quiere abrirse un espacio y que el régimen militar frustra.

Balletbó: Reclaman una alternativa generacional, también.

Guardado: Sí, alternativa generacional obviamente. Pero el régimen militar nos cierra el espacio y tenemos que abrirlo con una guerra de doce años. Y yo participé dentro del proceso y tuve también la oportunidad de participar en el primer diálogo de paz. Como tú estabas diciendo, ese diálogo fue con el presidente Duarte, al que le habían hecho fraude primero, pero que en ese momento era un presidente apoyado por Estados Unidos y por los militares. Nos encontramos la primera vez en una ciudad de la provincia Chalatenango de la que yo soy originario. En esa ocasión les tocaba a los principales jefes asistir a esa reunión —porque era el presidente el que estaba llegando a la negociación—. Pero ellos no fueron. Yo no era de los cinco principales jefes, pero me tocó ir. Ellos no fueron porque tenían temor a ser tildados de sospechosos, de que estaban vendiendo el proceso. Se lo perdieron.

BALLETBÓ: El miedo es la inseguridad.

GUARDADO: En un conflicto y en un posconflicto lo más dañino y el problema no son las diferencias. El problema entre los humanos no son nuestras diferencias. El problema real es el miedo. El problema real es el terror que se genera, el odio, las revanchas, el deseo de *vendetta*, la descalificación del contrario, el nombre de vendido, el enemigo.

BALLETBÓ: El desprecio.

GUARDADO: El desprecio de los demás, de unos a otros, las descalificaciones. Ya cuando calificas a alguien de otro grupo de enemigo la cosa ya se complica porque como dice él teórico de la guerra «un conflicto se resuelve de dos maneras, o por consenso o por violencia». Entonces, hay que hablar. Hay un momento en que hay que hablar. ¿Y con quién hablas? Con el que tú calificaste de enemigo. Entonces ¿cómo te sientas con Satanás si eres Dios? Este juego perverso de los buenos y los malos. Yo soy de una tradición cristiana, pero esa idea del bueno y el malo, de Dios y el diablo, del infierno y el cielo, nunca la compre. Lo digo con claridad, digamos aquí y con respeto, nunca la compré porque me parece un juego perverso en la lucha social.

BALLETBÓ: Retrocedamos un poco. Nos cuentas que hubo el golpe contra Duarte, que erais una generación idealista. Explícanos un poquito más tu evolución porque a ti, otro de los elementos que te hizo modular mucho tus posiciones fue ver la realidad posrevolución en Nicaragua, lo que pasaba en Guatemala, lo que pasaba en Cuba. Y eso es importante también porque yo siempre digo que nosotros tenemos un conflicto que es incomparable, pero si se viajará más y nos fijáramos más, modularíamos muchas cosas. Porque también es cierto que uno a veces viaja y no se entera de nada. Hay una frase muy divertida que dice: «Este es como el baúl de la Piquer, que viajó por todo el mundo y no se enteró de nada». O sea, por tanto, hay que fijarse y modular las cosas. Sigue contándonos un poco tu trayectoria.

GUARDADO: Sí, yo di la primera vuelta al planeta en el año ochenta. Y ahí conocí todo lo que conocimos en esa época como el socialismo real. También conocí el Medio Oriente. En esa época conocí España y Francia. Y cuando conocí los países del socialismo real yo lo tuve claro. Esto no es lo que quiero para mi país. Pero ya estábamos en guerra, la guerra ya se había iniciado. Pero eso me marcó, eso me hizo marcar una posición política que ya para el año 83 me llevó a distanciarme con el líder de mi organización, que se llamaba Cayetano Carpio. La segunda al mando y yo nos enfrentamos por el fundamentalismo del líder principal de nuestra organización.

BALLETBÓ: Cayetano era estalinista…

GUARDADO: Mucho. Muy estalinista. Y a Mélida Anaya Montes eso le costó la vida. Cayetano, que era el jefe, decidió mandar que la mataran y la mataron con ochenta puñaladas. Y yo me salvé porque justo era el día que había ido al frente y ya no estaba al alcance. Cayetano después se suicida porque lo descubrieron. Los cubanos y los sandinistas se interesaron en investigar qué había pasado. Le presentaron las pruebas. Y Fidel Castro le dijo, «bueno, te doy la oportunidad de que venga a Cuba, pero aquí ya va a ser uno más. Te sales de todo». Y Cayetano, que tenía un ego bastante elevado, nunca iba a aceptar eso. Agarro un revólver y se mató.

Cuando se entra en un conflicto de la dimensión de El Salvador, el mismo que ustedes tuvieron aquí también en la guerra civil, lo que hay es una carnicería. Y muchas personas dentro del mismo bando, llevadas por el miedo, por el odio, terminan viendo enemigos en todas partes, en todos lados, y comienzan a matar de manera indiscriminada a todo lo que les parece que es sospechoso. O sea, en las filas del FMLN, hubo miles de combatientes o personas que colaboraban asesinadas por mis mismos compañeros. Esa es la verdad de la historia. No solo hay muertos en la batalla del otro bando. Así fue también la guerra civil española.

Balletbó: Depuraciones, las llaman.

Guardado: No tanto por razón ideológica, fíjate, si no en el caso del poeta Roque Dalton, el poeta más connotado en la historia del Salvador. Y él desafío en el año 75 a un fundamentalista del primer grupo guerrillero. Y ese desafío le costó la vida. Y yo soy amigo de la viuda de él, de sus hijos, y si bien ellos ponen el asesinato de Roque como un hecho de un asesinato grosero de los dirigentes del partido, en realidad a mí siempre me ha quedado una duda. Roque estaba en La Habana cuando se va para El Salvador.

Los cubanos sabían que el líder de este grupo guerrillero era un loco, un desquiciado mental. Y los cubanos le ayudaron a Roque para que fuera a El Salvador. Y así como cuando con Mélida Anaya Montes desafiamos a Cayetano Carpio, y sabíamos que nos podría costar la vida (Cayetano era un fundamentalista, pero no un desquiciado), yo no tengo ninguna duda que cuando Roque llega a El Salvador en el año 75, estaba jugándose la vida al desafiar a un desquiciado mental que era el líder de la organización.

Entonces, en una guerra no solo hay muertos de la batalla de un bando contra otro. Las guerras son así, son deshumanizadas. Eso de que hay guerra santa, justas, legítimas, eso de que hay guerras buenas, eso es una venta barata. ¡No hay guerra buena! Si en mi juventud hubiera podido conocer la experiencia de Gandhi, no me habría sumado a una guerra. Pero no tuve la oportunidad antes de que el conflicto comenzara a conocer formas de resistencia civil como las que tuvo Gandhi.

Balletbó: Hay una cosa que has contado en algunas entrevistas y es que afortunadamente en El Salvador no os desinstitucionalizasteis, a diferencia de Nicaragua, Honduras, Guatemala, y eso me gustaría que me lo explicaras, porque esto es esencial, creo yo.

Guardado: El proceso de paz que se firmó en el año 92 funcionó. Obviamente uno no puede esperar que un proceso sea respaldado por unanimidad, pero el proceso funcionó. Quiero aclarar que yo fui candidato presidencial en el año 99, del FMLN. Fui del partido hasta el año 2000. Todo el mundo en El Salvador cree que yo fui el diputado, en realidad nunca lo fui digamos. Yo solo fui concejal de la alcaldía de San Salvador entre el año 97 y 2003.

Balletbó: Pero fuiste candidato a la presidencia del Gobierno.

Guardado: Sí, pero luego no ejercí más cargos públicos. La reforma que permite terminar la guerra es una reforma política que abre el espacio a todo el espectro ideológico democrático. Y el FMLN entra a competir electoralmente desde el inicio y va creciendo y creciendo. Y se respeta por primera vez en la historia de El Salvador la voluntad de los votantes en las urnas. Y esencialmente, desde que comenzó este proceso en el año 94 hasta hoy, en esencia, el voto y la voluntad de los votantes se ha respetado. Ha habido algunas veces algunas dudas e inquietudes, cosas que no se han hecho bien. Pero ha habido un respeto de todos a los resultados, han sido reconocidos, y cuando ha habido dudas se han aclarado.

Y El Salvador es un país que ha avanzado mucho en la reconciliación. El odio con que terminamos la guerra ha disminuido. Tu ves ahora en las cámaras enfrentamientos entre diputados del FMLN y de Arena. Sí, pero al ratito están tomando cafés.

Balletbó: ¿Cuántos años habéis tardado en bajar esta presión?

Guardado: Llevamos veinticinco años. Pero en realidad, en El Salvador, nos vemos todos, de un lado y de otro, hemos logrado vernos con respeto. La diferencia después de un conflicto, la hace nada más el respeto. El respeto por la dignidad de la otra persona. Saber que la otra persona es un ser humano con las mismas virtudes y defectos que los que uno tiene. No se necesita de otras terapias. Nada más que considerar a las otras personas, personas como uno.

Balletbó: Con todos los derechos, con todas las opiniones, y escucharlos.

Guardado: Y escucharlos. Y no descalificar a personas. En El Salvador se sigue descalificando a personas pero no tenemos la carga de odio que tuvimos durante la época de la guerra. Y hay otra cosa que yo también quiero aprovechar para comentársela. Aquí se crean a veces fantasías, historias, historietas.

Balletbó: Y mentiras. Y mentiras.

Guardado: No voy a llegar a decir eso. Pero hay una creencia que dice que todas las víctimas quieren saber la verdad. Esa es una gran mentira. Hay personas que sí quieren saber la verdad y tienen el derecho a saberla. En eso estoy de acuerdo. Eso es una opción personal. En un conflicto encarnizado, las víctimas terminan siendo victimarios y los victimarios terminan siendo víctimas.

Balletbó: Facundo, hay un tema interesante en relación con lo que dices. Aquí, después de la Guerra Civil, en las familias se hablaba muy poco de la guerra. En parte porque el sector republicano temía la represión —yo recuerdo a mi padre pidiéndome que no dijera en el colegio lo que habíamos hablado en casa—. Pero yo creo que, además, porque en estos conflictos la gente hace cosas de las que luego se arrepiente y no quiere recordarlas porque matar no es, digamos, ni un derecho ni una situación lógica de un ser humano, y por tanto las barbaridades que se hacen en una guerra civil en ambos lados, al final te pesan. Y no recordar podría darse con ganas de olvidar los errores, quizás. Es una pregunta.

Guardado: Es complejo. La verdad es que este es un tema complejo. Mi ángulo de enfoque es que si no perdonas…

Balletbó: Si no perdonas no vives.

Guardado: Si no eres capaz de perdonar, nunca vas a tener paz espiritual, ni mental. Y la reconciliación pasa por eso, o sea, pasa por esa decisión individual. Mira, yo estuve preso dos veces (quince días en calidad de desaparecido en El Salvador, veintidós días en Honduras). La única tortura que no me hicieron fue violarme sexualmente. Me pregunto a mí mismo a veces cómo estoy un poquito cuerdo.

Nunca en mi vida he tenido el más mínimo interés en saber quién lo hizo. Nunca lo tuve ni lo tengo ahora. ¿Y qué ganaría, qué ganaría yo ahora con que me presenten o con meter en la cárcel o que fusilen a los que hicieron eso o cualquier atrocidad a mi bando del otro bando? Allí es donde uno tiene que diferenciar el deseo de revancha con el deseo de búsqueda de la verdad como ser humano, sin revancha, sin *vendetta*, sin deseo de arruinarle la vida a otra persona.

La reconciliación pasa por situaciones difíciles. Una de mis hijas en El Salvador, desde el *kinder*, era compañera de clase de la nieta del mayor d'Aubuisson, que era la parte complicada del otro lado. Mejor no poner apellidos. Bueno, ¿y qué vas a hacer si son amigas? Mira, yo no voy a influir en la vida de mi hija. ¿Qué culpa tiene mi hija, que culpa tiene la nieta del mayor d'Aubuisson, de que sean amigas? E iba la una a la casa de la otra. La niña ponía a su madre, a la hija del mayor d'Aubuisson, a cantar mi canción de campaña. Y en la noche le decía: antes de dormir cantemos la canción de Facundo.

¿Por qué te vas a meter a envenenar la mente? Ellos irán descubriendo la historia si les interesa. Y si no les interesa, que no lo hagan. Cuando firmamos la paz en El Salvador, yo me dije: tengo que sentarme en la mesa con cualquier persona, independientemente de dónde viene y de qué ha hecho en su vida. Soy salvadoreño, ellos viven aquí, vamos a vivir aquí, quiero conocerlos uno a uno. Perdonen la inmodestia pero es difícil que una persona de El Salvador no quiera tomar un café conmigo. Hice uso de eso para decir: sentémonos, te invito a un café. Y la verdad es que he tenido la oportunidad de conocer y de conversar con todo el espectro. En esta escuela de verano está Karla Hernández, diputada de la Alianza Republicana Nacional, y ella es testigo de eso. Me he sentado con todo el espectro, con los que combatir en el frente, con los que tomaban decisiones por abajo, con todo el mundo.

Balletbó: Voy a cogerte el café. Te cojo el café por una cosa, porque vosotros sabéis que todo empieza siempre con un café. El amor también. Tú empezaste con un café. Tú empezaste con un café, con Carmen. Y Carmen fue tu esposa, el amor de tu vida, ¿no?

Guardado: No hables muy fuerte, que aquí está Mercè. Yo tengo un hijo catalán, allí está sentado, junto a su madre.

Balletbó: Tu vida es una continua sorpresa, Facundo.

Guardado: La primera pareja que yo tengo, catalana, española, es Mercè, que está ahí, que fue guerrillera. Ella se graduó de médico y se fue al frente. Allí nos conocimos. Es una historia muy bonita. Estuvo en el frente conmigo, y le tocó hacer de médica en la ofensiva, en la más importante ofensiva del año 89. Miguel nació después de la ofensiva.

Balletbó: Para que veáis que negociando y tomando café pasan estas cosas.

Guardado: Ahora estoy acompañado de Carmen de origen gallego, pero ha pasado la mitad de su vida en América.

Tenemos tres hijos, así que yo tengo cuatro hijos españoles y una hija mayor salvadoreña. Tengo cinco.

BALLETBÓ: Nos dicen que se nos acaba el tiempo. Pero déjame todavía hacerte algunas preguntas que creo que valen la pena. Como persona que ha conocido muchos conflictos, que has vivido muchas experiencias y que además conoces y quieres a tu país. ¿Cómo ves El Salvador hoy, en el contexto de Centroamérica? Porque la proximidad de otros conflictos podría contagiar a vuestro país. Lo de Nicaragua ahora es espantoso.

GUARDADO: Es horrible, sí. Conversamos anteayer en otra mesa de este tema y es triste y doloroso. Centroamérica está muy marcada por la corrupción en general. En América Latina no se ha superado la idea de que el Estado es un botín. Es un botín del que hay que aprovecharse, tomar control de él e impedir que te lo quiten. Exceptuando a Uruguay, Costa Rica y Chile, esa es la idea que existe en el resto de América Latina. El Estado es el botín del que hay que apropiarse.

En Centroamérica estamos muy marcados por la violencia en el triángulo norte. El origen real de la violencia es la corrupción y la impunidad. Porque si la gente de abajo llega a la conclusión de que la única manera de tener una oportunidad es fuera de la ley, que la movilidad social ascendente está fuera de la ley (porque los que están dentro de la ley se benefician para su clientela y para su círculo) entonces comienza la generación de violencia y la respuesta del Estado, también violenta. Y la violencia solo genera más violencia.

La historia de El Salvador es triste. Tenemos un presidente que murió a manos de la justicia, por acusaciones de dinero. Tenemos otro presidente con todo su equipo preso. Tenemos otro presidente —que fue el primero del FMLN— huyendo de la fiscalía, que lo acusa de haberse llevado 351 millones de dólares (estaba refugiado en Nicaragua y ahora dicen que está en Bosnia). La crítica que tengo que hacerles, a los que ahora gobiernan, que son del FMLN, es que lo han encubierto. Eso no vale. Y siguen encubriendo, porque en este gobierno hay funcionarios que vienen de ese gobierno y que todos sabemos que han sido parte de esa mafia.

Esa es la historia triste de Centroamérica. Cuento lo de El Salvador pero lo de Honduras y Guatemala es mucho peor. Y luego estamos cruzados por la línea del tráfico de drogas que va hacia EE. UU. En Centroamérica no hay un gran consumo, pero el tráfico sí es grande. Como parte de ese puente de la droga, Centroamérica está muy dominada e influida por la política y por la plata de narcotráfico, que es muchísima plata.

BALLETBÓ: ¿Estarías a favor de la legalización para acabar con las mafias?

GUARDADO: Sí, por supuesto. Si me preguntas si es posible hacerlo como política pública... topamos con una enorme mezcla de intereses, porque hay mucha gente que saca ventaja. Las maras en El Salvador no existirían si no tuvieran padrinos y madrinas entre los jueces y los policías y los fiscales y los diputados y los alcaldes. No existirían. La triste historia de mi país ahora es que si una persona, una persona común y corriente, cometió un delito, inmediatamente la autoridad lo captura y lo lleva a la cárcel. Pero si un marero, si un grupo de mareros, captura a una chica de 14 años y la llevan como trofeo al cumpleaños de uno de ellos para violarla, y después se divierten descuartizándola, porque así es, no estoy exagerando, la autoridad dice «estamos investigando, estamos buscando pruebas». Pero yo, Facundo Guardado, si hago alguna falla de tránsito, ahí mismo me amarran y me llevan, sin investigación y sin nada. Así se actúa. Ellos conocen ese margen de impunidad porque al final, los grandes partidos, y también los pequeños, han sacado ventajas electorales de las maras. Por eso existen.

BALLETBÓ: ¿Pero cuál sería la solución de verdad?

GUARDADO: Un poquito de decencia, nada más. Al gobierno del FMLN no le tocaba más que hacer un poquito de decencia.

BALLETBÓ: Hay una cosa que has dicho que a mí me lleva a una conclusión muy clara. La democracia es transparencia, y tú has dicho la palabra, y decencia. Si no hay decencia y transparencia, no hay democracia. Y creo que en Latinoamérica una de las cosas que ha pasado es que han pensado o han querido pensar que el hecho de votar era ya democracia. El hecho de votar es el instrumento de la democracia. Pero la democracia la llevamos dentro. Si la gente no evoluciona en decencia y transparencia, entonces la democracia es una cosa puramente formal.

Guardado: Déjame decirte una cosa, que ayer les decía a algunos compañeros de la Escuela de Verano, tras escuchar al expresidente Quiroga, que estuvo ayer en esta silla. Yo lo respeto, pero cuando él habla de los cinco elementos que definían a una democracia, no hizo ninguna mención al bienestar de las personas, a la salud, a la educación. Hizo mención a que hubiera elecciones, a que hubiera separación de poderes. Entonces, yo quiero decirles a ustedes, amigas y amigos, que en América Latina ser liberal es una cosa distinta de lo que ustedes entienden por liberalismo, con comprensión clásica. Allí la connotación de ser liberal es llenar las casillas de la democracia. Si tienen contenido o no es otra historia.

Balletbó: Vamos a dar paso a un turno de palabras. Las acumularemos para que Facundo pueda contestar después.

Un abogado de Barcelona: Buenos días. Mi pregunta es por los hermanos nicaragüenses. ¿Qué hacen la OEA y la ONU ante lo que está pasando en Nicaragua? Es imposible que nadie haga nada. Gracias.

Una mujer jubilada: Mi pregunta es más personal. Tú has dicho que fuiste escogido, que fuiste maltratado y que te hicieron barbaridades. Lo que me sorprende es esa serenidad que nos ha transmitido, ese juicio sereno. La pregunta es ¿cómo ha hecho para estar tan sereno, para poder seguir siendo una persona cuerda y no tan afectada por la situación vivida?

Don Asdrúbal Aguiar: Buenos días. Realmente celebro esta entrevista, este diálogo que se está planteando. Permítame hacer alguna consideración. Fui ministro de Relaciones Interiores de Venezuela hasta febrero de 1999. Previamente, ejercí como presidente interino durante el gobierno del presidente Caldera. Debo decir que cuando se inició la presidencia del gobierno Chávez, se generaron unas grandes expectativas en el ámbito de bienestar. Lo que es absolutamente legítimo. He sido juez de derechos humanos y sé la integralidad a que deben responder los derechos.

Pero hay una variable que no se ha puesto suficientemente sobre la mesa. No sé por qué la prensa la diluye. No la encuentro en los diálogos políticos para tratar de reconstituir el esfuerzo democrático. Y es aquello que logré constatar inclusive desde un punto de vista documental en agosto de 1999. Hablo de la penetración militante y activa de la organización del narcotráfico en la estructura del Estado venezolano. Y esto se tradujo en un detalle, más allá de la actual crisis humanitaria. Hablo del tiempo de la bonanza que tuvimos hasta hace cuatro o cinco años atrás. Cuando dejé el gobierno sufríamos unos 4500 homicidios al año en promedio, que era mucho, era un escándalo. Y han saltado a 26.000.

Me pregunto, cómo se procura el diálogo en la situación particular de Venezuela cuando se trata de generar un diálogo de gobierno-oposición, donde parte de esa estructura está militantemente comprometida con el narcotráfico. Hablamos de la decencia dentro de la democracia, y yo repito, me hago todos los días esa pregunta, porque quiero resolver el problema. Facundo tiene una larga experiencia y él podría iluminar un camino en este sentido.

Un profesor emérito de universidad: Usted ha dado relevancia, bastante relevancia, a las maras. ¿Podría aclararnos un poquito esta realidad, ya que la idea que tenemos aquí es un poco desdibujada? ¿Cuándo y en qué contexto surgen las maras?

Facundo Guardado: Muchas gracias. Empiezo por la cuestión personal que preguntaba nuestra amiga. Mira, personalmente he hecho un intento y un esfuerzo por no personalizar las cosas. Los que hicieron lo que hicieron del otro lado lo hicieron por sus razones. No lo hicieron como una decisión personal de hacerme daño a mí. Ellos recibían órdenes en un mundo, en un contexto de confrontación y de Guerra Fría. Sería injusto por mi parte culpar a alguien como persona cuando el contexto en el que ellos estaban les tocaba hacer eso.

Nicaragua es un poquito largo. Tristemente Daniel Ortega está cruzado no solo por la corrupción sino también por el narcotráfico. Hay que decir que Daniel Ortega, durante diez o doce años ha estado bien con Chávez, ha estado bien con la DEA, con el fondo monetario. A la DEA le entrega la cantidad de droga que la DEA quiere que se ponga en la casilla que hay que entregar cada año. Y ha estado certificado por EE. UU. como alguien que cumple, que cumple con lo que hay que cumplir de cuota anual. Él ha hecho tanta plata en los negocios más grandes, más jugosos, de la energía, la minería, a los que tiene la familia Ortega. Y ahora no tiene manera de meter esos negocios en una maleta e irse. Y si tiene que irse, no tiene muchos lugares donde irse. Cuba no lo va a recibir, Venezuela no lo va a recibir. Funes, el expresidente de El Salvador que estaba en Nicaragua, parece que ya se fue corriendo. Daniel sabe que tiene que irse de ahí, pero seguramente no quiere irse sin la plata.

Tristemente, estamos abocados a una situación en la cual, como él no tiene construida una salida ni nadie tiene una propuesta, vamos a ver más muertos lamentable y tristemente durante los próximos días. El triunfo de López Obrador en México no es una mala noticia, pero para este tema no es buena noticia. López Obrador en esencia quiere llevar a México al PRI de los setenta, ese es su diseño. No sé cómo le va a funcionar. Pero su política exterior va a ser de no intervención en los asuntos internos de otros países. Por lo tanto, se va a lavar las manos con lo de Nicaragua, y las presiones de la OEA sobre Nicaragua se van a reducir con la presencia de un México liderado por López Obrador.

[Una persona de la organización indica que se excede el tiempo previsto y hay que concluir el coloquio]

Las maras. Hay una creencia de que las maras surgen de la pobreza, de la marginación. Yo creo que en parte sí. Pero El Salvador está marcado por las maras mientras no son tan fuertes en Nicaragua o Haití, que son países más pobres. Decir que la violencia viene porque la gente está marginada y no tiene oportunidades para mí es criminalizar a los pobres. Si eres pobre y eres joven, ya eres sospechoso de ser marero. Eso no me cabe, y menos en las políticas públicas. Para mí, las maras, lo repito, es el subproducto de la corrupción y de la impunidad. Y que terminan buscando fuera de la ley la manera de un ascenso social. Ellos ven que arriba se están repartiendo el pastel y suenan los platos y concluyen: bueno, si hay fiesta nosotros también vamos a hacer la nuestra.

Anna Balletbó: Muchísimas gracias, Facundo. Ha sido súper interesante. Tenemos que terminar. Pido un fuerte aplauso para él.

Tres lecciones de la campaña del Referéndum de Escocia

Eddie Barnes[49]

Nueve meses antes del referéndum de independencia de Escocia, empecé a trabajar con la campaña unionista *Better Together.* Antes de unirme compartía la percepción popular de que después de 300 años de coexistencia con el resto del Reino Unido, Escocia votaría abrumadoramente para seguir siendo parte de la Unión. Pero cuando los encuestadores de la campaña me invitaron a ver la conclusión de la investigación privada, entendí que podíamos perder.

Según la investigación, Escocia estaba dividida efectivamente en tres campos iguales. Había un grupo que votaría para permanecer en la Unión, sin entrar en más razones. Había otro sector que iba a votar por la independencia en cualquier caso. Y luego había un tercer grupo en medio. Este grupo no veía nada claras las consecuencias económicas de la independencia. Pero de forma instintiva se iba inclinando por la idea de «apoyar a su país». Y por «país» se refería a Escocia, no al Reino Unido.

La campaña que siguió se centró únicamente en ganar a estos votantes y, finalmente, un número suficiente de ellos votaron por seguir siendo parte del Reino Unido. Pero no fue por ninguna pasión por el Reino Unido, sino porque fueron conscientes que la independencia y la separación de la Unión hubieran producido un gran impacto económico para ellos y

---

[49] Eddie Barnes es Director de Comunicaciones para el partido conservador escocés y trabajó con la campaña pro Union, Better Together en el referéndum sobre la independencia escocesa de 2014.

sus familias. No estaban dispuestos a arriesgarse. De no haber existido ese riesgo, estas personas hubieran votado a favor de la independencia y el Reino Unido se hubiera roto.

Yo soy uno de los unionistas naturales. En otras palabras, durante el referéndum, estuve en el grupo número uno: las personas que hubiera votado en cualquier caso en favor de seguir siendo parte de la Unión. Rodeado de familiares, amigos y colegas de ideas afines, había asumido complacientemente que la Unión de Gran Bretaña e Irlanda del Norte era invulnerable e inevitable. Pero ese verano, a medida que se acercaba la votación y mientras nos movíamos desesperadamente en los últimos días de la campaña luchando por cada voto, esa complacencia fue eliminada definitivamente. Todo ello me ha dejado una impresión duradera.

Cuatro años después, el partido nacional escocés está presionando para celebrar otro referéndum. La fotografía no ha cambiado sustancialmente. Los argumentos y las encuestas son parecidas a como eran hace cuatro años. A pesar de los esfuerzos recientes, los independentistas no han logrado dar viabilidad a sus proyecciones económicas. Ciertamente el Brexit ha cambiado el clima político. Pero cuanto más se afana el SNP en señalar los inconvenientes económicos de la salida de Gran Bretaña de la UE, más fuerza gana nuestro argumento: abandonar las uniones políticas conlleva un costo económico. Otro referéndum nos llevaría al mismo resultado que en 2014.

Las lecciones de la dura lucha de la última campaña (empezando por el error de la complacencia) me llevan a concluir que sería una gran equivocación quedarnos sentados y ver cómo el liderazgo actual del SNP comete errores. En cambio, es vital que los unionistas en Escocia consideremos cuidadosamente las lecciones de 2014 y pensemos más a fondo cómo podemos combatir a las fuerzas que, hace cuatro años, casi terminaron con el Reino Unido.

Estos aprendizajes pueden tener resonancias internacionales en otras naciones occidentales, como España, que están luchando contra las fuerzas del nacionalismo y el separatismo. Las situaciones no encajan perfectamente, por supuesto. Las circunstancias de Escocia son únicas y el SNP no es en modo alguno similar a los movimientos nacionalistas populistas que vemos en aumento en Suecia, Italia y en toda Europa. Pero los grupos que apoyan las uniones políticas podemos aprender unos de otros porque, donde quiera que tengamos nuestra base, estamos hablando de la misma unidad política: las personas, sus motivaciones, sus sueños y sus esperanzas para el futuro.

Entonces, ¿cuáles son esas lecciones que aprendí? Yo tengo tres.

Primera lección. En la campaña del referéndum escocés, el eje de la campaña puso a las personas en dos campos opuestos: nacionalistas y unionistas. Pero la primera lección que aprendí después de la campaña de 2014 es esta: no todas las personas que apoyan la independencia son nacionalistas. De hecho, me atrevería a decir que muy pocos lo son. Incluso en Escocia, que está obsesionada con la identidad, no hay muchas personas que reduzcan por completo sus identidades al Estado nacional, que tengan como única obsesión el destino de su nación. Por supuesto, estas personas parecen más numerosas porque son activas en los movimientos políticos y son ruidosas en la pugna de gritos rabiosos que son las redes sociales. Pero no debemos confundir el volumen con la amplitud, sobre todo porque si asumimos que todos los partidarios de la independencia son nacionalistas, solo terminamos malinterpretando y, por lo tanto, insultando a todos los demás.

La mayoría de las personas que apoyaron la independencia en 2014 no eran nacionalistas dogmáticos. Tampoco eran ciudadanos especialmente politizados. Eran simplemente personas patriotas que amaban a Escocia, que querían respaldar a su país y sentían que la independencia era la expresión de este sentimiento. Estuvieron representados por el jugador de tenis Andy Murray quien, en la víspera de la encuesta, dijo: «¡Hagámoslo!». En este grupo pueden incluirse también personas como el escritor Bill Leckie quien, en una columna de un periódico, explicó por qué había votado Sí, movido por la esperanza de encontrar un proyecto que «ofrezca a la nueva generación de escoceses algo más brillante que lo de siempre, que el simple y anticuado papel de socio inquieto en una Unión sin amor».

Fue una cuestión de esperanza. Un deseo de cambio. Una creencia patriótica de que Escocia podría ser mejor de lo que era. Es por eso que la mayoría de las personas votaron Sí (y No, por supuesto, pero ese sería un ensayo distinto). Tras el referéndum, los unionistas deben escuchar a este amplio segmento silencioso en favor de la independencia. En lugar de demonizarlos porque se alinearon con nuestros rivales políticos, debemos entender sus motivaciones y aspiraciones y pensar más seriamente en cómo podemos garantizar que esas ambiciones puedan cumplirse dentro de la Unión. Si realmente creemos en la Unión, nuestro objetivo no debería ser simplemente demostrar los inconvenientes de la independencia. Nuestro objetivo debe ser persuadir a las personas que apoyaron la independencia de que la Unión puede trabajar por ellos.

Segunda lección. Aceptar las motivaciones de nuestros compañeros escoceses nos lleva a la lección número dos. Si reconocemos el hecho que muchos partidarios de la independencia no eran nacionalistas rabiosos sino ciudadanos motivados por un sano sentido de patriotismo, también deberíamos estar abiertos a replantearnos nuestras ideas preconcebidas. Los nacionalistas bunkerizados sostienen siempre que su propia nación está por encima de las críticas. Cualquiera que sea la bandera que tenga esta postura, es vergonzosa y moralmente ofensiva. Los unionistas no podemos luchar contra el nacionalismo con otra forma de nacionalismo, declarando que nuestra propia nación está fuera de los límites de la crítica y el autoanálisis. Entonces, aquellos de nosotros que defendemos el *status quo* tenemos el deber principal de ser los primeros con sentido crítico y con determinación de mejora.

¿Por dónde empezar? Es cierto que los procesos de «devolución» a Escocia, Gales, Irlanda del Norte y las regiones de Inglaterra han ayudado a expulsar el poder de Londres. Pero el hecho es que el país sigue estando demasiado centralizado. Demasiada riqueza económica se crea y permanece en el sureste. Tanto el sector público como el privado deben colaborar más para corregir este desequilibrio, de modo que nuestras grandes ciudades metropolitanas y las naciones del Reino Unido tengan mayor parte en la riqueza y en la influencia de Londres.

La unión se enfrenta a otros retos. Un creciente nacionalismo inglés amenaza con separarnos mucho más hábilmente de lo que los nacionalistas escoceses han logrado. ¿Cómo vamos a abordar esto? Y luego está nuestra actitud habitual hacia nuestra propia supervivencia. Gran Bretaña en su conjunto trata su propia existencia con un descuido frívolo, como un hombre con enfisema que continúa fumando alegremente veinte cigarrillos al día. La solución que ofrece el partido nacional escocés para estas fallas está equivocada en mi opinión. Pero los unionistas no debemos estar tan a la defensiva como para ignorar el hecho que el diagnóstico del SNP sobre los fallos de Gran Bretaña a menudo tiene mérito. Como todos los buenos movimientos políticos, cuando nuestros oponentes tienen un buen argumento o un motivo convincente, no lo debemos descartar porque proviene de sus bocas, debemos robarlo. No debemos permitir que la crítica de la Unión se deje solo a las personas que quieren acabar con ella.

¿Y la tercera lección? Será con una actitud menos a la defensiva, mirándonos a nosotros mismos y reconociendo las motivaciones justas de las personas que apoyan la independencia que los unionistas podremos lograr lo que necesitamos desesperadamente, a saber, un posicionamiento de pleno derecho en la opinión pública («standing», lo llama el ex líder liberal canadiense, Micheal Ignatief). Necesitamos un posicionamiento que nos permita ser reconocidos por la opinión pública como «uno de nosotros», y de este modo nuestro mensaje será audible y comunicable. Durante su década en el poder, el SNP ha tratado implacablemente de negar a los unionistas esta posición. Los escoceses unionistas han sido desdeñados desde los otros partidos como inauténticos.

Oponerse a la independencia ha sido connotado como una señal de que no eres completamente escocés. Ir un paso más allá y apoyar a los conservadores escoceses implica, en palabras de un periódico unionista escocés, ser calificado no solo como un forastero, sino como «un invasor». Esta estrategia centrada y deliberada por parte del SNP ha tenido un gran éxito. Irónicamente, es el Partido Socialista Escocés el que más la ha sufrido. Es irónico porque fueron los socialistas escoceses quien primero practicaron esta estrategia cuando también trataron de reclamar la propiedad exclusiva de la psique nacional.

En un clima político definido en gran parte por la identidad, como es el de Escocia, no hay camino al poder para los partidos a los que se les niega este posicionamiento. Y si los partidos profesionales del Reino Unido en Escocia no ganan prestigio en todos los sectores del público votante, siempre nos veremos obligados a buscar apoyo entre la minoría «unionista, en cualquier caso». Esto significa que no construiremos el tipo de coalición de votos que nos entregará el poder.

En Escocia, los conservadores escoceses buscan aprender estas lecciones. Tenemos, en Ruth Davidson, un liderazgo que ahora es el más popular en Escocia y que ha llegado más allá de la base de apoyo tradicional del partido. Durante un período sostenido de tiempo se ganó la confianza de la gente en Escocia gracias a su coraje y su política de autenticidad. Gracias a Ruth, el partido está tratando ahora de llegar a las personas que no han votado por los conservadores en su vida. Y estamos procurando demostrar que es posible «defender a Escocia» sin defender la independencia. Bajo el liderazgo de Ruth, esto ha llevado a un resurgimiento en el apoyo del partido en los últimos cinco años. Ahora nos estamos preparando para la elección de Holyrood de 2021, con el objetivo de vencer al SNP y convertirnos en el partido más grande del Parlamento escocés en Edimburgo.

No puedo decir que el movimiento conservador escocés se pueda usar como una lección para otras partes del mundo. Muchos han tratado de establecer similitudes entre la situación en Escocia y la de Cataluña. Dadas los diferentes contextos constitucionales e históricos recientes de España y Gran Bretaña, estas comparaciones deben hacerse con cautela.

Sin embargo, como dije al principio, en su núcleo, la política democrática siempre y en todas partes trata de conquistar los corazones y las mentes de los votantes. Dado el auge de los partidos a favor de la independencia y las fuerzas nacionalistas en todo el mundo, es evidente que los movimientos a favor de la Unión deben trabajar más duro para lograrlo. En Escocia, si bien la campaña *Better Together* ganó el referéndum en 2014 con un cierto margen, el resultado no permitió a Escocia avanzar hacia el futuro con ningún grado de consenso. No podemos olvidar que 1,6 millones de personas decidieron que, a pesar de los riesgos evidentes, sería mejor emprender la ruta del futuro en solitario. Estos datos deben ser grabados en la mente de todos los que dicen apoyar a la Unión, como una señal del trabajo que tenemos que hacer.

Si los movimientos a favor de la Unión quieren ser exitosos, un 50.1% o incluso 55% no es suficiente. Necesitamos tener la imaginación para llegar más lejos, la valentía para examinarnos a nosotros mismos y la determinación de cambiar a mejor.

El mundo que nos viene

Josep Piqué[50]

¿Hacia un nuevo orden?

Suele afirmarse, y es sustancialmente cierto, que estamos en una fase de transición hacia un nuevo orden mundial que aún está configurándose.

El antiguo orden bipolar surgido a partir de la victoria aliada en la Segunda Guerra Mundial desapareció con la caída del Muro de Berlín en noviembre de 1989 y el subsiguiente desmoronamiento de la Unión Soviética. Era un orden muy peligroso —basado en el «equilibrio del terror» y la doctrina de la destrucción mutua asegurada—, pero relativamente estable y predecible. Un mundo en el que los conflictos podían interpretarse en clave de enfrentamiento entre bloques y en el que había una actitud favorable a «respetar» el *statu quo*, ya fuera en Hungría o Checoslovaquia, por un lado, o Indonesia y Chile, por otro.

Obviamente, hubo excepciones. El Sudeste Asiático, después de la derrota norteamericana en Vietnam, o Egipto, después de la guerra del Yom Kippur, son ejemplos de las mismas, en un sentido u otro. O la Revolución islámica de Irán que se produce al margen de la lógica de bloques. Y, por supuesto, la ruptura entre las dos grandes potencias comunistas: la URSS y China.

Pero, en términos generales, podíamos hablar de un orden mundial basado en la correlación de fuerzas derivada de la

[50] Josep Piqué es economista y empresario. Entre 1996 y 2004 fue ministro de Asuntos Exteriores, de Industria y Energía, y de Ciencia y Tecnología del Gobierno de España.

Segunda Guerra Mundial. Y de una «excepción» a la denominada «trampa de Tucídides». Me refiero a una teoría expresada por el gran historiador griego que narró las guerras del Peloponeso del siglo v antes de Cristo, entre Esparta y Atenas. Tucídides estableció que a una potencia en supuesta decadencia le sustituirá otra en ascenso, y que ese proceso inevitablemente conduce al conflicto abierto entre ambas. Y así ha sido habitualmente a lo largo de la historia.

Sin embargo, el evidente enfrentamiento global entre Estados Unidos y el bloque occidental, y la URSS y el bloque soviético, que se producía en el ámbito político, económico o ideológico, no llegó nunca a la confrontación directa en términos militares. Ciertamente, hubo «guerras proxy» y conflictos regionales. Y se corrieron grandes riesgos, como durante la llamada crisis de los misiles de Cuba. Pero la derrota total del mundo soviético en la llamada Guerra Fría se debió tanto a factores internos (incapacidad de subsumir los conflictos entre nacionalidades o colapso del sistema económico basado en la planificación centralizada) como externos (superioridad tecnológica de Occidente, tanto productiva como en el ámbito de la defensa), pero no a través de una derrota militar en sentido estricto.

Ahora se arguye por muchos analistas que la trampa de Tucídides puede aplicarse a una potencia decadente (en términos relativos) y otra potencia en imparable ascenso, entre Estados Unidos y China. Y que a las tensiones actuales en el ámbito comercial, financiero y económico, se irán añadiendo las tensiones geopolíticas, particularmente en el continente asiático, pero también en otras zonas como África, América Latina, así como la pugna por el control de las rutas marítimas y el espacio. El aumento de la presencia militar china en todos esos ámbitos va a acabar chocando con la hegemonía hasta ahora existente por parte de Estados Unidos.

Evidentemente no son descartables, en este contexto, incidentes militares, especialmente en el mar del Sur de China y en el entorno del estrecho de Malaca. Y lamentablemente, no podemos descartar que uno de esos incidentes se descontrole y acabe provocando un conflicto a gran escala de consecuencias catastróficas. Pero no parece lo más probable, por las mismas razones que tampoco sucedió en la segunda mitad del siglo XX.

Pero también parece innegable e irreversible el cambio del pivote estratégico del mundo hacia el este y hacia Asia, con un nuevo centro de gravedad del planeta, precisamente en el estrecho de Malaca, en la conjunción entre los océanos Índico y Pacífico, lejos ya del Atlántico y, por supuesto, del Mediterráneo. Y en ese nuevo mundo, los europeos estamos en la periferia.

Sin embargo, el peso occidental seguirá siendo tan determinante que ya no cabe hablar de sustitución de un mundo por otro y menos a través de la confrontación bélica.

Siglos de comercio y décadas de globalización han hecho su trabajo. Han tejido una red que hace prácticamente imposible plantear el futuro de las relaciones internacionales como un juego de suma cero. Así, frente a las tesis deterministas de raíz hegeliana y marxista, que definen el ascenso asiático como inevitablemente asociado al declive de Occidente, es mucho más probable una síntesis global en la que el creciente peso global de las nuevas potencias se verá acompasado por el esquema de valores de matriz occidental o, por lo menos, no ajeno a Occidente. Y Occidente seguirá siendo una referencia política, económica o tecnológica indiscutible, además de representar una proyección de *soft power* de enorme impacto global. Es, pues, además de más probable, la hipótesis más deseable. Esa es la tesis que defiendo en mi último libro, *El mundo que nos viene*, editado por Deusto, del que este artículo es reflejo.

Las grandes tendencias geopolíticas

Empecemos por una gran paradoja: la indiscutible y total victoria de Occidente en la Guerra Fría, en lugar de provocar «el fin de la historia» (Francis Fukuyama) y una occidentalización imparable ha dado lugar a un rapidísimo proceso de «desoccidentalización» de la hegemonía global. Vayamos por partes.

El llamado fin de la historia auguraba la generalización de los valores occidentales, basada en la asunción de la democracia representativa como referente político, de la economía de libre mercado y de iniciativa privada en lo económico, y de los valores de las revoluciones burguesas (libertad e igualdad), el principio de legalidad en el marco del Estado de derecho y el respeto de los derechos humanos. Lo que Popper definió como «sociedades abiertas» en un ya lejano 1945, como respuesta a los totalitarismos nazi-fascistas o comunistas.

La realidad pronto se encargó de mostrarnos algo muy distinto a esa especie de Arcadia feliz. Primero, porque en septiembre de 2001 tuvimos que asimilar con horror que ese pretendido nuevo orden mundial tenía y tiene enemigos irreconciliables. El fundamentalismo islamista fanático y terrorista es el mayor ejemplo, aunque no el único.

Pero también —y de forma más sustancial— ese escenario idílico tenía y tiene formidables adversarios. Y que surgen del propio sistema de la posguerra y no, como los anteriores, extramuros del mismo. No son enemigos convencionales, aunque a veces puedan parecerlo y actúen como tales. Son nuevos actores, globales o regionales, que objetan principios básicos del funcionamiento de las relaciones internacionales nacidos al amparo de la victoria aliada en la Segunda Guerra Mundial y del subsiguiente dominio hegemónico de Occidente. Dicho de otro modo: no aceptan el llamado «orden liberal internacional» plasmado en las políticas e instituciones surgidas a partir de la conferencia de Bretton Woods.

Nos referimos, obviamente, a China, pero no solo. En realidad, estamos asistiendo a un retorno de la historia, que siempre acaba por volver, de la misma manera que la geografía siempre está. Y ese retorno de la historia se produce a veces como farsa después de la tragedia (Karl Marx en el 18 Brumario, hablando de Napoleón III) o como decía Mark Twain, la historia no se repite, pero rima. Y a esa historia rediviva llegan potencias que hablan de un pasado glorioso y cuya influencia reivindican. Y surgen otras nuevas, una vez liberadas del yugo colonial y que reclaman un lugar en el nuevo tablero de la historia.

Por ello, muchos analistas hablan ya de un «mundo posoccidental». Y el llamado «repliegue anglosajón» y la debilidad del proyecto europeo han venido a darles la razón. Un repliegue anglosajón que tiene un doble reflejo: la nueva política exterior de Estados Unidos y el Brexit en el Reino Unido. Este último ha supuesto una enorme conmoción tanto interna como externa y de consecuencias aún inciertas pero, en todo caso, muy trascendentes.

Pero es todavía más relevante el cambio de paradigma en la nueva política norteamericana, particularmente y con especial énfasis, desde la asunción de la Presidencia por parte de Donald Trump. Más allá de que algunas tendencias (pivote hacia Asia en detrimento del eje atlántico, la menor implicación en Oriente Medio o la demanda de una mayor corresponsabilización de los aliados en su defensa y en su seguridad) vienen de antes (con el presidente Obama), lo cierto es que la nueva Administración Trump ha significado algo claramente disruptivo en aspectos clave de la tradicional política exterior de Estados Unidos. Ello es cierto en lo que se refiere a la relación con la Unión Europea y, en general, con sus aliados tradicionales, como Japón, Corea o incluso Canadá, Australia o Nueva Zelanda; el posicionamiento estratégico frente a China o Rusia; el papel en Oriente Medio; o el desapego ante todo lo multilateral, desde las instituciones a temas tales como la lucha contra el cambio climático.

Ya no se trata solo de mera retórica, aunque no sea baladí romper dialécticamente con la tradicional solidaridad occidental, el apoyo a la UE o el compromiso con la OTAN. Estamos hablando de hechos y de decisiones concretas. La no ratificación del TPP, la ruptura de las negociaciones para el TTIP, la renegociación bilateral del NAFTA, la amenaza de acabar con la financiación de la OMC, la imposición unilateral de aranceles a China, Japón o la Unión Europea, el enfrentamiento con Turquía, las oscuras relaciones con Rusia, el abandono de la UNESCO, la salida del Acuerdo de París sobre el Cambio Climático, o la ruptura del Acuerdo de la Comunidad Internacional, en el marco de Naciones Unidas, sobre el tema nuclear iraní, son ejemplos más que suficientes de una política proteccionista y aislacionista y de un claro abandono de un multilateralismo hasta ahora encabezado por Estados Unidos: el principal impulsor y defensor del orden liberal internacional es ahora su máximo objetor.

Un objetor que, paradójica y sorprendentemente, ve con desconfianza los dos grandes fenómenos de este siglo: la globalización y la digitalización. Una desconfianza que se basa en la tradicional objeción de los contrarios al libre comercio: entenderlo como un juego de suma cero, en el que si hay ganadores es porque hay perdedores en la misma medida. Ya David Ricardo, hace dos siglos, se encargó de demostrar lo contrario. Pero, de nuevo, se afronta la digitalización y la globalización desde esa perspectiva.

Los hechos y la realidad nos indican claramente que se trata de fenómenos de suma positiva, aunque ello obligue políticamente a abordar la problemática de los perdedores. Pero no combatiendo el origen, imparable e irreversible, sino sus consecuencias. Y la política de Trump (y su triunfo electoral) parte de la asunción contraria: no habría perdedores si revirtiéramos la globalización y el libre comercio. Esa es la base de los populismos políticos que asuelan a casi todos los países occidentales.

Todo ello, en cualquier caso, debilita su liderazgo internacional (y además no está claro que sea bueno para el propósito de hacer a Estados Unidos grande de nuevo, como proclamaba su eslogan electoral). Y es una tragedia —si se consolidara tal tendencia y se transformara, no en algo coyuntural y más o menos efímero, sino en algo estructural— para el propio concepto de Occidente, en un momento de claro cuestionamiento de su tradicional hegemonía (desde la Primera Revolución Industrial) y del impulso de potencias autoritarias e iliberales, de economías de capitalismo de Estado y de estructuras políticas y sociales de carácter represivo y con vocación totalitaria, buscando el dominio de la sociedad desde el poder político.

En ese contexto, el (re)despliegue de China supone la plasmación de una estrategia de medio y largo plazo orientada a regresar a su tradicional estatus de gran potencia, que siempre fue durante milenios. Una estrategia verbalizada con meridiana claridad por el presidente Xi y por las resoluciones del XIX Congreso del Partido Comunista Chino: ser la gran potencia global del mundo a mediados del presente siglo. En todos los terrenos: económico, comercial y financiero (donde ya es la primera potencia), pero también el tecnológico (China ya no es la «fábrica del mundo», sino una potencia tecnológica apoyada por un formidable esfuerzo por el desarrollo educativo y, en general, de su capital humano), el diplomático (con iniciativas tan importantes como la nueva Ruta de la Seda, en sus vertientes terrestre y marítima, o el Banco Asiático de Infraestructuras, entre otras), el del *soft power*, desde la gastronomía al deporte internacional de masas, y, por supuesto, el militar.

No solo desde una perspectiva convencional (China siempre fue una potencia terrestre), sino asumiendo que una potencia global, con intereses globales en cualquier lugar del planeta, debe ser una potencia marítima, controlando y protegiendo rutas vitales, con buques y bases militares, y una potencia en el espacio y en el ciberespacio. China sabe que en el nuevo escenario de «guerras híbridas» se juega su destino en todos esos terrenos. Y está jugando a fondo. Como Rusia.

Pero no hablamos solo de China. El «retorno» de los antiguos imperios, desde Rusia a Turquía, India o Irán (los imperios zarista, otomano, mogul o persa) al escenario internacional es manifiesto. Y, de momento con la excepción de India, más concentrada en sus desafíos internos, aunque es cuestión de tiempo, la actuación de los otros tres mencionados en los conflictos de Oriente Medio es un ejemplo paradigmático.

Para Rusia supone la expresión de su voluntad de ser percibida como una potencia global, que por razones objetivas (economía, demografía o tecnología) no puede ser, pero que reclama ser tenida en cuenta, desde su atávica obsesión por su seguridad.

La implicación en los conflictos de Oriente Medio supone para Turquía el abandono de la estrategia del último siglo, centrada en su europeización, y la vuelta de un espíritu neootomano, a caballo entre Europa, Asia y África. Y para Irán, más allá del componente sectario de su estrategia dentro del islam (y de ahí su enfrentamiento con Arabia Saudita y sus aliados, incluyendo Egipto), su apuesta de proyección hacia el oeste, incluye un gobierno no manifiestamente hostil en Irak, un aliado incondicional en Siria, una hegemonía a través de Hizbulá en Líbano, y un posicionamiento claro en la guerra civil —enormemente compleja— en Yemen.

En este contexto, constituye una novedad que, en la guerra de Siria, el papel de Occidente (Estados Unidos y la Unión Europea) es marginal si se compara con el protagonismo indiscutible de los tres países mencionados: una clara muestra de un mundo posoccidental.

Algo muy llamativo si tenemos en cuenta que una de las principales amenazas a nuestra seguridad proviene del terrorismo islamista (de matriz «internacionalista» y global, como Al Qaeda, o basada en el dominio territorial expansivo, como el DAESH), cuya matriz y origen —y aparente justificación— se fundamenta en Oriente Medio.

¿Dónde encuadramos a Europa en este nuevo escenario?
Europa es origen y parte fundamental de Occidente. Después de siglos de guerra y destrucción, aprendiendo la trágica lección de la Segunda Guerra Mundial, asumió que su futuro, su prosperidad y su paz debían pasar necesariamente por su progresiva integración, superando los nacionalismos que la habían devastado. Ese es el origen de la actual Unión Europea. Un formidable proyecto político.

Un proyecto político que se fue concretando y consolidando a través de la economía (primero fue un Mercado Común y luego la Comunidad Económica Europea) y más tarde como la puesta en común de elementos básicos de las antiguas soberanías nacionales, desde la moneda y la política monetaria, la política exterior, la defensa y la seguridad o el espacio judicial compartido: de ahí nace la Unión Europea, ya sin adjetivos.

Y ha sido la historia de un éxito, tanto desde un punto de vista geográfico (de seis a, de momento, veintiocho, y sigue habiendo países candidatos) como político y económico (de hecho, Europa sigue siendo el referente indiscutible de paz, bienestar y libertad para cualquier habitante del planeta).

Pero ahora está ante una crisis de identidad que se deriva de una triple digestión todavía no resuelta: la de la devastadora crisis económica y financiera —la gran recesión de la última década—, la ampliación a la Europa del Este —con serios efectos sobre la coherencia del conjunto y la ambición integradora— y los conflictos exteriores y la presión africana, que generan importantes flujos migratorios, tanto de origen económico como humanitario.

Y estos tres fenómenos han generado populismos antieuropeos (de nuevo confundiendo el origen con ciertas consecuencias) y una creciente debilidad del europeísmo. Una debilidad que afecta tanto a la credibilidad y prestigio de las instituciones europeas como a los diferentes gobiernos cuya apuesta por la idea política de Europa les supone un coste electoral significativo. Por primera vez desde el Tratado de Roma, el retroceso de la historia ya no parece una quimera. Y la recuperación del espíritu de Europa como proyecto político es sustancial para todos, y especialmente para España. Y en ese contexto, una alianza estratégica con América Latina es esencial. Para las dos regiones, pero especialmente para Occidente.

España y la amenaza del nacionalismo disgregador

Europa nació para superar los nacionalismos que habían llevado consigo la tragedia y la división. Para España suponía —y supone— en palabras de Ortega, la solución a muchos de sus tradicionales problemas internos. No es baladí, pues, que las fuerzas contrarias a la consolidación del proyecto europeo alienten nacionalismos secesionistas como el catalán. Un nacionalismo —que ha fagocitado y destruido al catalanismo tradicional, comprometido con España y su modernización— de matriz supremacista, claramente disgregador y divisivo, y que para conseguir sus objetivos asume como inevitable el desgarro interno en la sociedad catalana o el desprecio a usos parlamentarios elementales en cualquier democracia. Y que reniega de Europa si es necesario.

Por ello, la defensa de Europa como proyecto político integrador y de los valores de Occidente en un mundo posoccidental, son claves para combatir políticamente el secesionismo y cualquier otra forma de populismo, que descansan en pretender soluciones simples a problemas complejos y en atribuir todos los males a un supuesto enemigo que proviene «del exterior». La alternativa a esa defensa es la vuelta a un pasado que queríamos superar para siempre. Y la historia, desgraciadamente, no es lineal y puede retroceder. Y siempre es para mal.